全国咨询工程师（投资）职业资格考试专用教材

项目决策分析与评价

全国咨询工程师（投资）职业资格考试用书编写组　组编

编写组成员

主　编　唐合权　黎　鹏
主　审　王志冬　赵丽敏　李　辉
参　编　王　菲　张　谦　汪　波　杨通铭
蔺　敏　韩　春　李鑫鑫　王文君
刘　军　张云国　王　欢　董　林
李整建　韩莹莹　杨秋臣　郭　琼
毋祎祎　柴泽江

哈尔滨工程大学出版社
Harbin Engineering University Press

图书在版编目(CIP)数据

项目决策分析与评价/全国咨询工程师(投资)职业资格考试用书编写组组编. —哈尔滨：哈尔滨工程大学出版社,2019.7(2021.11 重印)

全国咨询工程师(投资)职业资格考试专用教材

ISBN 978-7-5661-2348-0

Ⅰ.①项… Ⅱ.①全… Ⅲ.①基本建设项目-项目决策-资格考试-自学参考资料②基本建设项目-项目评价-资格考试-自学参考资料 Ⅳ.①F282

中国版本图书馆 CIP 数据核字(2019)第 126433 号

责任编辑:王俊一

责任校对:李惊宇

封面设计:天 一

出版发行 哈尔滨工程大学出版社

社　　址 哈尔滨市南岗区南通大街 145 号

邮政编码 150001

发行电话 0451-82519328

传　　真 0451-82519699

经　　销 新华书店

印　　刷 河南美轩印务有限公司

开　　本 787 mm×1 092 mm 1/16

印　　张 17

字　　数 435 千字

版　　次 2019 年 7 月第 1 版

印　　次 2021 年 11 月第 3 次印刷

定　　价 60.00 元

http://www.hrbeupress.com

E-mail:heupress@hrbeu.edu.cn

出版说明

Impressum

为了满足广大考生的应试复习要求，便于考生明悉现行考试考情，并能在有限的时间内科学、有效地掌握知识要点，更好地备战全国咨询工程师（投资）职业资格考试，全国咨询工程师（投资）职业资格考试用书编写组结合考试实际情况，并参考高校相关专业讲师的意见，精心编排了本系列图书。

图书说明

本系列图书共包含四个科目：

《宏观经济政策与发展规划》——主要通过对宏观经济管理、投融资体制与政策、财税体制与财政政策、金融体系与金融政策、产业政策、社会政策、主体功能区规划等专业知识要点的讲解，使考生能够尽快掌握咨询工程师应具备的基础知识。

《工程项目组织与管理》——主要以工程项目组织与管理为核心，从实践出发，在紧扣大纲的基础上，通过对工程项目管理的组织、工程项目招标投标管理、工程项目合同管理、工程项目进度管理、工程项目投资控制等专业知识要点的讲解，使考生能够尽快掌握咨询工程师应具备的基础知识。

《项目决策分析与评价》——主要通过对项目决策分析与评价的任务及前期咨询成果、项目规划报告的编制、项目可行性研究报告的编制、项目申请报告和资金申请报告的编制、项目评估、建设方案研究与比选等专业知识要点的讲解，使考生能够尽快掌握咨询工程师应具备的基础知识，提升考试综合运用工程咨询的知识、技术和方法，结合工程咨询实务，进行分析、运算、论证并作出判断的实际操作能力。

《现代咨询方法与实务》——主要通过对现代工程咨询方法、数据采集分析与知识管理、规划咨询、资源环境承载能力分析、市场分析、现金流量分析、工程项目投资估算、融资方案分析等专业知识要点的讲解，使考生能够尽快掌握咨询工程师应具备的基础知识，提升考试综合运用工程咨询的知识、技术和方法，结合工程咨询实务，进行分析、运算、论证并作出判断的实际操作能力。

增值服务

为更好地帮助考生复习备考，我们特向购买本系列图书的考生提供两大特色服务，让考生在进行本系列图书学习的同时可以通过观看视频课程、线上做题等方式，实现线上线下系统备考。

增值服务一 视频课程。本系列图书编写组诚邀多名具有教学和实践经验的老师，根据全新考情精心录制备考视频，讲解各个科目的考试主要知识点，帮助考生系统地学习，掌握核心考点，更好备战考试。

增值服务二 电子题库。敬请扫描本页下方或封底处相应二维码，下载安装天一网校APP 并注册登录。您可以通过扫描图书封面处二维码（刮开获得激活码），根据提示，输入激活码，获取视频课程和电子题库。

本系列图书可供参加全国咨询工程师（投资）职业资格考试的考生及相关院校的师生参考使用。

由于时间紧促，编者水平有限，书中难免有疏漏和不当之处，恳请广大读者批评指正。

如有与本图书相关的问题或建议，欢迎您致电 4006597013 或者通过 QQ：1400594158 与我们联系，我们将以优质、快捷的方式为您提供多层次的服务。

扫描二维码
获取天一网校APP

全国咨询工程师（投资）职业资格考试用书编写组

目 录

Contents

第一章 项目决策分析与评价的任务及前期咨询成果

第一节 项目目标与决策程序以及责任

一、项目的概念

项目是为创造独特的产品、服务或成果而进行的临时性工作。项目参数包括项目范围、质量、成本、时间和资源。

典型的项目包括：

(1)新产品或新服务的开发项目。

(2)技术改造与技术革新项目。

(3)组织结构、组织模式的变革项目。

(4)科学技术研究与开发项目。

(5)信息系统的集成与开发项目。

(6)建筑物、设施或民宅的建设项目。

(7)大型体育比赛项目或文娱演出项目。

本书所指的项目，特指工程建设项目，也称投资项目。工程建设项目是指为完成依法立项的新建、扩建、改建工程而进行的，有起止日期的，达到规定要求的一组相互关联的受控活动。其主要包括策划、勘察、设计、采购、施工、试运行、竣工验收和考核评价等阶段。

二、项目的目标和范围

项目启动阶段的一个重要任务就是明确项目目标和项目范围，为项目实施指明方向，为项目划定具体的活动范围。

(一)项目目标的概念和类型

项目目标就是实施项目所要达到的期望结果，即项目所能交付的成果。项目的实施过程实际上是一种实现预定目标的过程。因此，从某种意义上讲，项目目标应该是能被清楚定义的，并且可以最终实现的。

项目的目标一般分为宏观目标和具体目标两个层次。其中，宏观目标主要是针对国家、地区、部门、行业而言的，项目的建设可以对此类宏观局面的发展起到积极的作用或产生正面的影响。如带动国民经济发展，推动行业整体水平的提升，促进产业结构的调整等。项目的宏观目标随着工程建设项目的性质的不同而有所差异。

具体目标是指工程建设项目实施过程中（或完成后），可以产生的直接效果。项目的具体目标同样会随着建设项目性质的不同而具有差异性。项目的具体目标通常可分为效益目标、功能目标、规模目标、市场目标等，其基本特点见表1-1。

表1-1　项目具体目标的基本特点

目标类型	基本特点
效益目标	主要实现社会效益、经济效益、生态效益、环境效益的目标值，如提升某一地区供水量，提高污水处理率等
功能目标	是企业对项目功能的定位，如优化本企业的组织结构，引进先进的技术等
规模目标	主要确定项目建设规模的目标值，如完成某小区15栋楼的建设
市场目标	主要确定目标市场及市场的占有比例，如达到40%的市场占有率

提示

该知识点在历年考试中经常考查，需重点掌握项目的具体目标和宏观目标两个层次，注意区分各层次的具体内容，着重区分效益目标和规模目标。另外，提高产品技术含量和质量、开发高新技术产品、降低产品风险、提高产品附加值、降低经营风险、调整产品架构等都应判定为项目的功能目标。

典型例题

【单选题】某企业投资项目的目标之一是延长产品生产链，提高产品附加值，该目标属于项目具体目标中的（　　）。

A. 宏观目标　　　　B. 规模目标

C. 市场目标　　　　D. 功能目标

D。【解析】功能目标是指对项目功能的定位，题干中的延长产品生产链，提高产品附加值属于企业项目的功能定位。故选项D正确。

【单选题】关于项目目标的说法，错误的是（　　）。

A. 项目目标一般可以分为两个层次，宏观目标和具体目标

B. 不同性质的项目的宏观目标应一致，具体目标存在差别

C. 降低单位生产成本、扩大生产规模属于功能目标

D. 项目的具体目标可分为效益目标、功能目标、规模目标和市场目标

B。【解析】项目目标一般可分为宏观目标和具体目标两个层次，且不同性质的项目的宏观目标和具体目标都是有差别的。项目的具体目标主要包括效益目标、功能目标、规模目标和市场目标。其中，扩大生产规模、降低单位生产成本属于项目的功能目标。

（二）项目范围

项目范围是对项目所期望的最终产品和可交付成果，以及为实现该产品和可交付成果所需各项具体工作的简明描述。项目范围的确定为成功实现项目目标定义了恰当的范畴，即规定或控制了具体的项目。项目范围界定是项目管理的基础工作；项目范围是对项目目标的细化、具体化，并且可以考核和操作。

链接

项目目标必须遵循的原则，即建设目标符合宏观规划发展目标：

(1)符合国家产业、技术政策的要求。

(2)符合城乡规划、主体功能区规划、专项规划、区域规划、总体规划的要求。

(3)符合合理配置、环境保护、资源有效利用、可持续发展、和谐社会等的建设要求。

三、投资项目的分类

投资项目的分类见表 1-2。

表 1-2　投资项目的分类

序号	分类依据	种类
1	投资主体	政府投资－公共项目、私人投资－竞争性项目、特许经营项目
2	融资主体	新设项目法人项目、既有项目法人项目
3	经营主体	政府投资项目、企业投资项目、境外投资项目、外商投资项目、资本运作项目（收购、兼并、重组、联合）
4	投资规模	小型项目、中型项目、大型项目
5	投资管理方式	完全竞争性项目、政策调控或限制类项目、需要综合平衡的项目
6	投资项目性质	新建项目、改建项目、扩建项目、更新改造项目、技术改造项目
7	资金来源	国内建设项目、外商投资项目、港澳台投资项目
8	决策程序	审批项目、核准项目、备案项目
9	用途	生产性项目、非生产性项目

四、项目决策的概念

项目决策是为达到某一目的，在广泛占有信息资料的基础上，对若干可行方案进行分析、比较、判断，从中选择较优方案的过程，是在权衡各种矛盾、各种因素相互影响后做出选择的过程。决策过程可以分为信息收集、方案设计、方案评价、方案抉择四个相互联系的阶段，具体见图 1-1。

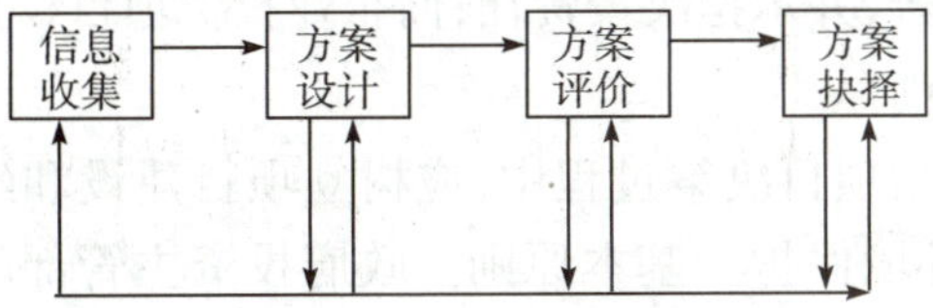

图 1-1　项目决策过程

五、项目决策的分类

项目决策的分类见表 1-3。

表 1-3　项目决策的分类

序号	分类依据	种类
1	决策目标的数量	单目标决策、多目标决策
2	决策问题重复情况	常规型决策、非常规型决策
3	决策问题面临条件	确定型决策、不确定型决策、风险型决策
4	决策对象	投资项目决策、融资项目决策、营销项目决策

六、项目决策的基本原则

项目决策是对一个复杂的、多因素的投资系统进行逻辑分析和综合判断的过程，包括拟建项目建设的必要性和可行性的分析论证，对投资项目方案的制定与选择，以及对投资项目方案的评价与审批等。为保证投资决策成功，避免失误，在决策过程中必须遵循下列原则：

（一）科学原则

投资项目决策要尊重客观规律，依靠科学进行决策。科学性决策主要体现在依据充分、数据可靠、方法科学等三个方面，它们互相联系、不可分割且缺一不可。只有树立科学的决策思想，遵循科学的决策程序，运用科学的决策方法，建立科学的决策体制，整个决策才可能是科学的；否则，就不能称为科学决策。

（二）民主原则

民主原则是指决策者要充分发扬民主作风，调动决策参与者，甚至包括决策执行者的积极性和创造性，共同参与决策活动，并善于集中和依靠集体的智慧与力量进行决策。民主性决策主要体现在公众参与、专家论证、独立咨询三个方面。

（三）效益（效果）最大化原则

效益（效果）最大化原则，就是研究经济决策所花的代价和取得收益的关系，研究投入与产出的关系。领导决策必须以经济效益为中心，并且要把经济效益同社会效益结合起来，以较小的劳动消耗和物资消耗取得最大的成果。

（四）风险责任原则

投资项目决策过程中，应明确“谁投资、谁决策、谁受益、谁承担风险”的要求，确定项目决策的风险责任制度。如采取直接投资和资本金注入方式的政府投资项目，政府应审批项目建议书和可行性研究报告，并承担决策责任；而企业投资项目，可由企业自主决策。

（五）可持续性发展原则

可持续性发展原则是指项目决策过程中，应树立项目建设和经营的可持续性增长的理念，贯彻落实节约资源和环境保护的基本原则。政府投资主管部门在审批和核准投资项目时，已将投资项目的可持续性发展作为一个重要的审核条件。

提示

要注意区分项目决策的五个原则，考试时，一般给出工作背景，让判断遵循的是哪种原则。

典型例题

【单选题】投资决策中，决策机构委托咨询单位对投资项目进行独立的调查、分析、研究和评价，建立多评合一、统一评审的模式，该做法体现了投资决策原则中的（　　）。

A. 可持续发展原则　　　　B. 民主原则

C. 效益原则　　　　D. 风险责任原则

B。【解析】民主原则主要体现在专家论证、独立咨询、公众参与三个方面。从题干中决策机构委托咨询单位对投资项目进行独立的调查、分析、研究和评价的行为可以判断，决策机构的做法属于民主原则中的独立咨询。故选项 B 正确。

七、投资项目决策的含义及分类

投资项目决策是指决策单位或决策者按照客观的建设程序，根据投资方向、投资布局做出的战略构想，充分考虑国家有关的方针政策，在广泛占有信息资料的基础上，对拟建项目进行技术经济分析和多种角度的综合分析评价，决定项目是否建设以及建设的地点，选择并确定项目建设的较优方案的过程。投资项目决策包括定项目、定建设方案、定建设时序，一般称为“三定”。投资项目决策根据决策者的不同可分为以下三类。

（一）政府投资项目决策

政府投资项目决策是指政府有关投资部门根据经济和社会发展的需要，以满足社会公共需求，促进经济、社会、环境可持续性发展为目标，对政府投资的项目从社会公平、社会效益等方面进行分析，评价其是否符合政府投资的范围，能否实现政府投资的目标，从而做出政府是否投资建设项目的决定。

（二）金融机构贷款决策

金融机构贷款决策是指银行等金融机构遵照“独立审贷、自主决策、自担风险”的原则对企业申请的项目贷款进行审查，分析企业的信用水平、经营管理能力、项目的盈利性和企业的还贷能力，从而作出是否同意项目贷款的决定。

（三）企业投资项目决策

企业投资项目决策是指企业根据自身总体的发展战略，按照资源整合的需要，以获得经济效益、社会效益和提升持续发展能力为目标，做出是否投资建设项目的决定。企业投资项目决策应坚持企业投资核准范围最小化，原则上由企业依法依规自主决策投资行为，但必须满足国家规定的核准和备案要求。

提示

企业泛指民营企业、国有企业、混合制企业以及外商投资企业。

八、政府投资项目决策与企业投资项目决策的区别

根据国务院颁发的《国务院关于投资体制改革的决定》,对不同投资主体、不同资金来源的建设项目实行分类管理。凡使用政府投资建设的项目一律实行审批制;对于企业不使用政府投资建设的项目,区分不同情况实行核准制和备案制。

2016 年 7 月发布的《中共中央 国务院关于深化投融资体制改革的意见》创造性地提出“投资核准范围最小化”“推行投资项目审批法人责任制”“多评合一、统一评审”“编制三年滚动政府投资计划”“试点金融机构依法持有企业股权”“建设投资项目在线审批监管平台”等一系列投融资体制改革新模式、新举措。

根据上述文件,政府投资项目决策与企业投资项目决策在许多方面上存在着差异,具体体现在投资主体和决策人、决策的程序和内容、决策过程和管理模式、决策项目的投资范围等方面。

(一)投资主体和决策人方面

政府投资项目是政府作为投资主体的投资项目。政府投资根据资金来源、项目性质和调控需要,可分别采取直接投资、资本金注入、投资补助、转贷和贷款贴息等方式。以资本金注入方式投入的,要确定出资人代表。政府投资资金按项目安排,以直接投资方式为主。对确实需支持的经营性项目,主要采取资本金注入方式投入,也可适当采取投资补助、贷款贴息等方式进行引导。政府投资项目以政府有关投资管理部门或其授权人作为决策人。

企业投资项目是以企业或个人作为投资主体的投资项目。企业投资具有自主权,一般可采用直接投资、合作(合伙)投资方式。企业投资项目以出资人或者出资人代表作为决策人。

(二)决策的程序和内容方面

对于政府投资项目,采用直接投资和资本金注入方式的,从投资决策角度只审批项目建议书和可行性研究报告,除特殊情况外不再审批开工报告,同时应严格政府投资项目的初步设计、概算审批工作;采用投资补助、转贷和贷款贴息方式的,只审批资金申请报告。项目建议书和可行性研究报告是政府投资主管部门立项(初步决策)或决策的依据,以项目建议书(初步可行性研究报告)及可行性研究报告的批复为决策标志。前者一般称立项(初步决策),项目立项后,可纳入政府投资年度计划;后者称决策,项目决策后,转入实施准备阶段。

企业投资建设实行核准制的项目,仅需向政府提交项目申请报告,不再经过批准项目建议书、可行性研究报告和开工报告的程序。政府对企业提交的项目申请报告,主要从维护经济安全、合理开发利用资源、保护生态环境、优化重大布局、保障公共利益、防止出现垄断等方面进行核准。对于外商投资项目,政府还要从市场准入、资本项目管理等方面进行核准。对于《政府核准的投资项目目录》以外的企业投资项目,实行备案制,除国家另有规定外,由企业按照属地原则向地方政府投资主管部门备案。而项目可行性研究报告,主要是为企业内部项目决策提供依据。项目核准或备案后,转入实施准备阶段,进行项目建设。

(三)决策过程和管理模式方面

政府投资项目实行项目审批制。改进和规范政府投资项目审批制,采用直接投资和资本金注入方式的项目,对经济社会发展、社会公众利益有重大影响或者投资规模较大的,要在咨询机构评估、公众参与、专家评议、风险评估等科学论证基础上,严格审批项目建议书、

可行性研究报告、初步设计。加强政府投资事中事后监管，即加强政府投资项目建设管理，严格投资概算、建设标准、建设工期等要求。严格项目建设进度下达投资计划，确保政府投资及时发挥效益。严格概算执行和造价控制，健全概算审批、调整等管理制度。完善政府投资监管机制，加强投资项目审计监督，强化重大项目稽查制度，完善竣工验收制度，建立后评价制度，健全政府投资责任追究制度。建立社会监督机制，推动政府投资信息公开，鼓励公众和媒体对政府投资进行监督。

企业投资项目实行核准项目，坚持企业投资核准范围最小化，仅对极少数关系国家安全和生态安全，涉及全国重大生产力布局、战略性资源开发和重大公共利益等项目实行核准管理。政府从维护社会公共利益角度依法进行审查的，应将相关事项以清单方式列明，最大限度缩减核准事项。除《政府核准的投资项目目录》中的企业投资项目外，一律实行备案制，由企业按照有关规定向备案机关备案。实行备案制的投资项目，备案机关要通过投资项目在线审批监管平台或政务服务大厅，提供快捷备案服务，不得设置任何前置条件。

（四）决策项目的投资范围方面

政府投资资金只投向市场不能有效配置资源的社会公益服务、公共基础设施、农业农村、生态环境保护和修复、重大科技进步、社会管理、国家安全等公共领域的项目，以非经营性项目为主，原则上不支持经营性项目。对于经营性项目，若确需政府支持，则以资本金注入的方式为主，也可以申请政府投资补助或贷款贴息。

企业投资资金主要用于经营性项目，且根据目前的国家规定，允许一部分企业投资资金进入法律法规未禁入的基础设施、公用事业及其他行业和领域。PPP 项目是目前常见的社会资本进入公用事业领域的项目。

九、投资项目的决策程序

（一）投资项目决策程序分类

《国务院关于投资体制改革的决定》指出，对于企业不使用政府投资建设的项目，一律不再实行审批制，区别不同情况实行核准制和备案制。根据投资项目审批制度，投资项目决策程序大致可分为以下三种。

1. 审批制决策程序

主要适用于采取资本金注入和直接投资方式的政府投资项目。

2. 核准制决策程序

主要适用于企业不使用政府性资金投资建设的重大项目或限制类项目，即《政府核准的投资项目目录》内的项目。政府仅对重大项目和限制类项目从维护社会公共利益角度进行核准。

3. 备案制决策程序

对于《政府核准的投资项目目录》以外的企业投资项目，实行备案制，国家另有规定的除外，由企业按照属地原则向地方政府投资主管部门备案。备案制的具体实施办法由省级人民政府自行制定。国务院投资主管部门要对备案工作加强指导和监督，防止以备案的名义变相审批。

（二）投资项目决策程序的区别

备案制、核准制与审批制决策程序的区别主要体现在以下三个方面：

（1）适用的范围不同。审批制只适用于政府投资项目；核准制则适用于企业而不适用于政府资金投资建设的重大项目和限制类项目；备案制适用于企业投资的中小项目。

（2）审核的内容不同。审批制是对投资项目的全方位审批。核准制只是政府从社会和经济公共管理的角度审核，不负责考虑企业投资项目的市场前景、资金来源、经济效益等因素。备案制则基本不对项目的相关内容进行审核。

（3）程序环节不同。审批制一般要经过项目建议书、可行性研究报告、初步设计等多个环节，而核准制、备案制只有项目申请核准或备案一个环节。

（三）投资项目决策程序的具体内容

1. 投资项目审批制决策程序

审批制适用于政府投资项目。这里的政府投资项目是指采取资本金注入和直接投资的政府投资项目。

政府投资主要用于社会公益事业、公共基础设施和国家机关建设，改善农村生产生活条件，保护和改善生态环境，调整和优化产业结构，促进科技进步和高新技术产业化。

政府投资项目根据建设性质、资金来源和投资规模，分别由国家、省级和市政府投资主管部门或由政府投资主管部门会同相关部门主要审批项目建议书、可行性研究报告、初步设计（需严格初步设计、概算审批工作），对于使用除资本金注入和直接投资外的其他政府资金的项目还需编制资金申请报告，并执行审批工作。政府投资项目的可行性研究报告、初步设计由政府投资主管部门委托咨询评估机构进行咨询评估或评审；重大项目应当进行专家评议。咨询评估没有通过的不予审批。

链接

除特殊情况影响重大的项目外，一般项目不需审批开工报告。

投资项目审批制决策程序一般包括：项目建议书（初步可行性研究报告）编制→受理和审批项目建议书→可行性研究报告编制（项目建议书批准后）→受理和审批可行性研究报告→申请相关手续进行实施准备，组织设计单位初步设计→审批初步设计。

项目审批需提供的材料如下：

（1）项目建议书阶段：项目所在地或行业主管部门、计划单列企业要求审批项目建议书的申请文件；符合规定深度要求的项目建议书文本；重大政府投资项目专家评估意见；需要提供的其他材料。

（2）可行性研究报告阶段：项目所在地或行业主管部门、计划单列企业要求审批可行性研究报告的申请文件；项目建议书批复文件；具备相应资质的工程咨询机构编制的可行性研究报告文本；规划部门出具的项目选址意见；生态环境部门出具的项目环境影响评价批准文件或手续；自然资源部门出具的项目用地审查意见；资金筹措渠道落实情况的证明文件；项目建设其他外部条件（水、电、气、热等）落实意向；需要提供的其他材料。

（3）初步设计阶段：项目所在地或行业主管部门、计划单列企业要求审批初步设计的申请文件；可行性研究报告的批复文件；具备相应资质的设计单位编制的初步设计文本；经批准的建设地址报告；生态环境部门批准项目环境影响评价或相关环保手续；工程地质、水文地质勘查报告；项目建设其他外部条件（水、电、气、热等）落实协议文件；资金筹措落实的承诺文件；需要提供的其他材料等。

典型例题

【单选题】政府投资项目实行审批制，一般不再审批（　　）。

A. 项目建议书　　B. 项目可行性研究报告

C. 初步设计　　D. 开工报告

D。【解析】项目建议书、项目可行性研究报告及初步设计是实行审批制的政府投资项目一般要审批的内容。开工报告的审批一般只针对一些特殊情况影响重大的项目。

2. 投资项目备案制决策程序

凡属于《政府核准的投资项目目录》以外的企业投资项目，均实行备案制。

投资项目备案制决策程序比较简单，备案机关收到企业应告知的全部信息即为备案。

项目备案需提供的材料：项目所在地或行业主管部门、企业要求项目备案的申请文件；项目备案报告。

链接

实行备案制的企业投资项目，需按照属地原则，自主决策，并将相关信息告知备案机关，信息应真实有效。

典型例题

【多选题】实行备案制的企业投资项目，企业应在开工建设前向备案机关告知的信息有（　　）。

A. 项目的技术方案　　B. 项目的建设地点

C. 项目的建设内容　　D. 项目的总投资额

E. 项目的预期收益

BCD。【解析】实行备案制的企业投资项目，企业应在开工建设前向备案机关告知的信息有企业基本情况，项目名称及建设地点、规模、内容，项目总投资额及项目符合产业政策的声明。

3. 投资项目核准制决策程序

企业投资《政府核准的投资项目目录》中所列重大项目和限制类项目的，均应当向当地投资主管部门请求核准。需要进行核准的项目，应当向核准机关提交项目申请报告。项目申请报告应当由具备相应工程资质的机构编制。

一般，项目需要核准的，企业在完成可行性研究后，根据结论委托有资质的工程咨询机构编制项目申请报告，分别向城乡规划、自然资源部门和生态环境保护部门申请办理规划选址、用地预审和环评手续。履行手续后，企业向发改部门报送项目申请报告，并附规划选址、用地预审和环评审批文件。核准后,依据核准文件向城乡规划部门办理规划许可证、向自然资源部门办理正式用地(用海)手续(自然资源主管部门明确可以不进行用地预审的情形除外)、港口行政管理部门出具的岸线使用审批意见(使用岸线项目)等。最后依据上述手续向建设主管部门办理开工手续。

对于不同性质的投资项目,项目核准需提交的材料有以下差别:

(1)属划拨用地投资项目:项目所在地或者行业主管部门、企业要求项目核准的申请文件;具备相应资质的工程咨询单位编制的项目申请报告;规划部门出具的规划审查意见;自然资源部门出具的项目用地预审意见;生态环境部门出具的环境影响评价文件的审批意见;根据有关法律法规应提交的其他文件。

(2)属招拍挂用地投资项目:项目所在地或行业主管部门、企业要求项目核准的申请文件;具备相应资质的工程咨询单位编制的项目申请报告;国有土地使用权出让合同;规划部门出具的规划许可;生态环境部门出具的环境影响评价文件的审批意见;根据有关法律法规应提交的其他文件。

核准机关在受理项目申请报告后,应按以下几个主要原则进行审查:

(1)项目的建设是否会对国家安全、生态安全、社会安全、经济安全构成威胁。

(2)项目的建设是否对重大公众利益产生负面影响。

(3)项目的建设是否符合相关的产业政策、发展规划、技术标准等。

(4)项目资源的开发是否合理和资源的利用是否有效。

4. 资金申请报告的申报与审批

上文提到,对于一些使用政府投资补助、贷款贴息的项目,在决策时应编制资金申请报告,政府只审批资金申请报告。此外,对于使用国际金融组织和外国政府贷款的项目,由于属于国家主权外债,按照政府投资资金进行管理,同样需要审批资金申请报告。

对于使用政府投资补助和贷款贴息的项目,其决策程序如下:

(1)政府投资主管部门制定工作方案,发布申报公告或通知。

(2)项目单位编制资金申请报告,并送项目汇总申报单位汇总。

(3)项目汇总申报单位对资金申请报告进行初审,并汇总报送相应的审批机关。

(4)相应的审批机关受理后,对资金申请报告进行审核和批复,并下达投资计划。

提示

关于资金申请报告的时间问题:

(1)由国务院或国家发展改革委审批、核准的项目,可以与可行性研究报告或项目申请报告一并报送;也可以在审批、核准后单独报送资金申请报告。

(2)由地方政府审批的政府投资项目,应当在可行性研究报告或初步设计批准后,报送资金申请报告。

(3)由地方政府核准或备案的企业投资项目,应当在核准或备案后,报送资金申请报告。

对于使用国际金融组织和外国政府贷款的投资项目,其决策程序如下:

(1)国家发展改革委编制国外贷款备选项目规划。

(2)相关部门或企业向国家发展改革委申报纳入国外贷款备选项目。

(3)项目用款单位编制、提交项目资金申请报告。

(4)国家发展改革委对项目资金申请报告进行审批。

由国务院或国家发展改革委审批的项目可行性研究报告,可行性研究报告中应当包括资金申请报告的内容,资金申请报告不再单独审批。

5. 几类特殊投资项目的决策程序

(1)PPP 项目。

对于政府和社会资本合作(PPP)项目,其决策程序一般按审批制项目的决策程序进行,并在此基础上,结合该模式的内涵、功能作用、适用范围、管理程序等,对基础的决策程序进行一个有效的补充。主要程序分为两步:从项目库中选择适用于 PPP 模式的备选项目;进行项目准备,编制实施方案,送交联审机构进行审查。

对公共服务类项目,项目实施机构应对其实施方案进行物有所值评价和财务承受能力验证。

典型例题

【单选题】关于政府和社会资本合作(PPP)项目及其决策程序的说法,正确的是(　　)。

A. PPP 项目通常以项目实施方案代替项目可行性研究报告

B. PPP 项目应由社会资本承担主要风险

C. 准备组织实施的 PPP 项目均应来源于地方项目储备库

D. PPP 项目应按照审批制项目决策程序要求审批

D。【解析】PPP 模式是在基本建设程序的基础上按照其内涵、功能和适用范围等对决策程序进行完善。在 PPP 项目中,因为项目实施方案与可行性研究报告的编制目的与论证内容均不相同,故项目实施方案并不能代替项目可行性研究报告。故选项 A 错误。根据《国家发展改革委员会关于开展政府和社会资本合作的指导意见》,PPP 模式是指政府为增强公共产品和服务供给能力、提高供给效率,通过特许经营、购买服务、股权合作等方式,与社会资本建立的利益共享、风险分担及长期合作关系。故选项 B 错误。准备组织实施的 PPP 项目不仅可以来源于地方项目储备库,也可以从社会资本提出申请的潜在项目中筛选。故选项 C 错误。

(2)外商投资项目。

外商投资项目包括中外合资、中外合作、外商独资、外商投资合伙、外商并购境内企业、外商投资企业增资及再投资项目等。外商投资项目管理分为核准和备案两种方式。

根据《外商投资项目核准和备案管理办法》,外商投资项目核准的决策程序如下:

①拟申请核准的外商投资项目应按国家有关要求编制项目申请报告。

②按核准权限属于国家发展和改革委员会核准的项目,由项目所在地省级发展改革部门提出初审意见后,向国家发展和改革委员会报送项目申请报告;计划单列企业集团和中央管理企业可直接向国家发展和改革委员会报送项目申请报告,并附项目所在地省级发展改革部门的意见。

③项目核准机关在受理项目申请报告之日起4个工作日内，对需要进行评估论证的重点问题委托有资质的咨询机构进行评估论证，接受委托的咨询机构应在规定的时间内提出评估报告。对于可能会对公共利益造成重大影响的项目，项目核准机关在进行核准时应采取适当方式征求公众意见。对于特别重大的项目，可以实行专家评议制度。

④对予以核准的项目，项目核准机关出具书面核准文件，并抄送同级行业管理、城乡规划、自然资源、生态环境、节能审查等相关部门；对不予核准的项目，应以书面说明理由，并告知项目申报单位享有依法申请行政复议或者提起行政诉讼的权利。

链接

对外商投资项目的核准条件是：符合国家有关法律法规和《外商投资产业指导目录》《中西部地区外商投资优势产业目录》的规定；符合发展规划、产业政策及准入标准；合理开发并有效利用了资源；不影响国家安全和生态安全；对公众利益不产生重大不利影响；符合国家资本项目管理、外债管理的有关规定。

外商投资项目备案的决策程序如下：

①拟申请备案的外商投资项目需由项目申报单位提交项目和投资方基本情况等信息，并附中外投资各方的企业注册证明材料、投资意向书及增资、并购项目的公司董事会决议等其他相关材料。

②外商投资项目备案需符合国家有关法律法规、发展规划、产业政策及准入标准，符合《外商投资产业指导目录》《中西部地区外商投资优势产业目录》。

③对不予备案的外商投资项目，地方投资主管部门应在7个工作日内出具书面意见并说明理由。

(3)境外投资项目。

境外投资项目是指我国境内各类法人以新建、并购、参股、增资和注资等方式进行的境外投资项目，以及投资主体以提供融资或担保等方式通过其境外企业或机构实施的境外投资项目。国家根据不同情况对境外投资项目分别实行核准和备案管理。

中方投资额10亿美元及以上的境外投资项目，由国家发展改革委核准。涉及敏感国家和地区、敏感行业的境外投资项目不分限额，由国家发展改革委核准。其中，中方投资额20亿美元及以上，并涉及敏感国家和地区、敏感行业的境外投资项目，由国家发展改革委提出审核意见报国务院核准。

除上述之外的境外投资项目实行备案管理。其中，中央管理企业实施的境外投资项目、地方企业实施的中方投资额3亿美元及以上境外投资项目，由国家发展改革委备案；地方企业实施的中方投资额3亿美元以下境外投资项目，由各省、自治区、直辖市及计划单列市和新疆生产建设兵团等省级政府投资主管部门备案。

中方投资额3亿美元及以上的境外收购或竞标项目，投资主体在对外开展实质性工作之前，应向国家发展改革委报送项目信息报告。国家发展改革委收到项目信息报告后，对符合国家境外投资政策的项目，在7个工作日内出具确认函。项目信息报告格式文本由国家发展改革委发布。

根据《境外投资项目核准和备案管理办法》，境外投资项目核准的决策程序如下：

①由国家发展改革委核准或由国家发展改革委提出审核意见报国务院核准的境外投资项目，地方企业直接向所在地的省级政府发展改革部门提交项目申请报告，由省级政府发展改革部门提出审核意见后报送国家发展改革委；中央管理企业由集团公司或总公司向国家发展改革委报送项目申请报告。

②涉及敏感国家和地区、敏感行业的境外投资项目，国家发展改革委在受理项目申请报告之日起3个工作日内征求有关部门意见，有关部门应当自收到征求意见函之日起7个工作日内出具书面意见。

③国家发展改革委在受理项目申请报告后，若确有必要，应在5个工作日内委托有资质的咨询机构进行评估。接受委托的咨询机构在规定时限内提出评估报告，并对评估结论承担责任。评估时限原则上不超过40个工作日。评估费用由国家发展改革委承担，咨询机构及其工作人员不得收取申报单位或投资主体的任何费用。

④国家发展改革委自受理项目申请报告之日起，对于符合核准条件的境外投资项目在20个工作日内完成核准，或提出审核意见报国务院核准。

⑤国家发展改革委对核准的项目将向申报单位出具书面核准文件；对不予核准的项目，将以书面决定的方式通知申报单位并说明理由，投资主体享有依法申请行政复议或者提起行政诉讼的权利。

境外投资项目备案的决策程序如下：

①属于国家发展改革委备案的项目，地方企业应填报境外投资项目备案申请表并附有关附件，直接提交所在地的省级政府发展改革部门，由省级政府发展改革部门报送国家发展改革委；中央管理企业由集团公司或总公司向国家发展改革委报送备案申请表及有关附件。

②国家发展改革委在受理备案申请表之日起7个工作日内，对符合备案条件的境外投资项目出具备案通知书。对不予备案的境外投资项目，国家发展改革委将以书面决定的方式通知申报单位并说明理由，投资主体享有依法申请行政复议或者提起行政诉讼的权利。

③国家发展改革委对申请备案的境外投资项目，主要从是否属于备案管理范围，是否符合相关法律法规、产业政策和境外投资政策，是否符合国家资本项目管理相关规定，是否危害国家主权、安全、公共利益，以及投资主体是否具备相应投资实力等进行审核。

十、项目决策的责任

为加强项目投资管理，规范项目投资行为，建立健全科学的政府投资决策、建设和监督管理制度，提高投资效益，要逐步建立和完善政府投资责任追究制度，建立健全协同配合的企业投资监管体系。与项目审批、核准、实施有关的单位要各司其职、各负其责。

（一）投资主管部门与相关职能部门

发展改革部门：对项目的审批（核准）以及向国务院提出审批（核准）的审查意见承担责任。着重对项目是否符合国家宏观调控政策、发展建设规划和产业政策，是否维护了经济安全和公众利益，资源开发利用和重大布局是否合理，是否有效防止出现垄断等方面负责。

生态环境主管部门：对项目是否符合环境影响评价的法律法规要求，是否符合环境功能区划，拟采取的环保措施能否有效治理环境污染和防止生态破坏等方面负责。

自然资源主管部门：对项目是否符合土地利用总体规划和国家供地政策，项目拟用地规模是否符合有关规定和控制要求，补充耕地方案是否可行，土地、矿产资源开发利用是否合理等方面负责。

城乡规划主管部门：对项目是否符合城乡规划要求，选址是否合理等方面负责。

安全、职业卫生、消防等部门：对项目是否符合有关规划，项目的安全、职业卫生、消防是否符合法律法规要求，拟采取的相关措施是否有效等方面负责。

有关行业主管部门：对项目是否符合国家法律法规、行业发展建设规划以及行业管理的有关规定等方面负责。

其他有关主管部门：对项目是否符合国家法律法规和国务院的有关规定等方面负责。

根据《政府投资条例》，有下列情形之一的，责令改正，对负有责任的领导人员和直接责任人员依法给予处分：

(1)超越审批权限审批政府投资项目。

(2)对不符合规定的政府投资项目予以批准。

(3)未按照规定核定或者调整政府投资项目的投资概算。

(4)为不符合规定的项目安排投资补助、贷款贴息等政府投资资金。

(5)履行政府投资管理职责中其他玩忽职守、滥用职权、徇私舞弊的情形。

有下列情形之一的，依照有关预算的法律、行政法规和国家有关规定追究法律责任：

(1)政府及其有关部门违法违规举借债务筹措政府投资资金。

(2)未按照规定及时、足额办理政府投资资金拨付。

(3)转移、侵占、挪用政府投资资金。

(二)项目(法人)单位

项目单位对项目的申报程序是否符合有关规定、申报材料是否真实、是否按照经审批或核准的建设内容进行建设等方面负责，并承担投资项目的资金来源、技术方案、市场前景、经济效益等方面的风险。

根据《政府投资条例》，项目单位有下列情形之一的，责令改正，根据具体情况，暂停、停止拨付资金或者收回已拨付的资金，暂停或者停止建设活动，对负有责任的领导人员和直接责任人员依法给予处分：

(1)未经批准或者不符合规定的建设条件开工建设政府投资项目。

(2)弄虚作假骗取政府投资项目审批或者投资补助、贷款贴息等政府投资资金。

(3)未经批准变更政府投资项目的建设地点或者对建设规模、建设内容等作较大变更。

(4)擅自增加投资概算。

(5)要求施工单位对政府投资项目垫资建设。

(6)无正当理由不实施或者不按照建设工期实施已批准的政府投资项目。

项目单位未按照规定将政府投资项目审批和实施过程中的有关文件、资料存档备查，或者转移、隐匿、篡改、毁弃项目有关文件、资料的，责令改正，对负有责任的领导人员和直接责任人员依法给予处分。

(三)咨询机构

咨询机构应对咨询评估结论负责。

1.《工程咨询行业管理办法》相关规定

工程咨询是遵循独立、公正、科学的原则，综合运用多学科知识、工程实践经验、现代科学和管理方法，在经济社会发展、境内外投资建设项目决策与实施活动中，为投资者和政府部门提供阶段性或全过程咨询和管理的智力服务。

工程咨询单位及其从业人员应当遵守国家法律法规和政策要求，恪守行业规范和职业道德，积极参与和接受行业自律管理。

国家发展改革委负责指导和规范全国工程咨询行业发展，制定工程咨询单位从业规则和标准，组织开展对工程咨询单位及其人员执业行为的监督管理。地方各级发展改革部门负责指导和规范本行政区域内工程咨询行业发展，实施对工程咨询单位及其人员执业行为的监督管理。

工程咨询单位有下列行为之一的，由发展改革部门责令改正；情节严重的，给予警告处罚并从备案名录中移除；已获得资信评价等级的，由开展资信评价的组织取消其评价等级。触犯法律的，依法追究法律责任。对直接责任人员，由发展改革部门责令改正，或给予警告处罚；涉及咨询工程师(投资)的，按规定处理：

(1)备案信息存在弄虚作假或与实际情况不符的。

(2)违背独立公正原则，帮助委托单位骗取批准文件和国家资金的。

(3)弄虚作假、泄露委托方的商业秘密以及采取不正当竞争手段损害其他工程咨询单位利益的。

(4)咨询成果存在严重质量问题的。

(5)未建立咨询成果文件完整档案的。

(6)伪造、涂改、出租、出借、转让资信评价等级证书的。

(7)弄虚作假、提供虚假材料申请资信评价的。

(8)弄虚作假、帮助他人申请咨询工程师(投资)登记的。

(9)其他违反法律法规的行为。

咨询工程师(投资)有下列行为之一的，由中国工程咨询协会视情节轻重给予警告、通报批评、注销登记证书并收回执业专用章。触犯法律的，依法追究法律责任：

(1)在执业登记中弄虚作假的。

(2)准许他人以本人名义执业的。

(3)涂改或转让登记证书和执业专用章的。

(4)接受任何影响公正执业的酬劳的。

行业组织有下列情形之一的，由国家或省级发展改革委责令改正或停止有关行业自律管理工作；情节严重的，对行业组织和责任人员给予警告处罚。触犯法律的，依法追究法律责任：

(1)无故拒绝工程咨询单位申请资信评价的。

(2)无故拒绝申请人申请咨询工程师(投资)登记的。

(3)未按规定标准开展资信评价的。

(4)未按规定开展咨询工程师(投资)登记的。

(5)伙同申请单位或申请人弄虚作假的。

(6)其他违反法律、法规的行为。

工程咨询行业有关单位、组织和人员的违法违规信息,列入不良记录,及时通过在线平台和"信用中国"网站向社会公布,并建立违法失信联合惩戒机制。

典型例题

【多选题】根据《工程咨询行业管理办法》,关于评估咨询机构任务承担的说法,正确的有(　　)。

A. 承担可行性研究报告编制任务的工程咨询单位,不得承担该报告的评估咨询任务

B. 承担咨询评估任务的单位可以是同一事项编制单位的上级单位

C. 承担评估咨询任务的单位与项目业主单位间不得存在利益关系

D. 承担评估咨询任务的单位与项目业主单位间可以存在控股关系

E. 承担评估咨询任务的单位可以与同一事项编制单位为同一负责人

AC。【解析】承担编制任务的工程咨询单位,不得承担同一事项的评估咨询任务。承担评估咨询任务的工程咨询单位,与同一事项的编制单位、项目业主单位之间不得存在控股、管理关系或者负责人为同一人的重大关联关系。故选项 B,D,E 错误。

2.《国家发展改革委投资咨询评估管理办法》相关规定

国家发展改革委在审批固定资产投资项目及其相关专项规划时,应当坚持"先评估、后决策"的原则,经相关工程咨询单位咨询评估,在充分考虑咨询评估意见的基础上做出决策决定。国家发展改革委在进行其他投资决策过程中,也要充分发挥相关工程咨询单位的作用。

国家发展改革委委托的投资咨询评估纳入投资决策程序、为投资决策服务,咨询评估范围、咨询评估机构由国家发展改革委确定,咨询评估费用由国家发展改革委支付,咨询评估质量由国家发展改革委管理。

国家发展改革委通过竞争方式择优选择投资咨询评估机构,建立"短名单"并实行动态管理。国家发展改革委根据法律规定的咨询评估范围,委托"短名单"内机构承担投资咨询评估任务。国家发展改革委委托"短名单"内机构承担法律规定的咨询评估范围以外任务的,工作程序、费用支出等根据业务需要执行相关规定。

国家发展改革委对承担投资咨询评估任务的咨询机构实行"短名单"管理。确定"短名单"的程序是:

(1)根据各有关司局的需求,确定投资咨询评估专业。

(2)投资司根据确定的投资咨询评估专业,经过公开遴选程序,提出咨询评估机构建议名单。

(3)各专业司局对咨询评估机构建议名单研提意见。

(4)投资司根据各专业司局意见拟订"短名单"报请委领导审核。

(5)确定"短名单"并予以公告。

对国民经济和社会发展有重要影响的专项规划和重大项目的项目申请报告、项目建议书、项目可行性研究报告,可以委托多家评估机构承担咨询评估任务。

咨询评估任务完成后,国家发展改革委主办司局应当通过委托评估系统填写对评估报告质量的评价,评价情况分为较好、一般、较差。质量评价结果与服务费用、"短名单"动态管理挂钩。对评估报告首次评价为较差的咨询机构,由投资司进行约谈、警告;对累计两次评价为较差的咨询机构,由投资司暂停其"短名单"机构资格1年;对累计3次评价为较差的咨询机构,由投资司将其从"短名单"中删除。

除根据以上规定对咨询评估质量进行管理外,评估机构有下列情形之一的,国家发展改革委应当将其从"短名单"中删除:

(1)评估报告有重大失误。

(2)累计两次拒绝接受委托任务。

(3)未在规定时限或者经批准的延期时限内完成委托任务。

(4)违反《工程咨询行业管理办法》中有关规定的。

出现上述第(1)条所列情形的,对涉及的咨询工程师(投资),取消其执业登记。

咨询评估机构存在违反以上规定的,将相关信用信息纳入全国信用信息共享平台;情节严重的,通过"信用中国"网站向社会公示。

国家发展改革委有关工作人员,在投资咨询评估管理工作过程中玩忽职守、滥用职权、徇私舞弊、索贿受贿的,对负有责任的领导人员和直接责任人员依法给予处分;构成犯罪的,依法追究刑事责任。

典型例题

【多选题】根据《国家发展改革委投资咨询评估管理办法》,应当将咨询评估机构从"短名单"中删除的情况有(　　)。

A. 咨询评估报告有重大失误的

B. 咨询工程师在执业登记中弄虚作假

C. 国家发改委委托的工作任务拒绝累计两次以上

D. 咨询工程师准许他人以本人名义执业的

E. 未在规定时限内完成委托任务

ACE。**【解析】**国家发展改革委应当将咨询评估机构从"短名单"中删除的情形详见上文。

(四)金融机构

金融机构要按照国家有关规定对申请贷款的项目独立审贷,对贷款风险负责,自担风险。金融机构要进一步掌握项目贷款评审技术,提高评审与决策效率,改进信贷审批体制,健全风险防范和控制机制。

第二节 项目决策与分析的任务和基本要求

一、项目决策与分析的任务

项目决策与分析的任务主要包括以下几个方面:

(1)项目建设的必要性分析。

(2)项目建设的可能性、符合性分析。

(3)项目建设方案推荐与比选。

(4)项目建设投资与运营费用估算。

(5)经济、社会、资源及环境影响评估。

(6)项目风险分析与防范。

(7)专家、公众参与,综合研判项目可行性。

(8)提出项目决策建议。

二、项目决策与分析的基本要求

项目决策与分析的基本要求主要包括以下几个方面:

(1)贯彻以人为本、和谐发展的方针,把党的十九大报告精神落实到项目决策分析与评价工作的方方面面:人与自然和谐共生,形成节约资源和保护环境的空间格局、产业结构;坚定实施科教兴国战略、人才强国战略、创新驱动发展战略、乡村振兴战略、区域协调发展战略、可持续性发展战略、军民融合发展战略;加强国家创新体系建设,强化战略科技力量;推进资源全面节约和循环利用,实施国家节水行动,降低能耗、物耗,实现生产系统和生活系统循环连接等。

(2)重视获取决策信息的真实性、准确性:决策信息真实性、准确性是开展项目决策分析与评价工作的最基本前提。

(3)分析与评价方法要科学有效:常用的分析与评价方法有经验判断法、数学分析法、试验法等。

(4)结合定量分析与定性分析,并以定量分析为主。

(5)结合静态分析和动态分析,并以动态分析为主。

(6)重视多方案研究与比选的过程,促进科学决策。

典型例题

【单选题】关于项目决策与分析基本要求的说法,正确的是(　　)。

A. 决策方法要统一　　B. 以定性分析为主

C. 以静态分析为主　　D. 多方案比较与优化

D。【解析】项目决策与分析的基本要求详见上文。

第三节　项目前期主要咨询成果与质量保证

一、项目前期咨询成果范围及类型

根据《工程咨询行业管理办法》,工程咨询服务范围包括:

(1)规划咨询:含总体规划、专项规划、区域规划及行业规划的编制。

(2)项目咨询:含项目投资机会研究、投融资策划,项目建议书(预可行性研究)、项目可行性研究报告、项目申请报告、资金申请报告的编制,政府和社会资本合作(PPP)项目咨询等。

(3)评估咨询:各级政府及有关部门委托的对规划、项目建议书、可行性研究报告、项目申请报告、资金申请报告、PPP项目实施方案、初步设计的评估,规划和项目中期评价、后评价,项目概预决算审查,及其他履行投资管理职能所需的专业技术服务。

(4)全过程工程咨询:采用多种服务方式组合,为项目决策、实施和运营持续提供局部或整体解决方案以及管理服务。有关工程设计、工程造价、工程监理等资格,由国务院有关主管部门认定。

提示

本书中所称的规划咨询主要是指产业发展规划、企业发展规划、园区发展规划相应的咨询活动。

工程咨询服务范围中的规划咨询、项目咨询、评估咨询的成果构成了项目前期咨询成果的主要部分。以下介绍主要的咨询成果。

(一)项目投资机会研究报告

项目投资机会研究报告的内容一般包括:市场调查;消费分析;投资政策;税收政策。

(二)项目建议书

项目建议书是建设项目前期工作的第一步,它是对拟建项目的轮廓性设想。主要是从客观方面考察项目的必要性,判断其是否符合国家长远规划的方针和要求,同时初步分析建设项目条件是否具备,是否继续投入人力、物力作进一步研究。从总体上看,项目建议书属于定性性质。

项目建议书的作用概括为以下几个方面:

(1)项目建议书是国家挑选项目的依据,国家对项目,尤其是对大中型项目的比选和初步确定是通过审批项目建议书来进行的。项目建议书的审批过程实际上就是国家对众多新提议的项目进行比较筛选,综合平衡的过程。项目建议书经审批后,项目才能列入国家长远规划。

(2)经审批后的项目建议书是编制可行性研究报告和作为拟建项目立项的依据。

(3)涉及利用外资的项目,在项目建议书批准后,方可对外开展工作。因此编制项目建议书既要全面概括,又要重点突出,一般侧重于项目建议的必要性、建设条件的可能性、活力的可能性这三个方面,结论要明确客观,应做到重点突出,层次分明,切忌繁杂。

(三)项目可行性研究报告

项目可行性研究报告是指在已通过项目建议书(或初步可行性研究报告)的基础上深入展开的研究,其功能是进一步对拟建工程项目的必要性、可行性、建设条件、建设方案和建设时序,从宏观和微观层面进行技术、经济、环境、社会等方面的分析论证,比选优化方案,为最终决策提供依据的报告。

可行性研究是投资前期工作的重要内容,它一方面充分研究建设条件,提出建设的可能性;另一方面进行经济分析评估,提出建设的合理性。可行性研究的工作成果为可行性研究报告,它是项目建设的起点,也是以后一系列工作的基础,概括起来可作为项目论证、审查、决策,编制设计任务书和初步设计,筹集资金,向银行申请贷款,引进技术、进口设备和对外谈判,生态环境部门审查项目对环境影响等过程的依据。

(四)项目申请报告

项目申请报告是在项目可行性研究(一般企业内部自行进行)的基础上,重点论述项目的外部性、公共性等事项,从维护经济安全、合理开发利用资源、保护生态环境、优化重大布局、保障公共利益、防止出现垄断等方面进行论证。我国对于核准制项目进行核准时,需要项目实施单位提供项目申请报告,有时也称项目申请书。

对市场前景、产品技术方案、资金来源、企业财务效益等内容,在项目申请报告中不必详细分析和论述。

项目申请报告适用于企业投资建设实行政府核准制的项目。项目申请报告的主要类型有企业投资项目申请报告、外商投资项目申请报告、境外投资项目申请报告。

(五)资金申请报告

资金申请报告是指项目投资者为获得政府专项资金支持而出具的一种报告。政府资金支持包括投资无偿补助、奖励、转贷和贷款贴息等方式,只审批资金申请报告。

资金申请报告一般包括项目的背景和必要性、项目承担单位的基本情况和财务状况、项目的技术基础、建设方案、各项建设条件落实情况、投资估算及筹措、项目财务分析、经济分析及主要指标等内容。

(六)项目评估报告

项目评估是对前述各类咨询成果的评价,从宏观经济和微观经济相结合的角度,在不同的建设方案中筛选并提出更优化的方案或措施,用最少的投资来取得最大的经济和社会效益。项目评估报告是项目评估活动后形成的咨询成果。

通过项目评估,可促进建设项目前期工作,促进建设项目的科学化、民主化,促进投资管理的加强和投资效益的提高。项目评估的作用概括为以下几个方面:

(1)优化建设方案,完善项目可行性研究。

(2)实事求是的校核投资,落实资金筹措办法和渠道。

(3)促进项目决策科学化,避免重复建设和盲目建设。

(4)有利于宏观经济调控,落实科学发展规划。

(5)有助于统一认识,协调行动,为项目实施创造条件。

(七)项目安全评价报告

项目安全评价报告是咨询机构依据《安全生产法》,以实现工程、系统安全为目的,应用安全系统工程原理和方法,对工程、系统中存在的危险、有害因素进行辨识与分析,判断工程、系统发生事故和职业危害的可能性及其严重程度而制定的防范措施和管理决策报告。安全评价报告是可行性研究报告的重要组成部分,安全风险较高的项目应单独编制安全评价报告。

(八)项目社会评价报告

项目社会评价是指识别、监测和评价投资项目的各种社会影响,分析当地社会条件对拟建项目的适应性和可接受程度。评价投资项目的社会可行性,其目的是促进利益相关者对项目投资活动的有效参与,优化项目建设实施方案。社会评价报告是对所评价项目的调查、预测、分析、比较的过程和结论,以及方案中的重要问题和有争议的问题写成一定格式的书面报告。

项目社会评价应包括社会影响分析、项目与所在地区互适性分析、社会风险分析和社会影响报告书编制等内容。

(九)项目后评价报告

项目后评价是指在项目建设完成并投入使用或运营一定时间后,对照项目可行性研究报告及审批文件的主要内容,与项目建成后所达到的实际效果进行对比分析,找出差距及原因,总结经验教训,提出相应对策建议,以不断提高投资决策水平和投资效益的活动。项目后评价形成的咨询成果就是项目后评价报告。

项目后评价可分为项目实施过程的总结与评价、项目效果和效益评价、项目环境和社会效益评价、项目目标和可持续性评价。

后评价是在项目投资完成以后,通过对项目目的、执行过程、效益、作用和影响进行的全面系统的分析,总结正反两方面的经验和教训,使项目的决策者和建设者学习到更加科学合理的方法和策略,提高决策管理和建设水平。后评价是增强投资活动工作者责任心的重要手段。后评价主要是为决策服务的,从投资开发项目实践中吸取教训,再运用到未来的开发实践当中去。

二、项目前期咨询成果质量保证

(一)岗位人员责任制

工程咨询单位应当建立健全咨询质量管理制度,建立和实行咨询成果质量、成果文件审核等岗位人员责任制。

工程咨询单位对咨询质量负总责。主持该咨询业务的人员对咨询成果文件质量负直接责任,参与人员对其编写的篇章内容负责。实行咨询成果质量终身负责制和项目经理责任制。

（二）工程咨询单位资信评价等级制度

工程咨询单位应具备良好信誉和相应能力。国家发展改革委应当推进工程咨询单位资信管理体系建设,指导监督行业组织开展资信评价,为委托单位择优选择工程咨询单位和政府部门实施重点监督提供参考依据。

工程咨询单位资信评价标准以近3年的专业技术力量、合同业绩、守法信用记录为主要指标,资信评价等级分为甲级和乙级两个级别。甲级资信工程咨询单位的评定工作,由国家发展改革委指导有关行业组织开展。乙级资信工程咨询单位的评定工作,由省级发展改革委指导有关行业组织开展。资信评价类别分为专业资信、专项资信、综合资信。专业资信、专项资信设甲级和乙级,综合资信只设甲级。

专业资信按照《工程咨询行业管理办法》划分的21个专业进行评定;PPP咨询专项资信、综合资信不分专业。

工程咨询单位资信评价每年度集中申请和评定,已获得资信评价等级的单位满3年后重新申请和评定,期间对发现不再达到相应标准的单位进行动态调整。

申请资信评价的工程咨询单位应当通过全国投资项目在线审批监管平台备案并列入公示名录。

行业自律性质的资信评价等级,仅作为委托咨询业务的参考。任何单位不得对资信评价设置机构数量限制,不得对各类工程咨询单位设置区域性、行业性从业限制,也不得对未参加或未获得资信评价的工程咨询单位设置执业限制。

国家和省级发展改革委应当依照有关法律法规及有关规定,制订工程咨询单位监督检查计划,按照一定比例开展抽查,并及时公布抽查结果。监督检查内容主要包括:

(1)遵守国家法律法规及有关规定的情况。

(2)信息备案情况。

(3)咨询质量管理制度建立情况。

(4)咨询成果质量情况。

(5)咨询成果文件档案建立情况。

(6)其他应当检查的内容。

中国工程咨询协会应当对咨询工程师(投资)执业情况进行检查。

（三）成果质量评价标准

工程咨询单位应针对其所从事的工程咨询业务,建立并完善质量管理和质量保证体系,分别制订本单位的有关工程咨询服务的质量目标以及评价标准和评价方法。

工程咨询成果应满足顾客和相关方要求,其质量评价标准大体包括以下几个方面:

(1)满足顾客明确(或隐含)的要求。

(2)符合国家有关方针政策、法律法规、有关行业的规定、标准、规范以及社会有关要求等。

(3)当前和未来社会、经济、市场发展目标需求。

(4)协调关联方充分参与,最大程度上符合利益相关者预期。

(四)成果质量评审制度

成果质量评审是指项目经理或项目业主组织的依据评审指标体系和评分标准对工程咨询成果质量做出的评价行为。成果质量评审可以分为内部评审、外部评审。

第四节　项目前期咨询成果的相互关系

一、可行性研究报告和项目建议书(初步可行性研究)的关系

可行性研究报告是项目建议书的深化和延伸,两者的主要内容基本一致,但两者之间也存在一定的区别,详见表1-4。

表1-4　可行性研究报告与项目建议书的区别

区别	可行性研究报告	项目建议书
目的和作用不同	为项目决策提供依据	为企业或政府初步决定投资建设意向提供依据
研究论证的重点不同	对技术经济从宏观到微观进行全面分析	对项目的必要性及可能性进行宏观分析
研究方法和深度要求不同	侧重定量分析	侧重定性描述
信息收集、基础数据和资料拥有程度不同	更完整、准确、有效	不及可行性研究报告

典型例题

【单选题】关于初步可行性研究与可行性研究的说法,错误的是(　　)。

A. 可行性研究是初步可行性研究的延伸和深化

B. 可行性研究应从宏观到微观进行全面的技术经济分析

C. 初步可行性研究主要是研究项目建设的必要性和可能性

D. 初步可行性研究和可行性研究在研究方法上是一致的

D。【解析】项目建议书(初步可行性研究)与可行性研究报告的研究方法和深度要求不同,项目建议书侧重定性描述,可行性研究报告侧重定量分析。故选项D错误。

二、项目评估报告和可行性研究报告的关系

（一）区别

项目评估报告和可行性研究报告的区别，主要有以下几个方面：

（1）立足点不同。可行性研究一般是站在用资角度考虑问题，项目评估一般是站在银行、国家投资角度考虑问题。

（2）侧重点不同。可行性研究侧重于项目技术、经济方面的论证。项目评估侧重于对可行性研究的质量和可靠性的审查和评估。

（3）作用不同。可行性研究报告主要是作为决策的依据，更确切地说它是为项目评估提供依据和资料。项目评估报告不仅是为项目决策服务，也是银行参与决策和决定贷款与否的依据，且两者不能相互代替。

（4）编制单位不同。可行性研究报告由有资格的设计或咨询机构编制，项目评估报告则由项目隶属的政府部门（发改委、经委等）、项目主管部门、贷款银行等有关机构，或由上级部门委托有资格的专业评估机构编制。

（二）内在关系

项目评估与可行性研究有着密切的内在联系，两者的理论基础、基本内容和要求都是一致的，同时两者具有因果关系，没有项目的可行性研究，就不会有项目的评估，不经项目评估，项目的可行性研究最后也不能成立。

三、项目申请报告与可行性研究报告的关系

项目可行性研究报告与项目申请报告之间的关系比较密切，通常情况下，项目可行性研究报告作为项目申请报告的编制依据。政府相关部门审核项目时，对于审批制项目，需要审核可行性研究报告，但对于核准制项目而言，则需要审批项目申请报告。但并不代表核准制项目不需要做可行性研究报告，通常企业在内部进行项目的可行性研究后，方可编制项目申请报告，报请政府相关部门进行审批。

项目的可行性研究报告主要侧重项目本身有关技术、财务、风险等方面的研究，而项目申请报告则主要从宏观层面，论述项目对规划布局、资源利用、生态环境、经济和社会的影响它们的目的、内容、作用和适用范围均有所不同。

四、PPP 项目实施方案与可行性研究报告的关系

可行性研究报告是从事一种经济活动（投资）之前，咨询机构从国家政策、市场形势、建设方案、生产工艺、设备选型、投资估算、投资风险等各种因素进行具体调查、研究、分析，确定有利和不利的因素、判断项目是否可行，估计成功概率、经济效益和社会效果程度，为决策者和主管机关审批的上报文件。

新建、改扩建项目的 PPP 项目实施方案应当依据项目建议书、项目可行性研究报告等前期论证文件进行编制，它们之间既相互独立又紧密联系。

PPP 项目实施方案内容一般包括项目概况、运作方式、项目交易结构、社会资本方遴选方案、投融资和财务方案、建设运营和移交方案、合同结构与主要内容、风险分担、保障与监管措施等。

由此可见，PPP 项目实施方案的核心内容来自可行性研究报告等前期咨询成果，并将其进一步细化。

典型例题

【多选题】关于可行性研究报告和项目申请报告的说法，正确的有（　　）。

A. 项目申请报告是政府行政许可的要求

B. 项目申请报告是政府投资项目的需要

C. 项目申请报告仅适用于企业投资建设实行政府核准制的项目

D. 可行性研究报告与项目申请报告的目的相同

E. 可行性研究报告可以作为编制项目申请报告的基础

ACE。【解析】可行性研究报告是政府投资项目的需要。故选项 B 错误。可行性研究报告主要是对项目的可行性进行论证，项目申请报告主要是对政府关注的项目外部影响和涉及到公共利益的相关问题进行论证，二者的目的不同。故选项 D 错误。

第五节　咨询机构的选择

根据《工程咨询行业管理办法》，工程咨询单位是指在中国境内设立的从事工程咨询业务并具有独立法人资格的企业、事业单位。工程咨询单位及其从业人员应当遵守国家法律法规和政策要求，恪守行业规范和职业道德，积极参与和接受行业自律管理。

为落实《工程咨询行业管理办法》要求，引导和促进工程咨询行业发展，国家发展改革委研究制定了《工程咨询单位资信评价标准》，具体内容如下。

一、工程咨询单位资信评价标准的总体要求

工程咨询单位资信评价标准以近 3 年的专业技术力量、合同业绩、守法信用记录为主要指标，资信评价等级分为甲级和乙级两个级别。资信评价类别分为专业资信、专项资信、综合资信。专业资信、专项资信设甲级和乙级，综合资信只设甲级。

专业资信按照《工程咨询行业管理办法》划分的 21 个专业进行评定；PPP 咨询专项资信、综合资信不分专业。

工程咨询单位资信评价每年度集中申请和评定，已获得资信评价等级的单位满 3 年后重新申请和评定，期间对发现不再达到相应标准的单位进行动态调整。

二、甲级资信评价标准

(一)甲级专业资信

1. 专业技术力量

专业技术力量应满足以下条件:

(1)单位咨询工程师(投资)不少于12人。

(2)申请评价的专业应配备至少4名咨询工程师(投资)和至少2名具有本专业高级技术职称的人员,两者不重复计算。

(3)单位主要技术负责人为咨询工程师(投资),具有工程或工程经济类高级技术职称,且从事工程咨询业务不少于8年。

2. 合同业绩

申请评价的专业近3年合同业绩应满足以下条件之一:

(1)主持完成国家级规划咨询不少于1项或省级规划咨询不少于2项或市级规划咨询不少于4项,且全部服务范围内(规划咨询、项目咨询、评估咨询、全过程工程咨询,下同)业绩累计不少于10项。

(2)单一服务范围内完成的业绩累计不少于40项,或覆盖2个及以上服务范围的业绩累计不少于30项。

(3)项目咨询、评估咨询、全过程工程咨询等3项服务范围内完成的单个项目投资额15亿元及以上业绩不少于10项。

3. 守法信用记录

工程咨询单位及其专业技术人员应具有良好的声誉和信用,没有下列情形:

(1)列入工程咨询"黑名单"的。

(2)违反《工程咨询行业管理办法》规定被发展改革部门给予警告处罚且列入工程咨询不良记录的。

(3)列入其他部门严重违法失信企业名单并适用"在工程咨询单位资信评价中不予支持"联合惩戒措施的。

4. 其他

单位从事工程咨询业务不少于5年。

典型例题

【单选题】为保证咨询成果的质量,国家对工程咨询单位资信评价等级作出了相关要求。其中,甲级专业资信评价标准要求单位咨询工程师应不少于(　　)。

A. 8人　　B. 10人

C. 12人　　D. 15人

C。【解析】甲级专业资信评价标准的专业技术力量要求详见上文。

（二）PPP咨询甲级专项资信

1. 专业技术力量

单位从事PPP咨询业务的咨询工程师（投资）不少于6人，法律、财务、金融等专业人员不少于8人，两者不重复计算。

2. 合同业绩

近3年完成PPP咨询合同业绩不少于40项。PPP咨询合同业绩的认定范围及要求见《工程咨询单位资信评价标准》。

3. 其他

（1）满足甲级专业资信守法信用记录要求。

（2）单位从事PPP咨询业务不少于3年。

（三）甲级综合资信

申请甲级综合资信评价的单位，应具备以下条件之一：

（1）甲级专业资信12个或以上。

（2）甲级专业资信6个或以上，同时咨询工程师（投资）不少于35人、12个及以上专业近3年均有业绩、12个及以上专业均至少配备咨询工程师（投资）和本专业高级技术职称人员各1名。

甲级综合资信可以作为所有专业规划咨询和评估咨询业务能力的参考。

三、乙级资信评价标准

（一）乙级专业资信

1. 专业技术力量

专业技术力量应满足以下条件：

（1）单位咨询工程师（投资）不少于6人。

（2）申请评价的专业应配备至少3名咨询工程师（投资）和至少1名具有本专业高级技术职称的人员，两者不重复计算。

（3）单位主要技术负责人为咨询工程师（投资），具有工程或工程经济类高级技术职称，且从事工程咨询业务不少于6年。

2. 合同业绩

申请评价的专业近3年全部服务范围内完成的业绩累计不少于15项。

3. 守法信用记录

工程咨询单位及其专业技术人员应具有良好的声誉和信用，没有下列情形：

（1）列入工程咨询“黑名单”的。

（2）违反《工程咨询行业管理办法》规定被发展改革部门给予警告处罚且列入工程咨询不良记录的。

（3）列入其他部门严重违法失信企业名单并适用“在工程咨询单位资信评价中不予支

持”联合惩戒措施的。

4. 其他

单位从事工程咨询业务不少于 3 年。

考虑到工程咨询市场实际情况，未达到上述标准的工程咨询单位可以申请乙级专业资信预评价。预评价的标准为：

（1）单位咨询工程师（投资）不少于 4 人。

（2）申请评价的专业应配备至少 3 名咨询工程师（投资）和至少 1 名具有本专业高级技术职称的人员，两者不重复计算。

（3）满足乙级专业资信守法信用记录要求。

同一单位只可申请一次预评价，预评价结果满 1 年后自动失效。

典型例题

【多选题】根据《工程咨询单位资信评价标准》，咨询单位乙级专业资信评价的标准有（　　）。

A. 单位咨询工程师不少于 6 人

B. 申请评价的专业近 3 年全部服务范围内完成的业绩累计不少于 15 项

C. 工程咨询单位及专业技术人员应具有良好的声誉和信用

D. 单位主要技术负责人为咨询工程师（投资），且从事工程咨询业务不少于 5 年

E. 单位从事工程咨询业务不少于 3 年

ABCE。【解析】咨询单位乙级专业资信评价的标准详见上文。

（二）PPP 咨询乙级专项资信

1. 专业技术力量

单位从事 PPP 咨询业务的咨询工程师（投资）不少于 4 人，法律、财务、金融等专业人员不少于 6 人，两者不重复计算。

2. 合同业绩

近 3 年完成 PPP 咨询合同业绩不少于 20 项。PPP 咨询合同业绩的认定范围及要求见《工程咨询单位资信评价标准》。

3. 其他

（1）满足乙级专业资信守法信用记录要求。

（2）单位从事 PPP 咨询业务不少于 2 年。

考虑到 PPP 咨询市场实际情况，未达到上述标准的工程咨询单位可以申请 PPP 咨询乙级专项资信预评价。预评价的标准为：

（1）单位从事 PPP 咨询业务的咨询工程师（投资）不少于 2 人，法律、财务、金融等专业人员不少于 6 人，两者不重复计算。

（2）满足乙级专业资信守法信用记录要求。

同一单位只可申请一次预评价，预评价结果满 1 年后自动失效。

四、资信评价标准的相关注意事项

核定申请 PPP 咨询资信评价的工程咨询单位的合同业绩时，本单位从事 PPP 咨询业务的专业人员在入职本单位之前主持并签字的合同业绩可以计入。

PPP 咨询合同业绩包括县级以上 PPP 项目规划的编制、含有 PPP 项目实施专章的可行性研究报告的编制、PPP 项目实施方案的编制、PPP 项目合同（含特许经营协议）的编制、PPP 项目绩效评价报告的编制、PPP 项目物有所值论证或财政承受能力论证方案的编制（计为一项业绩）。

PPP 咨询合同业绩用以申请专业资信、综合资信时，仅限于含有 PPP 项目实施专章的可行性研究报告的编制及审批部门委托的评估、PPP 项目实施方案的编制。

工程咨询单位发生分立、兼并、重组等重大变更的，需重新申请资信评价；工程咨询单位注销或破产的，资信评价结果自动失效。

第二章 项目规划及其报告的编制

第一节 项目规划的分类、作用和任务

一、项目规划的分类

根据投资管理、投资主体的需要，项目规划包括产业发展规划、企业发展规划和园区发展规划等。

产业发展规划是指综合运用各种理论分析工具，从当地实际状况出发，充分考虑国际国内及区域经济发展态势，对当地产业发展的定位、产业体系、产业结构、产业链、空间布局、经济社会环境影响、实施方案等做出一定周期内的科学计划。

企业发展规划是对企业战略的规划，是指企业根据国家发展规划和产业政策，在分析外部环境和内部条件现状及其变化趋势的基础上，为企业的长期生存与发展做出的未来一定时期内的方向性、整体性、全局性的定位、发展目标和相应的实施方案。企业发展规划的主要作用是如何更好地发展企业。

园区发展规划是比较全面的产业园区长远发展计划，是对园区产业发展、空间布局、土地开发、招商引资、运营管理等全局性、长期性、基本性问题的研究分析，是未来一个时期内指导产业园区健康发展的行动纲领。产业园区发展规划是园区建设的龙头，规划决定园区未来建设的规模、方向和品位，所以园区在基础建设过程中也始终坚持“规划先行”的指导原则。

链接

产业发展规划服务于政府、企业和园区的产业发展；企业发展规划服务于企业发展决策；园区发展规划服务于园区的开发建设和管理。

不同项目规划，其作用和意义也不尽相同，也就赋予了其不同的特点，各类项目规划的特点见表 2-1。

表 2-1 各类项目规划的特点

类型	特点
产业发展规划	导向性、约束性、时效性、相关性

（续表）

类型	特点
企业发展规划	针对性、前瞻性、认同性、时效性、可操作性
园区发展规划	针对性、时效性、前瞻性、导向性、认同性、相关性、可操作性、约束性

典型例题

【单选题】关于产业发展规划特点的说法，正确的是（　　）。

A. 相关性、约束性、导向性、时效性

B. 前瞻性、针对性、认同性、时效性

C. 相关性、前瞻性、针对性、可操作性

D. 约束性、导向性、认同性、时效性

A。【解析】产业发展规划的特点详见上文。

二、项目规划的作用

项目规划远比单个项目的可行性研究更加综合、全面和长远，是在重大项目投资决策之前，对所面临的环境和形势作出准确判断，对参与的市场竞争做出合理的评估，对可能的投资路径和方向进行广泛的研究，对项目建设的支撑条件进行初步的判断，统筹安排项目投资的节奏。各类项目规划的作用见表 2-2。

表 2-2　各类项目规划的作用

类型	作用
产业发展规划	（1）引导和约束投资方向和招商方向。 （2）指导产业合理有序发展。 （3）促进资源合理配置，提高资源综合利用效率。 （4）推动区域产业合理有序合作。 （5）优化完善产业结构。 （6）为专项规划提供依据和基础
企业发展规划	作为纲领性和指导性文件，指导企业发展
园区发展规划	（1）促进园区建设。 （2）服务招商引资。 （3）落实各项资源条件

三、项目规划的任务

产业发展规划的任务是综合分析地方区域资源特点，培育和发展出具有优势条件的产业体系，从而形成产业内在创新机制、再造能力、内生动力，促进产业技术和结构的优化升级。

企业发展规划的任务是确定企业的最佳投资方向、重点项目、业务组合，同时制定相应的实施标准、方案以及保障措施。

园区发展规划的任务是确定园区的总体安排，从产业布局、空间分配、安全管理、园区管理、土地利用等方面做出一个合理的安排，并且要符合当地实际状况和政策，进一步指导园区发展。

提示

企业发展规划有时可以替代项目建议书或预可行性研究。

典型例题

【多选题】关于项目规划的说法，正确的有（　　）。

A. 产业发展规划确定的产业方向，对招商引资具有导向作用

B. 产业发展规划侧重于产业内部有机结合，与城市总体规划无关

C. 企业发展规划应针对企业自身特点和发展阶段制定

D. 企业发展规划应服从企业计划，应制定细节性的实施步骤

E. 项目规划应根据发展环境和形势变化，进行滚动调整和修编

ACE。【解析】产业发展规划侧重于产业内部有机结合，城市总体规划侧重于产业外部的空间集聚，两者存在相关性。故选项 B 错误。企业发展规划是企业可持续发展过程中的纲领性文件，对于企业经营和未来投资具有指导作用。企业计划应服从企业发展规划。故选项 D 错误。

第二节　产业发展规划报告的编制原则和内容

一、产业发展规划报告的编制原则

产业发展规划报告的编制应遵循下列原则：

（1）合规性原则。

（2）前瞻性原则。

（3）持续性原则。

（4）可操作性原则。

（5）产业关联性原则。

链接

产业发展规划报告的编制应遵循有关法律法规和国家政策，且要符合上位的产业政策和行业政策，如近年国家要求的国土空间规划，保证其合规性。此外，产业发展规划应合理预测未来行业的趋势，保证其前瞻性；要关注生产力要素是否可以支撑产业的持续发展，保证其可持续性；要注意规划与实际相结合，降低实施过程中可能产生的不良后果，保证其可操作性；要关注单一产业与其他产业的交互作用，以形成互利互惠的长远利益关系，优化地区产业结构，实现区域内各产业的协同发展，保证其产业关联性。

二、产业发展规划报告的内容

产业发展规划报告一般包括产业发展现状和特征、产业发展定位和目标、产业发展规划实施方案等。

(一)产业发展现状和特征

一个国家或地区的产业发展可分为不同的阶段,产业发展在各个阶段所面临的问题、发展的驱动因素、产业政策、空间布局特征及其区域经济影响作用明显不同。因此,产业发展和规划的前提条件是要立足于不同产业的总体发展态势,从更广阔的区域背景条件出发,搞清楚产业发展的现状、问题和特征。

产业发展现状分析重点可从内部资源、产业政策、外部环境、SWOT 分析等几个方面进行。具体内容见图 2-1。

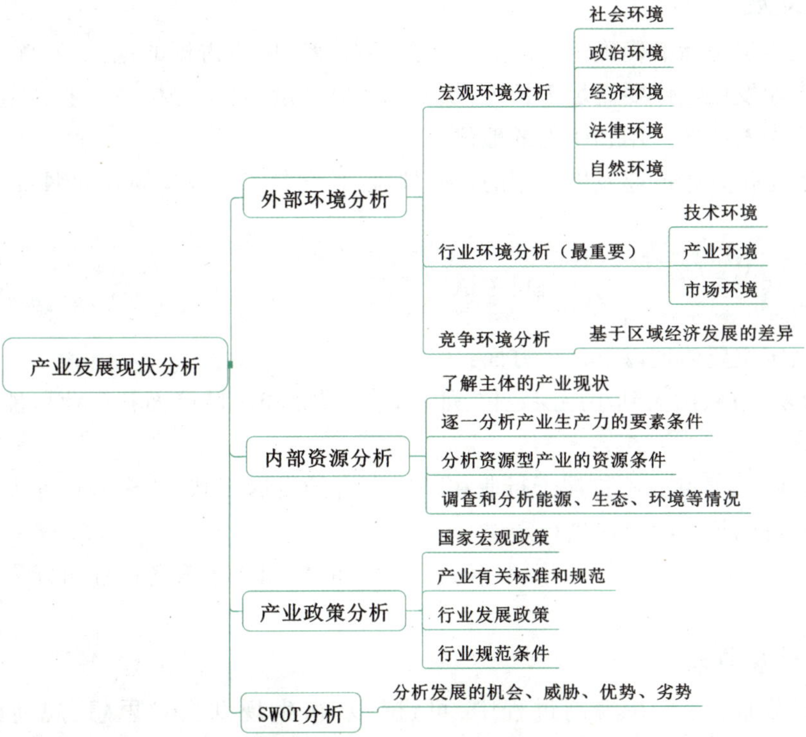

图 2-1　产业发展现状分析

典型例题

【单选题】下列属于产业发展规划外部环境分析的是(　　)。

A. 市场变化　　B. 行业发展政策

C. 行业规范条件　　D. 资源条件

A。【解析】选项 A 属于产业发展规划外部环境分析中的行业环境分析。选项 B,C 属于产业发展规划中的政策分析。选项 D 属于产业发展规划内部资源分析。

【单选题】将企业密切相关的内部优势和劣势、外部机会和威胁等因素关联匹配，从而得出一系列判断，供决策所用的分析是(　　)。

A. 对标分析　　B. 竞争力分析

C. 价值链分析　　D. SWOT 分析

D。【解析】SWOT 分析，即基于内外部竞争环境和竞争条件下的态势分析，是将与企业密切相关的各种主要内部优势、劣势和外部的机会和威胁等，通过调查列举出来，并以矩阵形式排列，然后用系统分析的思想，把各种因素相互匹配起来加以分析，得出一系列相应的结论，供决策所用。

（二）产业发展定位和目标

1. 产业发展定位

产业发展定位是指准确确定各产业在全国、省、地区中所占据的地位、发挥的作用、承担的功能等。产业发展定位要立足于长远，从不同空间尺度，科学分析各产业在全国或区域等不同空间尺度中发挥的作用和所处的地位。

产业发展定位处于产业发展规划的核心地位，是编制产业发展规划的纲领。

提示

产业发展定位可能在实务科目考试中考查。

产业发展定位要体现以下几个方面：

(1)要有层次性，由大到小层层定位，如在国家层面和区域层面各产业可能发挥的作用和所处的地位等。

(2)要以市场为导向，不拘泥于行业和区域自身的发展现状，从未来产业发展潜力和对周边区域发展可能带来的机遇进行定位。

(3)要体现未来性，着眼于未来，从长远的发展前景和趋势看各产业可能发挥或承担的作用和功能。

2. 产业发展目标

基于产业发展定位，在编制过程中，可进一步衍生规划指导思想、规划原则和规划目标。

规划目标即产业发展目标，是从国内外宏观发展背景、区内优势和劣势等条件出发，分析、判断和预测未来产业总体和各产业发展的前景。产业发展目标分为总体目标和具体目标的预测，总体目标主要有产业规模目标、投资目标、主要产品生产能力目标、工业产值目标等，具体目标主要有分类产业生产能力和产量目标、环境保护目标、资源利用目标及科技创新目标等。按照时间尺度，产业发展目标又可分为近期、中期和远期发展目标。

典型例题

【单选题】产业发展规划的纲领和核心内容是(　　)。

A. 产业发展规划实施方案　　　　B. 产业发展定位

C. 产业分析　　　　　　　　　　D. 产业政策

B。【解析】产业发展规划的纲领和核心内容是产业发展定位。

(三)产业发展规划实施方案

在产业发展和规划之中,要确定产业发展方向,明确产业发展的重点。因此,需根据产业定位要求,编制规划实施方案。

产业发展规划实施方案是产业发展规划的重点内容,主要从以下几个方面进行详细分析和论述:

(1)产业框架结构。

(2)产业发展思路。

(3)产业布局。

(4)规划备选项目。

(5)外部条件需求。

(6)建设时序安排。

(7)规划效果。

(8)保障措施。

提示

对于重点投资项目,需对其条件和推荐理由进行初步论证。

第三节　编制产业发展规划的方法与工具

编制产业发展规划时,经常采用一些分析方法作为研究工具,从经济学角度深入了解市场环境或行业竞争等微观环境。

一、产业发展规划分析的方法种类

产业发展规划工作在不同的阶段可采用不同的分析方法进行分析。具体的分析方法种类见图 2-2。

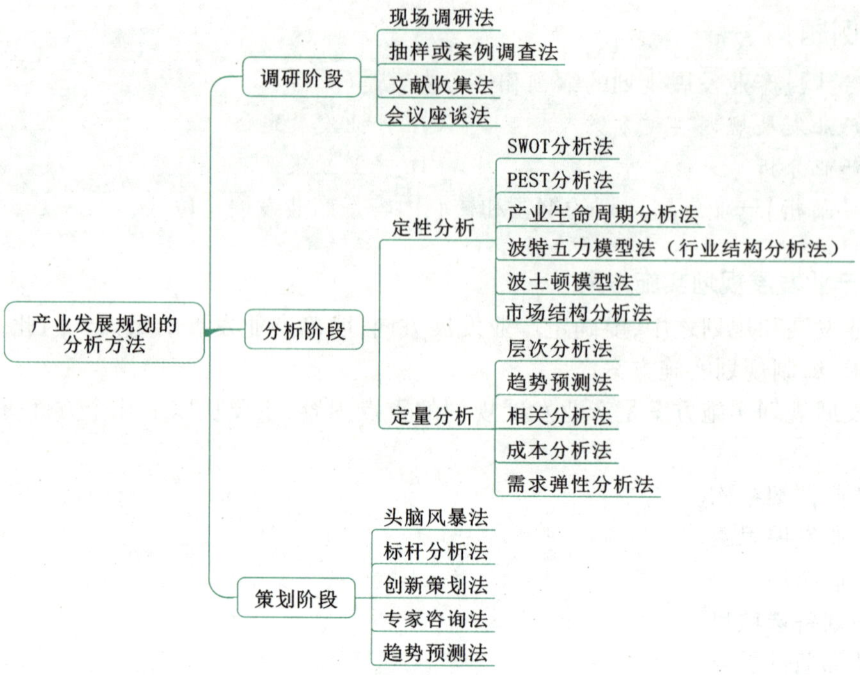

图 2-2　产业发展规划的分析方法

提示

产业发展规划常用的分析方法作为一般考点，应理解记忆不要死记硬背，可结合实务科目相关内容进行学习。

二、产业发展规划分析的常用方法与工具

（一）产业生命周期分析法

产业生命周期是指产业从出现到完全退出社会经济活动所经历的时间。一般来说，产业生命周期主要包括四个阶段，即开发期、成长期、成熟期、衰退期。产业生命周期曲线显示了具体的产品型号、质量、规格等差异，从整个产业的角度考虑问题。产业生命周期分析法常用来分析产业发展规划的外部环境，准确判断产业所处的生命周期阶段。产业生命周期一般以成熟期为界，划为成熟前期和成熟后期。在成熟前期，几乎所有产业都具有类似“S”形的生长曲线，而在成熟后期则大致分为两种类型：第一种类型是产业长期处于成熟期，从而形成稳定型的产业；第二种类型是产业较快地进入衰退期，从而形成迅速衰退的产业。

（二）行业结构分析法（波特五力模型分析法）

迈克尔·波特在 20 世纪 70 年代初提出波特五力模型。他认为行业中存在着决定竞争规模和程度的五种力量，即供应者、购买者、潜在进入者、替代品的威胁以及来自同一行业的企业间的竞争，这五种力量综合起来影响着产业的吸引力以及现有企业的竞争战略决策。波特五力模型分析法常用来分析产业发展规划的产业结构，判断产生发展程度以及影响因素。波特五力模型将大量不同的因素汇集在一个简便的模型中，以此来分析一个行业的基本竞争态势。

（三）市场结构分析法

市场是由买方、卖方以及买卖双方力量对比形成的价格三大要素组成的。市场结构，又称市场类型，是反映竞争程度不同的市场状态下，不同结构的市场有不同的运行方式，市场上的交易主体也有不同的行为特点，价格与交易数量的确定方式也不同。不同市场结构类型的特点见表 2-3。市场结构分析法可用于判断市场的发展程度和影响因素。

表 2-3 不同市场结构类型的特点

项目	完全竞争	完全垄断	寡头垄断	垄断竞争
企业个数	无数	唯一	少数	许多
同质性	同质	无替代	同质、有差别	有差别
进退条件	自由	封锁	困难	基本自由
信息完全性	完全信息	不完全信息	不完全信息	不完全信息

典型例题

【多选题】产业发展规划在策划阶段采用的主要分析方法有（　　）。

A. 头脑风暴法　　B. 抽样调查法

C. SWOT 分析法　　D. 相关分析法

E. 标杆分析法

AE。【解析】产业发展规划在策划阶段采用的主要分析方法有专家咨询法、头脑风暴法、标杆分析法、趋势预测法、创新策划法。抽样调查法属于产业发展规划在调研阶段采用的主要分析方法，SWOT 分析法属于产业发展规划在分析阶段采用的定性分析方法，相关分析法属于产业发展规划在分析阶段采用的定量分析方法。

第四节 企业发展规划报告的编制原则和内容

一、企业发展规划报告的编制原则

企业发展规划报告的编制应遵循以下原则：

（1）创新原则。在基于对企业自身了解的前提下，努力探索新理念、新方法。

（2）取舍原则。在基于企业自身能力的前提下，根据自身特点，权衡利弊得失，作出合理的取舍。

（3）合规性原则。即符合国家法律法规和相关政策。

（4）差异化原则。挖掘自身的独特优势，发展成独一无二的核心竞争力。

（5）可持续原则。立足于企业长远发展，权衡当前与长期利益，慎重作出选择。

（6）价值递增原则。即以盈利为最终目的。

典型例题

【多选题】下列策略及做法中,符合企业发展规划编制原则的有(   )。

A. 按照同类企业的成功战略编制

B. 履行社会职责,同时着力于企业价值最大化

C. 立足于企业长远发展

D. 根据行业特点进行规划

E. 充分体现创新性

BCDE。【解析】选项 B 属于合规性原则;选项 C 属于可持续原则;选项 D 属于取舍原则;选项 E 属于创新原则。

二、企业发展规划报告的编制内容

企业发展规划报告一般包括规划分析、规划定位、规划实施方案等内容。其具体内容见图 2-3。

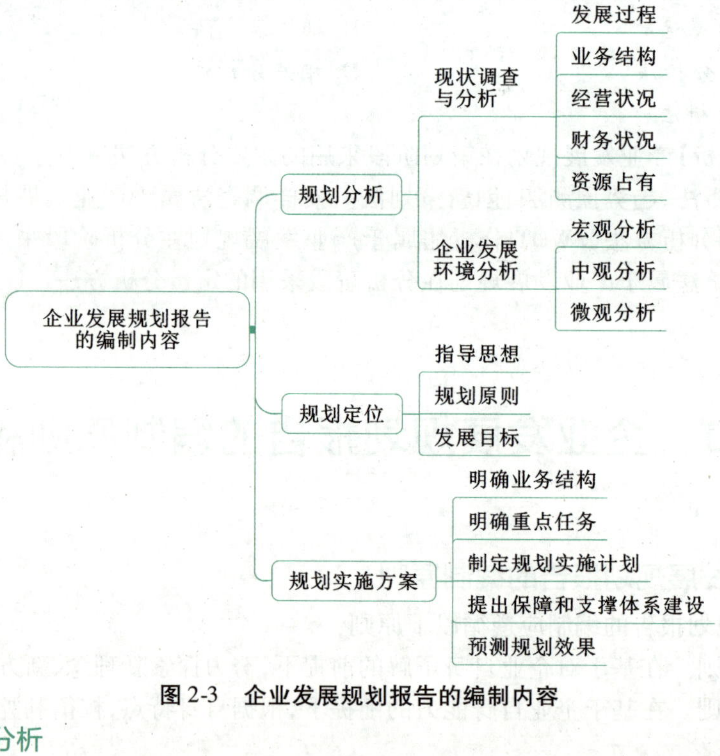

图 2-3 企业发展规划报告的编制内容

(一)规划分析

企业发展规划分析是编制企业发展规划报告的基础。通过对企业自身现状、企业所处的环境和对未来发展趋势的研究,形成对企业发展环境的基本预判。并以此为基础,进行下一步的企业规划。

规划分析一般分为企业现状调查与分析(内部)和企业发展环境分析(外部)。

企业内部分析的重点是对企业的发展过程、业务结构、财务状况、经营状况、资源占有等

方面进行调查与分析，分析企业的经营结构、存在的问题和将要面临的挑战，对企业的整体状况有一个全面的把握，为后续规划提供依据。

企业外部分析则是针对市场动态和需求的变化，进行宏观、中观、微观三个层面的分析，以便为企业的发展方向、投资规模等的确定提供依据。

链接

市场分析是企业外部分析的重点。

（二）规划定位

规划定位是企业发展规划报告的核心，是纲领性的内容。与产业规划定位相似，通过明确企业规划定位，进而衍生出企业规划指导思想、企业规划原则和企业发展目标三个层次的内容，在编制时要求言简意赅、表达精准。

确定企业发展目标时，应结合以下几个方面的要求进行：

（1）目标的结构设置要合情合理。

（2）利润指标要客观，具有真实性。

（3）企业总量的增速要符合自身的能力。

（4）考虑存量，估算增量。

关于企业发展的目标可能以如下例题考查。

典型例题

【单选题】企业发展目标是要量化规划期内的企业发展水平，一般分为总体目标和分解目标。下列属于企业分解目标的是(　　)。

A. 企业的规模　　　　B. 业务总量

C. 财务子目标　　　　D. 人力资源

C。【解析】企业发展目标通常分为总体目标和分解目标。其中，企业总体目标有企业的规模、目标市场份额、业务总量、技术水平、人力资源、盈利水平、环保治理目标等；企业分解目标是将总体目标分为远期目标、中期目标和近期目标，并按照管理部门和业务单元分为多个子目标。

（三）规划实施方案

规划实施方案是企业发展规划报告的重点内容，它应从技术层面提出合理的可操作的方案，用以增强企业的能力。规划实施方案中，应对重点任务、业务结构、实施计划、保障和支撑体系、分析预测规划效果等五个方面内容进行详细论述。

企业的业务结构是企业发展规划的骨架和脉络，明确企业的业务结构有助于企业找到发展抓手。企业的业务结构可根据国际上著名的规划咨询公司麦肯锡公司的业务三层面理论进行分析，也可以参照常用的波士顿矩阵确定。后续的重点任务、实施计划、保障和支撑体系、规划预测都应在有了明确的业务结构后进行。

典型例题

【单选题】企业发展规划实施方案需要完成的重点工作不包括(　　)。

A. 明确重点任务　　B. 提出保障和支撑体系建设

C. 预测规划效果　　D. 企业发展规划定位

D。【解析】企业发展规划实施方案的目的是增强企业发展能力,要完成的重点工作如下:明确重点任务;明确业务结构;制定规划实施计划;提出保障和支撑体系建设,并对规划效果进行分析预测。

第五节　编制企业发展规划的方法与工具

编制企业发展规划时,经常采用一些分析方法作为研究工具,以下详细列举几种重要的分析方法,如 SWOT 分析法、竞争力分析法、标杆分析法、价值链分析法。

一、SWOT 分析法

SWOT 分析法是一种将内部条件分析与外部产业竞争环境分析相结合,形成结构化的平衡系统分析体系,用以分析和研究一个组织现实情况的方法。它作为一种战略规划研究分析技术,广泛应用于管理学科的战略研究领域。SWOT 分别是优势、劣势、机会和威胁四个英文字母的缩写。SW 主要用来分析内部条件,OT 主要用来分析外部条件。SWOT 分析法见表 2-4。

表 2-4　SWOT 分析法

项目	优势(S)	劣势(W)
机会(O)	SO 战略——增长性战略(进攻策略,最大限度地利用机会)	WO 战略——扭转型战略(调整策略,战略转型)
威胁(T)	ST 战略——多种经营战略(调整策略,多种经营)	WT 战略——防御型战略(生存策略,严密监控竞争对手动向)

企业 SWOT 分析的基础是企业优劣势分析。利用 SWOT 分析法,通过调查列举出组织的内部优势和劣势以及外部的机遇和挑战,然后通过对每一种内部条件和外部环境的组合进行深入综合分析,把资源和行动聚集在自己的强项和机会多的地方,从而为组织制定战略发展规划提供客观全面的依据,促进组织的良好发展。

典型例题

【单选题】企业发展规划的编制中,企业 SWOT 分析的基础是(　　)。

A. 企业价值链分析　　B. 企业竞争力分析

C. 企业优劣势分析　　D. 企业对标分析

C。【解析】企业 SWOT 分析作为企业发展规划的常用方法,其基础是企业优劣势分析。

二、竞争力分析法

企业竞争力多采用九力模型综合评价法。“九力模型”是一个在企业竞争力“资源观”的观照下对企业内部的静态属性与其外部的动态属性作系统分析的工具，借助它可对企业目前所具有的竞争力得出全面的认识。

企业的品牌(能)力、研发(能)力、营销(能)力、制造(能)力、产品(能)力、资源(能)力、决策(能)力、执行(能)力、整合(能)力，这九大竞争力共同构成了“九力模型”中的基本要素。“九力分析”的目的是要对以上复合的九力逐一进行客观的、定量的评价，进而得出对企业整体竞争力的全面认识。“九力分析模型”示意图见图2-4。

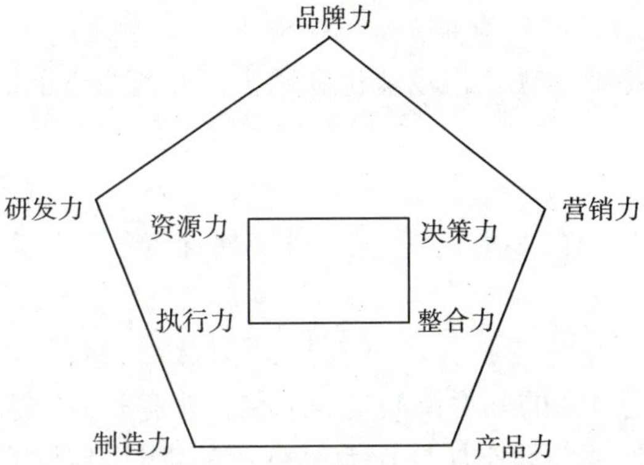

图2-4　“九力模型”示意图

其中，属于企业外部属性的竞争力包括品牌力、研发力、营销力、制造力和产品力。所谓品牌力，是对企业所拥有的各个品牌在市场上的稳定性、在同行业中的地位、所受到的支持度、受保护的程度及其发展趋势的综合评价；所谓研发力，是企业在研究与开发新产品的时间、资金、技术、人员等方面所拥有的相对优势；所谓营销力，是指企业营销的体系、范围、人员、潜力等方面的综合实力；所谓制造力，是企业制造产品的技术、设备、厂房、人员等方面的整体力量；所谓产品力，是其产品在质量、外观、价格等方面为消费者所赞誉的程度。此五大外在竞争力，所对应的是企业竞争力的外部属性，是企业参与市场竞争的动态的外在力量，相对于企业的内部属性，这些竞争力的可变性更强。企业能够在相对较短的时间内予以控制。

其中，属于企业内部属性的竞争力包括资源力、决策力、执行力和整合力。所谓资源力，是企业所拥有的自然资源、资金资源、政府资源、人力资源的多寡与程度；所谓决策力，是企业的领导人、中高层管理者在日常企业管理中做出重大决策时的速度与效度；所谓执行力，是间指企业管理机构信息传达的通畅程度与决策执行的有效程度；所谓整合力，是企业在建立其整体形象、整合其各种资源方面的能力。此四大内在竞争力，是企业参与市场竞争的相对静态的内在力量，对应的是企业竞争力的内部属性。

可采用专家评分法，分别对九种能力进行加权评价，从而表示企业的综合竞争力。其操作方法借用的是利克特5级量表。譬如，分析某企业的研发力，若采用利克特5级量表，总分应为5分,便可对企业在同行里在研究与开发新产品的时间、资金、技术、人员等方面所拥有的相对优势进行评价。若其研发力相当强,居于同行业之首,则可评为5分;若完全没有任何研发力可言,对应的是1分;若处于中下等水平,则为2分;若处于中等水平,则为3分;若被评为4分,则表明该企业的研发力处于中上游的位置。依此类推,对九大竞争力进行分析。

至于具体的评分者,可根据研究的需要由项目主持人召集10~20位相关领域的专家来评分,评分的指标细化到何种程度可视项目的需要而定。对专家的评分进行算术或者加权平均的结果,即为企业九大竞争力的数量表述。最终,可对分析结果进行实态描述,并将其用柱状图、星状图等予以直观显示。

链接

衡量产品竞争力主要体现在市场地位和销售情况两个方面。

典型例题

【单选题】企业竞争力的九力模型,属于外部属性竞争力的是(　　)。

A. 资源能力　　B. 品牌能力

C. 整合能力　　D. 决策能力

B。【解析】企业竞争力的九力模型是一个在企业竞争力"资源观"的观照下对企业内部的静态属性与其外部的动态属性作系统分析的工具,借助它可以对企业目前所具有的竞争力得出全面的认识。"九力模型"中能力的分类详见上文。

三、标杆分析法

(一)标杆分析法的含义

标杆分析法是将本企业经营的各方面状况和环节与竞争对手或行业内外一流的企业进行对比分析的过程,是一种评价企业自身和研究其他组织的手段,是将外部企业的持久业绩作为企业自身的内部发展目标,并将外界的最佳做法移植到本企业的经营环节中的一种方法。

(二)标杆分析法的基本步骤

标杆分析法的基本步骤如下:

(1)对标因素的确定。

(2)对标企业的选择。

(3)对标因素比较研究。

(4)对标因素结果分析。

(三)标杆分析的作用

标杆分析的作用有:

(1)标杆分析用于成本比较。

(2)标杆分析可用来比较企业的关键绩效指标。

(3)标杆分析在流程比较中时常带来许多机会。

(4)标杆分析也能在战略层面带来机遇。

链接

一般情况下选择竞争对手、行业一流企业、跨行业技术、客户需求为标杆对象。

四、价值链分析法

(一)价值链分析法的概述

价值链分析法是由迈克尔·波特提出来的,是一种寻求确定企业竞争优势的工具。企业有许多资源、能力和竞争优势,如果把企业作为一个整体来考虑,又无法识别这些竞争优势,就必须把企业活动进行分解,通过考虑这些单个的活动本身及其相互之间的关系来确定企业的竞争优势。

价值链分析法的核心是将企业的所有资源、价值活动与企业的战略目标紧密连接起来,以价值增值为目的,形成一个简明清晰的结构框架,帮助企业清晰认识企业生存中各相关链条的重要意义。

(二)价值链的内涵

企业要在市场竞争中取得竞争优势,必须在创造价值方面比对方做得更好。价值创造体现在每个环节中,每个环节所创造的价值和发生的成本不同。

价值链主要由两类价值活动构成,即基本活动和支持(辅助)活动。每个活动均在创造价值,而非成本,问题的着眼点在企业内部。

价值链不是孤立存在的。任何企业内部,各业务单元之间的联系构成了企业价值链。各业务单元之间也存在着运作价值链。在同一产业中,上下游企业之间存在着行业价值链。

(三)价值链分析的意义

每一项价值活动,都会对企业最终实现价值造成影响。价值链分析,就是要在分析行业价值链的基础上,对其影响的程度和范围进行深入考察,权衡利弊,寻求最佳价值链结构。

企业可通过与其他企业不同的价值活动,或是构造与其他企业不同的价值链来取得差异优势。经营差异化时必须控制实现差异经营的成本,以便将其转化为明显的竞争优势。

在企业价值活动中增进独特性,同时要能控制各种独特性的驱动因素,以控制价值链上具有关键意义的环节(如在电脑业,关键环节是芯片的生产及研发)。

(四)价值链分析法的步骤

价值链分析法的步骤如下:

(1)把整个价值链分解为与战略相关的作业、成本、收入和资产,并把它们分配到“有价值的作业”中。

(2)确定引起价值变动的各项作业,并根据这些作业,分析形成作业成本及其差异的原因。

(3)分析整个价值链中各节点单元之间的关系，确定企业核心单元之间以及企业边界与顾客和供应商之间作业的相关性。

(4)利用分析结果，重新组合或改进价值链，以更好地控制成本动因，产生可持续的竞争优势，使价值链中各节点单元在激烈的市场竞争中获得优势。

(五)企业价值链结构

企业的价值链活动分为基础活动和支持活动两种。企业价值链结构见图 2-5。

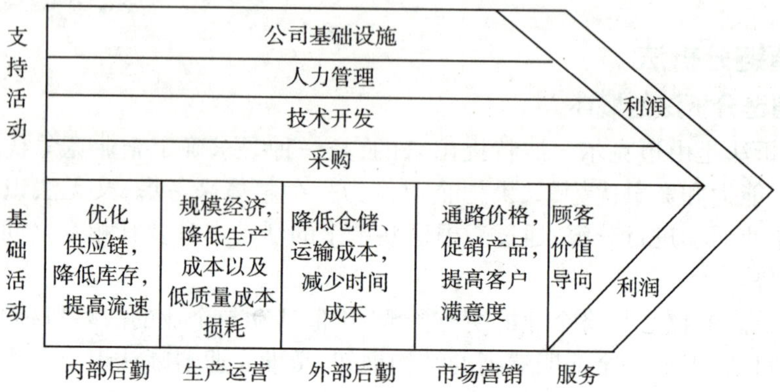

图 2-5　企业价值链结构

典型例题

【单选题】关于价值链分析在企业发展规划中应用的说法，正确的是(　　)。

A. 价值链分析不利于提高作业业绩，但可指导企业未来发展

B. 运用价值链分析可引导企业的投资选择

C. 运用价值链分析的关键是对企业在各经营环节中的成本和效益进行平均分配

D. 通过价值链分析可以将收入分配到“低价值的作业”中

B。【解析】价值链分析在企业发展规划中应用可引导现有产品分类、未来发展以及企业的投资选择，还有利于提高作业业绩。故选项 A 错误。价值链分析的关键是对企业在各经营环节中的成本和效益进行公平分配，而非平均分配。故选项 C 错误。价值链分析是将收入分配到“有价值的作业”中。故选项 D 错误。

第六节　园区发展规划报告的编制原则和内容

一、园区发展规划报告的编制原则

园区发展规划报告的编制应遵循下列原则：

(1)绿色发展原则。

(2)弹性发展原则。

(3)协同发展原则。

(4)循环发展原则。

(5)集约发展原则。

(6)针对性原则。

二、园区发展规划报告的重点内容

园区有很多种类,以工业园区为例,工业园区发展规划报告应当包括下列重点内容:

(1)分析工业园区所在地区的基本情况,综合评价工业园区的发展条件。

(2)确定工业园区的性质和发展目标,划定工业园区范围。

(3)提出规划期内工业园区用地发展规模,确定工业园区建设和发展用地的空间布局和功能分区。

(4)确定工业园区对外交通系统的布局,确定工业园区主、次干道系统的走向、断面、主要交叉口形式,确定主要广场、停车场的位置和规模。

(5)综合协调并确定工业园区供水、排水、防洪、供电、通信、燃气、供热、消防、环卫等设施的发展目标和总体布局。

(6)确定工业园区绿地系统的发展目标和总体布局。

(7)确定工业园区的环境保护目标,提出防治污染措施。

(8)确定工业园区循环经济产业体系建设的目标,提出建设的要求。

(9)确定综合防灾规划的目标和总体布局。

(10)提出规划区技术经济指标,提出规划实施步骤、措施和方法的建议。

三、园区发展规划报告的编制内容

园区发展规划报告的编制内容主要包括:总则(如规划范围、期限和编制依据等);规划统筹协调;发展定位、目标与规模;产业发展规划;空间组织和用地规划;交通系统规划;绿地和景观系统规划;市政基础设施规划与园区的生活服务配套设施;综合防灾规划;环境保护规划;规划分期;重点支撑项目及其投资与效益分析;规划保障措施;规划主要图纸等内容。

下面以工业园区和生态工业园区为例,介绍园区发展规划报告的部分编制内容。

(一)规划范围

应明确生态工业园区发展规划核心区的准确边界范围,并根据生态工业园区与外界的物质流、能量流等方面的交换关系,提出规划的扩展区和辐射区范围。对于国家批复的各类开发区、核心区和扩展区均不得超过国家批准的边界范围。规划范围的确定应与原有的土地使用功能和用地规划相一致。

(二)规划期限

应明确生态工业园区发展规划的数据基准年,在基准年的基础上,提出规划近期目标和中远期目标的具体年限,通常近期年限为 5 年,中远期年限为 10 年。

(三)规划依据

应对生态工业园区发展规划和建设具有指导和支撑作用的各项政策、标准和规划应作为规划依据逐一进行描述。主要的规划依据包括：

(1)国家和地方环境保护、清洁生产和循环经济方面的相关法律法规。

(2)国家和地方对生态工业园区的管理政策。

(3)国家和地方有关园区的发展政策。

(4)园区所在区域国民经济和社会发展规划(纲要)。

(5)园区控制性规划。

(6)相关行业清洁生产标准。

(7)相关行业中长期发展规划。

(8)园区所在区域循环经济规划。

(9)园区所在区域产业发展规划。

(10)园区所在区域环境保护规划。

(11)园区所在区域土地利用规划。

(12)园区所在区域交通、电力等基础设施规划。

(13)其他。

(四)工业用地

工业用地是指工矿企业的生产车间、库房及其附属设施用地,包括专用铁路、码头和附属道路、停车场等用地,不包括露天矿用地。根据工业对居住和公共环境的干扰污染程度不同,工业用地可分为三类：

(1)一类工业用地是指对居住和公共环境基本无干扰、污染和安全隐患的工业用地。

(2)二类工业用地是指对居住和公共环境有一定干扰、污染和安全隐患的工业用地。

(3)三类工业用地是指对居住和公共环境有严重干扰、污染和安全隐患的工业用地。

链接

一类工业用地可设置在居住用地相邻地段;二类工业用地不与居住用地混杂,应单独设置;三类工业应远离城市住宅区。

典型例题

【单选题】根据《城市用地分类与规划建设用地标准》,二类工业用地指的是(　　)。

A. 对居住和公共环境完全没有干扰、污染和安全隐患

B. 对居住和公共环境基本无干扰、污染和安全隐患

C. 对居住和公共环境有一定干扰、污染和安全隐患

D. 对居住和公共环境有严重干扰、污染和安全隐患

C。【解析】二类工业用地是指对居住和公共环境有一定干扰、污染和安全隐患的工业用地。

(五)环境保护规划

1. 水循环利用和污染控制规划

水循环利用和污染控制规划如下：

(1)评估水资源开发利用和水质现状(水资源现状、水环境现状、工业废水处理现状、工

业废水循环利用现状、污水集中处理现状、重点污染源排放现状)，分析水资源开发利用和水环境存在的问题，评估园区对本身区域环境质量的改善及对所在水系下游地区的环境责任。

(2)水资源消耗和污水排放预测分析。

(3)规划近期和中远期水循环利用和污染控制目标和指标的制定。指标主要包括：单位工业增加值新鲜水耗；单位工业增加值废水排放量；单位工业增加值 COD 排放量；园区污水集中处理率；工业废水稳定达标排放率；工业用水循环利用率；间接冷却水循环利用率；区域中水回用率；再生水使用量；再生水与新鲜水供水比例等。

(4)水循环利用和污染控制方案。

①水资源管理方案。建立健全并贯彻落实水资源一体化的政策、法规与管理办法，强化法制管理和科学管理，严格用水许可证制度、排水许可证制度、水资源利用监管制度，实行总量监督与监测，污水处理厂企业化管理及运行机制等。

②水减量化方案。通过推行企业清洁生产，降低单位产值(产品)的耗水量；通过调整工业结构，淘汰或限制耗水量大、水污染物排放量大的行业和产品；通过推行生活节水用具，提高公众节水意识，降低生活用水量。

③水资源供应方案。设计多源供水方案，提出饮用水、工业用水、工业冷却水、景观用水、绿化用水、中水和生活杂用水等集成与共享的水资源梯阶利用模式与方法。

④水资源替代方案。通过中水回用以及海水利用、雨水利用等模式，提出水资源的可行性替代方案。

⑤废水循环利用方案。提出将排放的废水进行处理后用于某些水单元或将废水直接用于某些水单元的废水循环利用方案，以及水污染物的循环利用方案。根据地理范围将废水的循环利用分为厂域和区域两个层次。循环利用的同时，要注意二次污染的防治。

⑥重点污染源水污染控制方案。针对水污染排放重点源，通过清洁生产审核，提高过程控制和末端治理技术水平，提出重点污染源水污染控制方案。

2. 大气污染控制和循环利用规划

大气污染控制和循环利用规划如下：

(1)评估园区大气环境质量状况、环境演变历程和趋势、污染排放状况等。分析园区发展过程中面临的主要大气环境问题。

(2)根据园区社会经济发展特点、环境空气质量变化综合分析，预测规划近期和中远期主要污染物排放量。

(3)规划近期和中远期大气污染控制和循环利用目标和指标的制定。指标主要包括：单位工业增加值废气排放量；单位工业增加值 SO_2 排放量；单位工业增加值 NO_X 排放量；单位工业增加值碳排放量；大气治理设施的有效运行率；主要大气污染物排放达标率；全年空气环境质量达标天数等。

(4)根据规划近期和中远期目标，提出相应的大气污染控制战略，包括工程措施、技术措施、管理措施和政策措施等。针对本地区大气特征污染物，提出相应解决方案。针对废气排放重点源，提出工业废气污染控制和循环利用方案。针对静脉产业类型的企业和项目，建立大气污染源转移和二次污染防治方案。

3. 固体废物循环利用和污染控制规划

固体废物循环利用和污染控制规划如下：

(1)工业固体废物和生活垃圾等的现状和存在问题分析。

(2)工业固体废物和生活垃圾等的产生量及排放量预测。

(3)规划近期和中远期固体废物减量化、资源化和无害化目标和指标的确定。指标主要包括：单位工业增加值工业固体废物排放量；工业固体废物综合利用率；危险废物安全处置率；固体废物回收利用率；生活垃圾处理处置率等。

(4)工业固体废物和生活垃圾等的减量和循环利用方案。

(5)工业固体废物和生活垃圾等实现减量化、资源化和无害化的技术手段和项目。

(六)重点支撑项目及其投资与效益分析

1. 重点支撑项目

综合考虑园区产业结构特点和生态工业园区建设的需求，确定入园项目应满足的条件。

入园项目选择的总体原则是符合国家和园区自身的产业政策和环保政策，同时符合构建产业循环体系、资源循环利用和污染控制体系和保障体系的基本要求，针对园区的产业结构和经济发展现状与未来的发展趋势，引进具有支撑功能的项目。

重点支撑项目的确定应包括建设项目名称、建设位置、主要工艺技术、实施期限、建设内容(包括分年度建设内容)、实施主体等相关内容。要对项目内容、规模、作用和实施时间安排等做详细描述。

参照园区建设重点项目清单和地方性工程预算文件对各建设项目的投资进行科学合理的估算。投资方案要提出具体的投资数量和资金来源，并做出年度投资计划表。

2. 投资与效益分析

重点对园区发展生态工业的综合效益(经济效益、生态环境效益、社会效益)进行分析评价，对生态工业园区建设的各项成本及收益进行初步的全面系统地核算，评估园区生态工业建设的成效。

(七)园区建设保障措施

提出保障规划实施和规划目标实现的组织、政策、技术、管理和其他等各项措施，包括政策保障措施、组织机构建设、技术保障体系、环境管理工具、公众参与、宣传教育与交流以及能够保障生态工业园区建设顺利开展的其他措施。

(八)工业园区发展规划的主要图纸

1. 位置及周边关系示意图

标明工业园区范围及与相邻地区间的关系。比例尺视面积大小而定。

2. 土地利用现状图

图纸应标明以下内容：

(1)按《城市用地分类与规划建设用地标准》分类画出规划区现状各类用地的范围(以中类为主，小类为辅)。

(2)规划区范围内的现状自然状况，包括河流、植被、矿藏、地质灾害区等。

(3)规划区范围内的现状基础设施状况,包括道路、主要工程设施、防灾、环境保护设施的情况。

(4)现状用地一览表。

(5)河流、水库等。

3. 用地评价图

图纸应标明以下内容:

(1)不同工程地质条件和地面坡度的范围、界线、参数。

(2)潜在地质灾害(滑坡、崩塌、溶洞、泥石流、地下采空、地面沉降及各种不良性特殊地基土等)空间分布、强度划分。

(3)活动性地下断裂带位置,地震烈度及灾害异常区。

(4)按防洪标准频率绘制的洪水淹没线。

(5)地下矿藏、地下文物埋藏范围。

(6)规划区土地质量的综合评价,确定适宜性区划(包括适宜修建和采取工程措施方能修建地区的范围)。提出土地的工程控制要求。

4. 土地利用规划图

图纸应标明以下内容:

(1)规划的各类用地界线。

(2)绿地、河湖水面、高压走廊的用地界线和保护范围。

(3)规划道路红线。

(4)规划用地一览表及产业用地一览表。

5. 绿地系统规划图

图纸应标明以下内容:标明公共绿地、防护绿地等各类绿地的界线。

6. 近期建设规划图

图纸应标明以下内容:

(1)近期规划的各类用地界线。

(2)绿地、河湖水面、高压走廊的用地界线和保护范围。

(3)近期规划道路红线。

(4)近期规划用地一览表及产业用地一览表。

7. 道路系统规划图

图纸应标明以下内容:

(1)规划主、次干道和支路的走向、红线、断面,主要控制点坐标、标高。

(2)主要道路交叉口形式和用地范围。

(3)主要广场、停车场位置和用地范围。

8. 给水排水工程规划图

图纸应标明以下内容:

(1)水源及水源井、泵房、水厂、贮水池位置,供水能力。

(2)输配水干管走向、管径,主要加压站、高位水池规模及位置。

(3)排水管渠干线位置、走向、管径和出口位置。

(4)排水泵站和其他排水构筑物规模、位置。

(5)污水处理厂位置、用地范围。

9. 电力电信工程规划图

图纸应标明以下内容:

(1)供电电源。

(2)变、配电设施位置、名称、容量、电压等级。

(3)供电线路走向、电压等级、敷设方式。

(4)高压走廊用地范围、电压等级。

(5)各种通信设施布局,通信线路走向和敷设方式。

(6)收发讯区、微波通道等保护范围。

10. 燃气规划图

图纸应标明以下内容:

(1)气源位置、供气能力、储气设备容量。

(2)输配干管走向、压力、管径。

(3)调压站、贮存站位置和容量。

四、园区发展规划的方法

以产业园区为例,产业园区发展规划的内容较多,方法也多种多样,包括用于宏观环境分析的 PEST 法,用于内部资源分析的 SWOT 法,用于产业定位分析的长短名单法、二级筛选法,用于产业发展策略制定的产业价值链微笑曲线,用于园区配套策略制定的产业化平台建设、企业生命周期理论法、搭建多层次的投融资服务平台等。以下重点介绍几种常用的方法。

(一)宏观环境分析——PEST 法

PEST 分析法(Politic,政治;Economic,经济;Social,社会;Technological,技术)主要用于对园区的外部宏观环境分析。PEST 四象限见图 2-6。

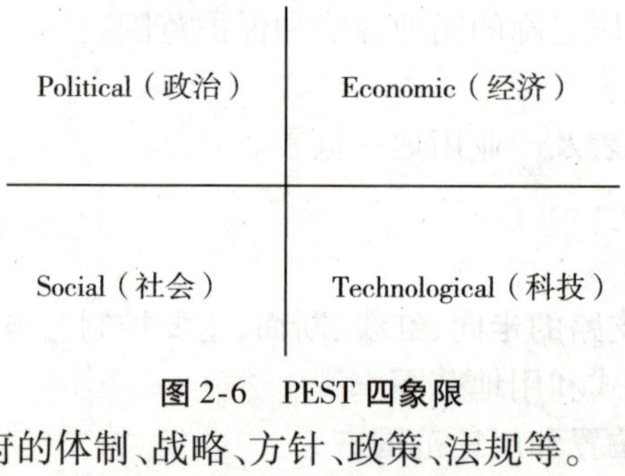

图 2-6　PEST 四象限

政治环境包括地方政府的体制、战略、方针、政策、法规等。

经济环境主要包括宏观 GDP、利率水平、财政货币政策、通货膨胀、失业率水平、居民可支配收入水平、汇率、能源供给成本、市场机制、市场需求等。

社会环境主要包括地区的人口规模、年龄结构、人口分布、种族结构、收入分布和文化程度等因素。

科技环境包括产业所处领域的技术变革速度、产品生命周期、发展趋势、未来前景等。

(二)内部资源分析——SWOT法

SWOT(Strength,优势;Weakness,劣势;Opportunity,机会;Threat,威胁)方法一般用于企业内部条件和优劣势的分析,是一种企业内部分析方法,在园区规划中,该方法可分析园区在资源方面的优势与劣势,把握环境提供的机会,防范可能存在的风险与威胁。

区域竞争优势:从区位条件、科技水平、生态环境、人才资源、体制机制、文化内涵、金融、土地资源等方面,针对性提出对园区发展相关产业的独特优势。

区域竞争劣势:从城市体量、技术、人才、资源、体制机制、企业规模、产业集聚度、创新能力等方面分析园区发展相关产业的短板。

区域竞争机会:从政策形势、经济形势、国家重大战略决策、规划要求、区域重大工程项目建设、区域合作共建等方面,针对性分析相关产业发展的机遇。

区域竞争威胁:从政策形势、经济形势、国家重大战略决策、规划要求、区域竞争及产业自身面临的瓶颈、困境等方面,针对性分析相关产业发展面临的挑战。

(三)产业定位分析——长短名单法

长短名单法即找出可选的长名单,再结合限制性条件甄选出可供选择的中名单,最后通过产业发展前景的评估,得到短名单。具体步骤如下:

(1)根据区域发展情况,尽可能多的获得当地可选择的产业,找出可选的长名单。产业长名单的来源包括但不局限于:

①地方政府建议园区发展的产业。

②省里或者市里明确发文鼓励发展的产业。

③区域中心城市可能转移的产业。

④周边行政级别较低的城市/县/镇的优质产业。

⑤现有产业基础上可升级的优势产业。

⑥与当地资源禀赋相契合的产业。

(2)根据产业所处发展阶段、区域发展情况、地方政府当下诉求等筛选标准,排除发展可能性较小的产业,甄选出可供选择的中名单。排除的企业包括但不局限于:

①排除产业发展阶段已属于成熟期后期或衰退期的行业。

②排除对区域发展产生负面影响的行业(亩均产值低、高污染等)。

③排除与周边同质化严重的产业。

④排除当地政策限制的产业。

⑤排除产业发展用地需求与园区不符的产业。

(3)建立产业评估体系,从产业价值链(Value - chain)和能力(Competence)、机会(Chance)、合作(Cooperation)四个维度出发,对产业发展潜力和发展优势进行评价,得到短名单。

(四)园区配套策略——产业化平台建设

园区的规划首先是以产业平台构建为核心导向,而不是以用地性质和规模设定为主要目标。园区发展规划的宗旨是围绕建设一个产业平台或者产业服务平台为核心的,这就要求在规划的初始，就着重分析和判定，这些平台构建的实际需求和发展途径。例如：围绕一个产业技术构建的平台，核心能力是研发或技术交易能力，就需要围绕这个能力去建立一个创新科技服务平台。

第七节　规划环境影响评价

一、规划环境影响评价的目的

规划环境影响评价的目的：以改善环境质量和保障生态安全为目标，论证规划方案的生态环境合理性和环境效益，提出规划优化调整建议；明确不良生态环境影响的减缓措施，提出生态环境保护建议和管控要求，为规划决策和规划实施过程中的生态环境管理提供依据。

二、规划环境影响评价的适用范围

规划环境影响评价适用于国务院有关部门、设区的市级以上地方人民政府及其有关部门，对其组织编制的土地利用的有关规划和区域、流域、海域的建设、开发利用规划（以下称综合性规划），以及工业、农业、畜牧业、林业、能源、水利、交通、城市建设、旅游、自然资源开发的有关专项规划（以下称专项规划）的环境影响评价。

三、规划环境影响评价的责任主体

规划编制机关应当在规划编制过程中对规划组织进行环境影响评价。对规划进行环境影响评价，应当遵守有关环境保护标准以及环境影响评价技术导则和技术规范。规划环境影响评价技术导则由国务院生态环境主管部门会同国务院有关部门制定；规划环境影响评价技术规范由国务院有关部门根据规划环境影响评价技术导则制定，并抄送国务院生态环境主管部门备案。

编制综合性规划，应当根据规划实施后可能对环境造成的影响，编写环境影响篇章或者说明。编制专项规划，应当在规划草案报送审批前编制环境影响报告书。编制专项规划中的指导性规划，应当依照规定编写环境影响篇章或者说明。此处所称指导性规划是指以发展战略为主要内容的专项规划。

环境影响篇章或者说明、环境影响报告书（以下称环境影响评价文件），由规划编制机关编制或者组织规划环境影响评价技术机构编制。规划编制机关应当对环境影响评价文件的质量负责。

四、规划环境影响评价的原则

规划环境影响评价的原则包括早期介入、过程互动，统筹衔接、分类指导，客观评价、结论科学。具体内容如下。

（一）早期介入、过程互动

评价应在规划编制的早期阶段介入，在规划前期研究和方案编制、论证、审定等关键环节和过程中充分互动，不断优化规划方案，提高环境合理性。

（二）统筹衔接、分类指导

评价工作应突出不同类型、不同层级规划及其环境影响特点，充分衔接“三线一单”成果，分类指导规划所包含建设项目的布局和生态环境准入。

（三）客观评价、结论科学

依据现有知识水平和技术条件对规划实施可能产生的不良环境影响的范围和程度进行客观分析，评价方法应成熟可靠，数据资料应完整可信，结论建议应具体明确且具有可操作性。

五、规划环境影响评价的流程

（一）一般工作流程

规划环境影响评价应在规划编制的早期阶段介入，并与规划编制、论证及审定等关键环节和过程充分互动。互动内容如下。

1. 规划前期阶段

在规划前期阶段，同步开展规划环评工作。通过对规划内容的分析，收集与规划相关的法律法规、环境政策等，收集上层位规划和规划所在区域战略环评及“三线一单”成果，对规划区域及可能受影响的区域进行现场踏勘，收集相关基础数据资料，初步调查环境敏感区情况，识别规划实施的主要环境影响，分析提出规划实施的资源、生态、环境制约因素，反馈给规划编制机关。

2. 规划方案编制阶段

在规划方案编制阶段，完成现状调查与评价，提出环境影响评价指标体系，分析、预测和评价拟定规划方案实施的资源、生态、环境影响，并将评价结果和结论反馈给规划编制机关，作为方案比选和优化的参考和依据。

3. 规划的审定阶段

进一步论证拟推荐的规划方案的环境合理性，形成必要的优化调整建议，反馈给规划编制机关。针对推荐的规划方案提出不良环境影响减缓措施和环境影响跟踪评价计划，编制环境影响报告书。

如果拟选定的规划方案在资源、生态、环境方面难以承载，或者可能造成重大不良生态环境影响且无法提出切实可行的预防或减缓对策和措施，或者根据现有的数据资料和专家知识对可能产生的不良生态环境影响的程度、范围等无法做出科学判断，应向规划编制机关提出对规划方案做出重大修改的建议并说明理由。

4. 规划环境影响报告书审查会后

规划环境影响报告书审查会后，应根据审查小组提出的修改意见和审查意见对报告书进行修改完善。

5. 规划报送审批前

在规划报送审批前,应将环境影响评价文件及其审查意见正式提交给规划编制机关。

(二)技术流程

规划环境影响评价的技术流程见图 2-7。

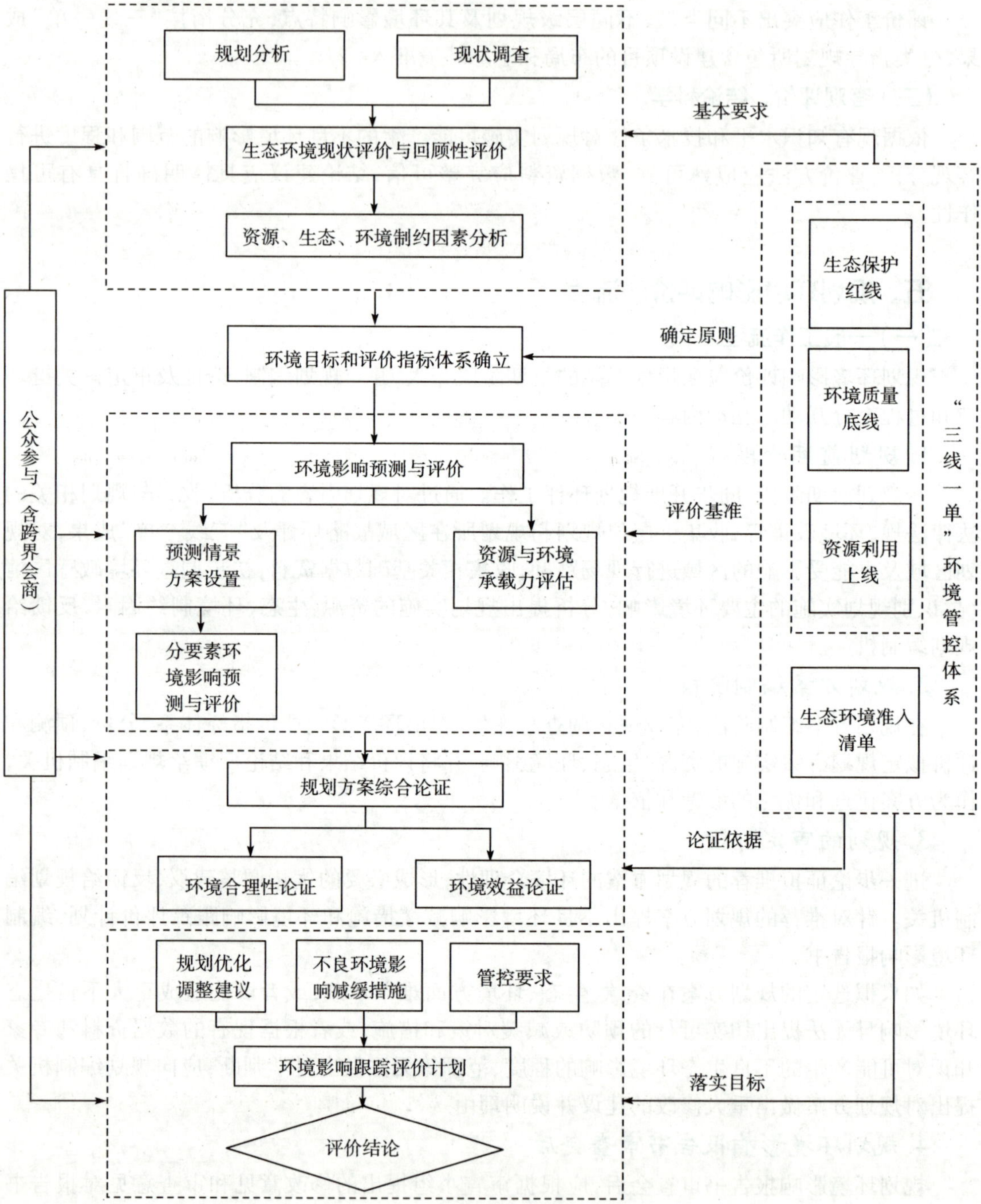

图 2-7 规划环境影响评价的技术流程

五、规划环境影响评价的方法

规划环境影响评价在各工作环节常用的方法，见表2-5。

表2-5　规划环境影响评价的常用方法

评价环节	可采用的主要方式和方法
规划分析	核查表、叠图分析、矩阵分析、专家咨询（如智暴法、德尔菲法等）、情景分析、类比分析、系统分析
现状调查与评价	现状调查：资料收集、现场踏勘、环境监测、生态调查、问卷调查、访谈、座谈会。环境要素的调查方式和监测方法可参考有关监测规范执行
	现状分析与评价：专家咨询、指数法（单指数、综合指数）、类比分析、叠图分析、生态学分析法（生态系统健康评价法、生物多样性评价法、生态机理分析法、生态系统服务功能评价方法、生态环境敏感性评价方法、景观生态学法等，下同）、灰色系统分析法
环境影响识别与评价指标确定	核查表、矩阵分析、网络分析、系统流图、叠图分析、灰色系统分析法、层次分析、情景分析、专家咨询、类比分析、压力－状态－响应分析
规划实施生态环境压力分析	专家咨询、情景分析、负荷分析（估算单位国内生产总值物耗、能耗和污染物排放量等）、趋势分析、弹性系数法、类比分析、对比分析、供需平衡分析
环境影响预测与评价	类比分析、对比分析、负荷分析（估算单位国内生产总值物耗、能耗和污染物排放量等）、弹性系数法、趋势分析、系统动力学法、投入产出分析、供需平衡分析、数值模拟、环境经济学分析（影子价格、支付意愿、费用效益分析等）、综合指数法、生态学分析法、灰色系统分析法、叠图分析、情景分析、相关性分析、剂量－反应关系评价。环境要素影响预测与评价的方式和方法可参考相关标准执行
环境风险评价	灰色系统分析法、模糊数学法、数值模拟、风险概率统计、事件树分析、生态学分析法、类比分析。可参考相关标准执行

提示

开展具体评价工作时可根据需要选用，也可选用其他已广泛应用、可验证的技术方法。

六、环境影响报告书的主要内容

（一）总则

概述任务由来，明确评价依据、评价目的与原则、评价范围、评价重点、执行的环境标准、评价流程等。

（二）规划分析

介绍规划不同阶段目标、发展规模、布局、结构、建设时序，以及规划包含的具体建设项目的建设计划等可能对生态环境造成影响的规划内容；给出规划与法规政策、上层位规划、区域“三线一单”管控要求、同层位规划在环境目标、生态保护、资源利用等方面的符合性和协调性分析结论，重点明确规划之间的冲突与矛盾。

（三）现状调查与评价

通过调查评价区域资源利用状况、环境质量现状、生态状况及生态功能等，说明评价区域内的环境敏感区、重点生态功能区的分布情况及其保护要求，分析区域水资源、土地资源、能源等各类自然资源现状利用水平和变化趋势，评价区域环境质量达标情况和演变趋势，区域生态系统结构与功能状况和演变趋势，明确区域主要生态环境问题、资源利用和保护问题及成因。对已开发区域进行环境影响回顾性分析，说明区域生态环境问题与上一轮规划实施的关系。明确提出规划实施的资源、生态、环境制约因素。

（四）环境影响识别与评价指标体系构建

识别规划实施可能影响的资源、生态、环境要素及其范围和程度，确定不同规划时段的环境目标，建立评价指标体系，给出评价指标值。

（五）环境影响预测与评价

设置多种预测情景，估算不同情景下规划实施对各类支撑性资源的需求量和主要污染物的产生量、排放量，以及主要生态因子的变化量。预测与评价不同情景下规划实施对生态系统结构和功能、环境质量、环境敏感区的影响范围与程度，明确规划实施后能否满足环境目标的要求。根据不同类型规划及其环境影响特点，开展人群健康风险分析、环境风险预测与评价。评价区域资源与环境对规划实施的承载能力。

（六）规划方案综合论证和优化调整建议

根据规划环境目标可达性论证规划的目标、规模、布局、结构等规划内容的环境合理性，以及规划实施的环境效益。介绍规划环评与规划编制互动情况。明确规划方案的优化调整建议，并给出调整后的规划布局、结构、规模、建设时序。

（七）环境影响减缓对策和措施

给出减缓不良生态环境影响的环境保护方案和管控要求。

（八）环境影响评价的重点内容要求和简化建议

如规划方案中包含具体的建设项目，应给出重大建设项目环境影响评价的重点内容要求和简化建议。

（九）环境影响跟踪评价计划

说明拟定的跟踪监测与评价计划。

（十）公众参与和会商意见处理

说明公众意见、会商意见回复和采纳情况。

（十一）评价结论

归纳总结评价工作成果，明确规划方案的环境合理性，以及优化调整建议和调整后的规划方案。

七、规划环境影响篇章（或说明）的主要内容

（一）环境影响分析依据

重点明确与规划相关的法律法规、政策、规划和环境目标、标准。

（二）现状调查与评价

通过调查评价区域资源利用状况、环境质量现状、生态状况及生态功能等，分析区域水资源、土地资源、能源等各类资源现状利用水平，评价区域环境质量达标情况和演变趋势，区域生态系统结构与功能状况和演变趋势等，明确区域主要生态环境问题、资源利用和保护问题及成因。明确提出规划实施的资源、生态、环境制约因素。

（三）环境影响预测与评价

分析规划与相关法律法规、政策、上层位规划和同层位规划在环境目标、生态保护、资源利用等方面的符合性和协调性。预测与评价规划实施对生态系统结构和功能、环境质量、环境敏感区的影响范围与程度。根据规划类型及其环境影响特点，开展环境风险预测与评价。评价区域资源与环境对规划实施的承载能力，以及环境目标的可达性。给出规划方案的环境合理性论证结果。

（四）环境影响减缓措施

给出减缓不良生态环境影响的环境保护方案和环境管控要求。针对主要环境影响提出跟踪监测和评价计划。

（五）附图、附表

根据评价需要，在篇章（或说明）中附必要的图、表。

典型例题

【单选题】关于规划环境影响评价的说法，正确的是（　　）。

A. 应根据综合性规划实施后可能对环境造成的影响编写环境影响报告书

B. 规划环境影响评价遵循的技术导则由地方环保部门责任制定

C. 编制专项规划中的指导性规划时应编写环境影响报告书

D. 应在专项规划草稿报送审批前编写环境影响报告书

D。【解析】根据《规划环境影响评价条例》，对规划进行环境影响评价，应当遵守有关环境保护标准以及环境影响评价技术导则和技术规范。规划环境影响评价技术导则由国务院生态环境主管部门会同国务院有关部门制定；规划环境影响评价技术规范由国务院有关部门根据规划环境影响评价技术导则制定，并抄送国务院生态环境主管部门备案。编制综合性规划，应当根据规划实施后可能对环境造成的影响，编写环境影响篇章或者说明。编制专项规划，应当在规划草案报送审批前编制环境影响报告书。编制专项规划中的指导性规划，应当依照规定编写环境影响篇章或者说明。

第八节 项目占用土地及其合理性分析评价

一、土地资源利用分析评价的目的

根据《土地管理法》，十分珍惜、合理利用土地和切实保护耕地是我国的基本国策。各级人民政府应当采取措施，全面规划，严格管理，保护、开发土地资源，制止非法占用土地的行为。因此，在项目规划过程中，需要切实考虑土地资源的因素，以保证土地的高效利用和可持续发展。

土地资源利用分析评价目的是为全面掌握国家用地状况及利用潜力，科学管理和合理利用国家用地，提高土地利用效率，为国家和各级政府制定土地政策和调控措施，为土地利用规划、计划及相关规划的制订提供科学依据。

二、土地资源利用分析评价的内容

（一）项目土地资源综合利用评价的基本内容

1. 项目土地资源综合利用方案及措施分析评价

分析项目是否坚持了严格的耕地保护制度，实现耕地占补平衡；是否提高节约集约用地水平；是否着力控制建设用地规模；是否坚持生态环境建设。

2. 项目环境效益分析评价

重点评价土地资源承载力，并分析评价项目的土地资源利用水平和指标是否符合国家和行业有关规范要求，是否符合土地利用总体规划，是否符合相关地区的土地资源开发利用管理办法。分析规划方案与相关法律、法规及所在区域其他相关规划的协调性，是否存在规划实施的环境制约因素，从环境效益角度评价项目的环境可行性和合理性。

3. 土地综合利用效果分析评价

评价方法可分为定性评价、定量评价、定性与定量相结合评价的方法。土地利用可持续性与生态、经济和社会三方面的许多因子密切相关。因此，采用定性和定量相结合的方法，从生态指标、经济指标和社会评价指标三个方面，分析对比建设前后、标准规范要求指标以及国内外先进水平等内容。

4. 土地资源优化配置建议

土地资源优化配置，是指其开发利用能满足自然生态和社会经济多种需要，以期实现资源系统的最大功能和综合效益，促进人与自然协调发展和经济社会的全面可持续发展。

提高城市土地利用效率，促进土地资源的优化配置，提出相应合理的建议。

（二）土地资源利用分析评价的要求和内容

1. 评价的基本要求

评价合规性：建设项目用地预审、农用地转用征收、土地整治项目、增减挂钩试点项目、基本农田建设等是否符合国土资源相关管理工作的总体土地规划“合规性”审核标准。

评价适用性：通过土地利用总体规划，国家将土地资源在各产业部门进行合理配置，首先是在农业与非农业之间进行配置，其次是在农业与农业内部进行配置，如在农业内部的种植业、林业、牧业之间配置。

评价和谐性：依法、合规地组织居民拆迁和征地补偿工作，维护好原住民安置和征地拆迁当事人的合法权益，以保证项目建设工作的顺利开展和实施。

根据《国有土地上房屋征收与补偿条例》，确需征收房屋的各项建设活动，应当符合国民经济和社会发展规划、土地利用总体规划、城乡规划和专项规划。保障性安居工程建设、旧城区改建，应当纳入市、县级国民经济和社会发展年度计划。因此，土地资源利用须符合城市总体规划要求，应追求经济效益、社会效益和生态环境效益的统一。

2. 评价内容

（1）拟征建设用地合规性的评价。

在《全国土地利用总体规划纲要》中提出了6项约束性指标，分别是耕地保有量、基本农田保护面积、城乡建设用地规模、新增建设占用耕地规模、整理复垦开发补充耕地义务量和人均城镇工矿用地规模。

约束性指标是规划期内不得突破或者必须实现的指标。依据相关土地管理法，分析评价城市建设用地规模是否符合国家规定的标准，充分利用现有建设用地，不占或者尽量少占农用地；建设占用土地，涉及农用地转为建设用地的，是否办理农用地转用相关审批手续；国有土地使用证、建设用地、建设工程规划许可证等相关手续是否齐全。

（2）居民搬迁入户实物调查的评价。

征收补偿方案一般采用两种方式：

①实物安置。按照不同类型和性质的房屋，对应不同的置换比例；将来需要的增购部分，在价格上有较大优惠空间；对于没有达到标准的低保户、特困户等，有关部门将按最低标准进行补齐。

②根据房屋的不同类型性质，按照评估给予货币补偿。无论哪种选择，都另有搬迁补偿费用。

有时，征地补偿安置方式还包括社保补偿，即征地补偿安置方式应当包括货币补偿、社保补偿和实物补偿。

根据《征用土地公告办法》，征地补偿安置、方案公告应当包括下列内容：

①本集体经济组织被征用土地的位置、地类、面积、地上附着物和青苗的种类、数量、需要安置的农业人口的数量。

②土地补偿费的标准、数额、支付对象和支付方式。

③安置补助费的标准、数额、支付对象和支付方式。

④地上附着物和青苗的补偿标准和支付方式。

⑤农业人员的具体安置途径。

⑥其他有关征地补偿、安置的具体措施。

根据《土地管理法实施条例》，申请征收土地的县级以上地方人民政府应当及时落实土地补偿费、安置补助费、农村村民住宅以及其他地上附着物和青苗等的补偿费用、社会保障费用等，并保证足额到位，专款专用。有关费用未足额到位的，不得批准征收土地。

居民搬迁入户实物调查的评价内容主要有：征地拆迁补偿款是否按时、足额到位；补偿标准是否执行了最低保护价格；需拆迁的公益公共设施是否拆建；搬迁入户相关合同是否合规、合法；转非劳动力就业和社保的安置是否落实；安置房是否落实；非住宅房屋和其他建筑物、构筑物的拆迁是否按重置成新价格给予补偿等。

(3)征地拆迁符合性的评价。

①项目合法性、合理性遭质疑的风险项目的决策是否与现行政策、法律、法规相抵触，是否有充分的政策、法律依据；是否坚持严格的审查审批和报批程序；是否经过严谨科学的可行性研究论证；是否充分考虑到时间、空间、人力、物力、财力等制约因素；建设方案是否具体、详实，配套措施是否完善。

②土地补偿费和安置补助费的合理性，以及如何认定实物补偿、社保补偿等方式在征地补偿合理性上发挥的作用。

③评价拆迁实施方案。拆迁实施方案主要内容有：项目、被拆房屋及其附属物的基本情况；拆迁补助的相关办法；拆迁的范围、期限、方式；补偿安置的方式及内容；委托拆迁和评价的内容等。

④评价委托拆迁单位，包括其资质、合同、征收决定和公告等证明材料；评价安置房屋和委托拆迁评估结果。

⑤评价征地拆迁工作的处理和结果是否依法、依规。

典型例题

【多选题】居民搬迁入户调查评价包括(　　)。

A. 地方民政部门负责超转人员的管理安置落实情况

B. 建设单位依据所在地人民政府的规定是否在补偿标准上执行了最低保护价格

C. 建设单位对公益公共设施需拆迁的，是否迁建

D. 被拆除房屋及其附属物基本情况

E. 对委托拆迁单位的评价，包括拆迁资质等

ABC。【解析】选项 D 属于征地拆迁符合性评价中对拆迁实施方案的评价内容。选项 E 属于征地拆迁符合性的评价内容，其评价内容除了选项 E 还包括委托拆迁合同书、房屋征收决定及公告等证明材料。

三、土地综合利用评价的内容

(一)农用地综合利用评价的内容

1. 农用地项目综合利用方案及措施分析评价

农业设施建设是否以保护耕地、合理利用土地为前提，尽量利用未利用土地和低效闲置的土地，不占或少占耕地；确需占用耕地的，是否尽量占用劣质耕地，避免滥占优质耕地，同时通过工程、技术等措施，尽量减少对耕作层的破坏；设施农用地的选址是否符合本地土地利用总体规划及其相关实施管理办法。未办理相关手续前，不得占用基本农田。

2. 项目环境效益分析评价

农用地土壤是否存在污染的风险，是否保障农产品正常生长，是否能保障土壤生态环境。

3. 农用地综合利用效果分析评价

除定性分析外，如有可能，尽量采用对比方法进行量化分析，以期能够定量地评价农用地综合利用效果。与行业标准规范要求指标以及国内外先进水平进行比较分析。

4. 农用地项目资源优化配置建议

针对农用地项目资源优化配置存在的不足提出建议。例如，对于存在“粮经饲”结构不合理、品种布局不合理的情况，可提出相关建议，如加快优化品种、品质，适当调整经济作物播种面积，使种植结构趋于合理化等，以期促进农业产业结构调整和农业产业化的实现。

（二）建设用地评价的内容

1. 建设用地项目综合利用方案及措施分析评价

综合利用方案及措施分析评价主要侧重于措施的技术可行性、经济合理性和环境可接受程度等内容的分析，一般可通过以下几个方面进行：

（1）土地利用的适宜性分析。指某块土地以特定土地利用为目的，评价土地适宜性的过程。

（2）项目土地利用的合法性分析。指项目土地利用是否符合相关法律法规要求，用地规模是否合理，是否符合节约、集约用地原则的分析过程。

（3）土地权益补偿方案。研究项目土地征用的补偿方案，编制建设项目用地补偿方案、计算有关费用；分析研究拆迁、移民补偿方案以及当地有关部门对建设项目用地的意见。

（4）土地利用的社会影响分析。调查当地民众、特别是农民对土地被征收的意见，分析土地征收后对农民生活的影响和社会稳定性的影响。

2. 建设用地项目环境效益分析评价

分析评价项目的土地资源利用水平和指标是否符合国家相关规定要求；项目是否符合建设用地环境评价标准要求；项目是否符合整体景观布局要求；对比同类项目的国内外先进水平，确定项目能耗水平是否先进，是否需要进一步改进。

3. 建设用地项目综合利用效果分析评价

从经济、社会、环境等多角度对建设用地项目的综合利用效益进行定量评价。通过分析对比建设前后、国内外先进水平和标准规范要求指标等内容，获得建设用地项目综合利用效果评价结论。

4. 建设用地项目资源优化配置建议

（1）指出建设用地项目资源配置方面的不足。例如，要严格执行相关项目建设用地指标，从严控制用地。不符合控制指标要求的工业项目，不予供地或对项目用地面积予以核减。工业项目建设应采用先进的生产工艺、生产设备，缩短工艺流程，节约使用土地。

（2）针对不足，提出建设用地综合利用优化的改进建议。

（三）土地生态安全评价的内容

土地资源生态安全是指在一定时空范围内，通过对土地资源的合理利用和管理，使土地生态系统能够保持其结构与功能不受威胁或少受威胁的健康、平衡的状态，并能够为保障人类社会经济与农业可持续发展提供稳定、均衡、充裕的自然资源，从而维持土地自然、社会、经济复合体长期协调发展。

土地生态安全评价，须根据区域特征从不同时空尺度对土地利用变化规律过程、生态服务价值及生态安全状况进行分析和评价。

（四）土地利用效率评价的内容

如何合理高效、集约节约利用宝贵的土地资源是需要面对的重大挑战。土地利用效率是对土地投入产出的评估，是引导城市空间规划的基础。土地资源是城市人口、社会经济与生态环境发展的空间载体，其利用效率直接影响城市的可持续发展。构建土地利用效率评价指标体系，综合利用静态和动态分析，能够对土地利用效率做出较准确和客观的评价。

四、土地资源综合利用分析评价指标

（一）农用地综合利用评价指标

1. 内部效应指标

（1）土壤条件指数。具体包括排水条件、地形坡度、灌溉保证率、灌溉水源、田间道路通达度、表层土壤质地、剖面构型、有效土层厚度、土壤有机质含量、pH 值、土壤障碍层深度、土壤盐渍化程度、地下水埋深、土壤污染状况、地表岩石露头状况、地块形状等。

（2）农用地综合利用系统功能指数。具体包括各功能流流量和速度。

（3）农用地综合利用系统结构指数。具体包括农用地总量平衡指数、连接度、破碎度、分维度等。

2. 外部效应指标

（1）社会效应指标。具体包括粮食保证率、农业就业劳动比重、生态旅游净收益。

（2）经济效应指标。具体包括农村居民人均纯收入、单位面积净产值、单位面积固定资产收入。

（3）生态环境指标。具体包括单位面积农用地固碳量、滞尘量、释放 CH_4 量、释放 SO_2 量，农用地临近水源水质指数，水资源盈亏，物种多样性指数、农用地综合利用结构多样性指数等。

典型例题

【多选题】下列属于土地资源利用分析评价指标中农用地外部效应指标的有（　　）。

A. 灌溉保证率　　B. 有效土层厚度

C. 粮食保证率　　D. 单位面积农用地固碳量

E. 农用地临近水源水质指数

CDE。【解析】粮食保证率、单位面积农用地固碳量、农用地临近水源水质指数属于农用地外部效应指标。灌溉保证率、有效土层厚度均属于农用地内部效应指标中的土壤条件指数。

（二）建设用地综合利用评价指标

1. 建设用地开发利用程度评价指标

土地利用程度是指在当前技术可能性和经济合理性条件下，在土地资源中已开发利用土地所占的比例。

2. 建设用地集约经营程度评价指标

土地利用集约度是指人们为提高土地收益在单位面积土地的投入密集程度。计算时可从单位面积土地上劳力、资金、技术和物资等方面的投入去考察。

3. 建设用地效益评价指标

建设用地综合效益主要由资源效益、经济效益、社会效益和生态效益综合反映。土地利用效益的综合化，即城市土地利用在追求经济效益的同时，应体现经济、社会和生态环境效益的统一。

例如，建设用地集约经营产生的资源效益，指物尽其用，用尽其利；产生的经济效益，指投入产出效率高；产生的社会效益，指资源利用公平公正；产生的生态效益，指生态破坏小且污染少。在满足城市发展适度规模、使城市获得最大规模效益和集聚效益基础上，以城市合理布局、优化用地结构和可持续发展为前提，通过增加存量土地投入、改善经营管理等途径，不断提高城市土地的使用效率，以期取得更高的经济、社会和生态环境效益。

建设用地综合利用评价指标见图 2-8。

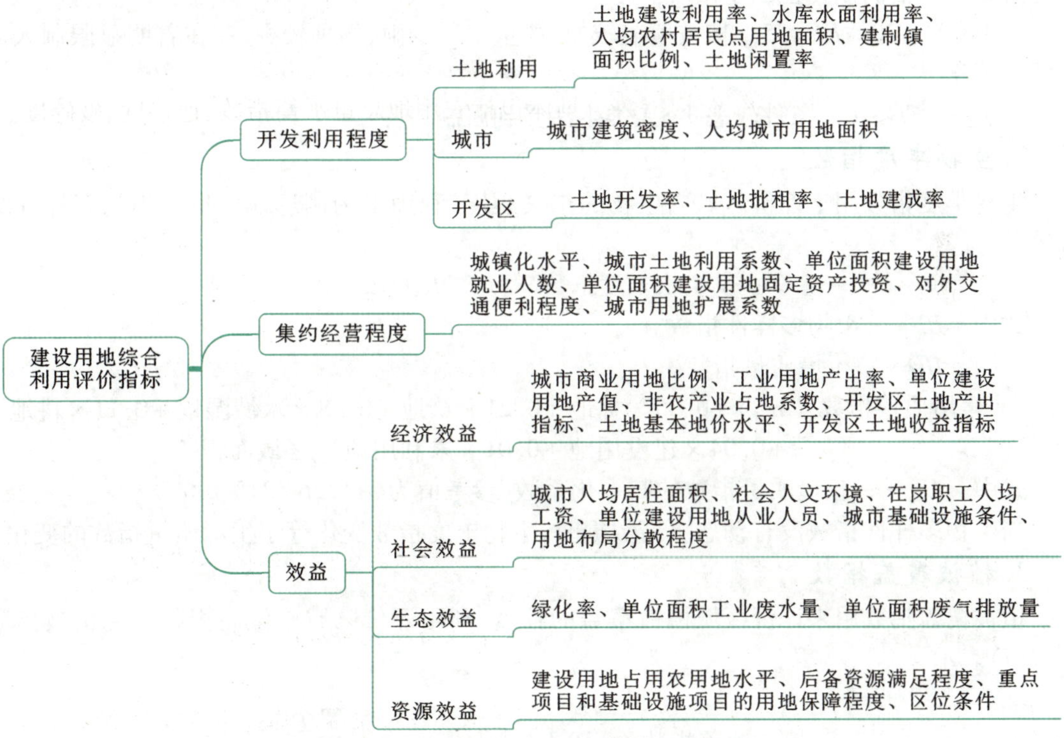

图 2-8　建设用地综合利用评价指标

（三）土地生态主要评价指标

1. 生态环境状况评价指标体系

生态环境状况指数用来评价区域生态环境质量状况，即 EI，数值范围 0～100。

生态环境状况评价利用一个综合指数（生态环境状况指数，EI）反映区域生态环境的整体状态，指标体系包括生物丰度指数、植被覆盖指数、水网密度指数、土地胁迫指数、污染负荷指数五个分指数和一个环境限制指数。五个分指数分别反映被评价区域内生物的丰贫，植被覆盖的高低，水的丰富程度，遭受的胁迫强度，承载的污染物压力；环境限制指数是约束性指标，指根据区域内出现的严重影响人居生产生活安全的生态破坏和环境污染事项对生态环境状况进行限制和调节。

$$\begin{aligned}\text{生态环境状况指数}(EI) = & 0.35\times\text{生物丰度指数}+0.25\times\text{植被覆盖指数}\\ & +0.15\times\text{水网密度指数}+0.15\times(100-\text{土地胁迫指数})\\ & +0.10\times(100-\text{污染负荷指数})+\text{环境限制指数}\end{aligned}$$

根据生态环境状况指数，将生态环境分为 5 级，即优、良、一般、较差和差。各级别的指数及描述如下：

（1）优。$EI \geqslant 75$。植被覆盖度高，生物多样性丰富，生态系统稳定。

（2）良。$55 \leqslant EI < 75$。植被覆盖度较高，生物多样性较丰富，适合人类生活。

（3）一般。$35 \leqslant EI < 55$。植被覆盖度中等，生物多样性一般水平，较适合人类生活，但有不适合人类生活的制约性因子出现。

（4）较差。$20 \leqslant EI < 35$。植被覆盖较差，严重干旱少雨，物种较少，存在着明显限制人类生活的因素。

（5）差。$EI < 20$。条件较恶劣，人类生活受到限制。

2. 生物丰度指数

生物丰度指数用来评价区域内生物的丰贫程度，利用生物栖息地质量和生物多样性综合表示。

$$\text{生物丰度指数} = (BI + HQ)/2$$

式中 BI——生物多样性指数。

HQ——生境质量指数。

$$\begin{aligned}\text{生境质量指数} = & A_{\text{bio}}\times(0.35\times\text{林地}+0.21\times\text{草地}+0.28\times\text{水域湿地}+0.11\times\text{耕地}\\ & +0.04\times\text{建设用地}+0.01\times\text{未利用地})/\text{区域面积}\end{aligned}$$

式中 A_{bio}——生境质量指数的归一化系数，参考值为 511.264 213 106 7。

当生物多样性指数没有动态更新数据时，生物丰度指数变化等于生境质量指数的变化。

3. 植被覆盖指数

植被覆盖指数用来评价区域植被覆盖的程度，利用评价区域单位面积归一化植被指数（NDVI）表示。

$$\text{植被覆盖指数} = \text{NDVI}_{\text{区域均值}} = A_{\text{veg}} \times \left(\frac{\sum_{i=1}^{n} P_i}{n}\right)$$

式中 P_i——5 至 9 月象元 NDVI 月最大值的均值，建议采用 MOD13 的 NDVI 数据，空间分辨率 250 m，或者分辨率和光谱特征类似的遥感影像产品。

n——区域象元数。

A_{veg}——植被覆盖指数的归一化系数，参考值为 0.012 116 512 4。

4. 水网密度指数

水网密度指数用来评价区域内水的丰富程度，利用评价区域内单位面积河流总长度、水域面积和水资源量表示。

$$水网密度指数=(A_{riv}\times 河流长度/区域面积+A_{lak}\times 水域面积(湖泊、水库、河渠和近海)/区域面积+A_{res}\times 水资源量/区域面积)/3$$

式中　A_{riv}——河流长度的归一化系数，参考值为 84.370 408 398 1。

A_{lak}——水域面积的归一化系数，参考值为 591.790 864 200 5。

A_{res}——水资源量的归一化系数，参考值为 86.386 954 828 1。

当水网密度指数大于 100 时，则取 100。

5. 土地胁迫指数

土地胁迫指数用来评价区域内土地质量遭受胁迫的程度，利用评价区域内单位面积上水土流失、土地沙化、土地开发等胁迫类型面积表示。

$$土地胁迫指数=A_{ero}\times(0.4\times 重度侵蚀面积+0.2\times 中度侵蚀面积+0.2\times 建设用地面积+0.2\times 其他土地胁迫)/区域面积$$

式中　A_{ero}——土地胁迫指数的归一化系数，参考值为 236.043 567 794 8。

当土地胁迫指数大于 100 时，则取 100。

6. 污染负荷指数

污染负荷指数用来评价区域内所受纳的环境污染压力，利用评价区域单位面积所受纳的污染负荷表示。

$$\begin{aligned}污染负荷指数=&0.20\times A_{COD}\times COD 排放量/区域年降水总量\\&+0.20\times A_{NH_3}\times 氨氮排放量/区域年降水总量\\&+0.20\times A_{SO_2}\times SO_2 排放量/区域面积\\&+0.10\times A_{YFC}\times 烟(粉)尘排放量/区域面积\\&+0.20\times A_{NO_X}\times 氮氧化物排放量/区域面积\\&+0.10\times A_{SOL}\times 固体废物丢弃量/区域面积\end{aligned}$$

式中　A_{COD}——COD 的归一化系数，参考值为 4.393 739 728 9。

A_{NH_3}——氨氮的归一化系数，参考值为 40.176 475 498 6。

A_{SO_2}——SO_2的归一化系数，参考值为 0.064 866 028 7。

A_{YFC}——烟(粉)尘的归一化系数，参考值为 4.090 445 932 1。

A_{NO_X}——氮氧化物的归一化系数，参考值为 0.510 304 927 8。

A_{SOL}——固体废物的归一化系数，参考值为 0.074 989 428 3。

当污染负荷指数小于 0 时，则取 0。

7. 环境限制指数

环境限制指数是生态环境状况的约束性指标，指根据区域内出现的严重影响人居生产生活安全的生态破坏和环境污染事项，如重大生态破坏、环境污染和突发环境事件等，对生态环境状况类型进行限制和调节，见表 2-6。

表 2-6 环境限制指数约束内容

分类		判断依据	约束内容
突发环境事件	特大环境事件	按照《突发环境事件应急预案》，区域发生人为因素引发的特大、重大、较大或一般等级的突发环境事件，若评价区域发生一次以上突发环境事件，则以最严重等级为准	生态环境不能为“优”和“良”，且生态环境质量级别降 1 级
	重大环境事件		
	较大环境事件		生态环境级别降 1 级
	一般环境事件		
生态破坏环境污染	环境污染	存在生态环境主管部门通报的或国家媒体报道的环境污染或生态破坏事件（包括公开的环境质量报告中的超标区域）	存在国家生态环境部通报的环境污染或生态破坏事件，生态环境不能为“优”和“良”，且生态环境级别降 1 级；其他类型的环境污染或生态破坏事件，生态环境级别降 1 级
	生态破坏		
	生态环境违法案件	存在生态环境主管部门通报或挂牌督办的生态环境违法案件	生态环境级别降 1 级
	被纳入区域限批范围	被生态环境主管部门纳入区域限批的区域	生态环境级别降 1 级

五、建设项目用地预审

（一）建设项目用地预审的概念和原则

建设项目用地预审是指自然资源主管部门在建设项目审批、核准、备案阶段，依法对建设项目涉及的土地利用事项进行的审查。

预审应当遵循下列原则：符合土地利用总体规划；保护耕地，特别是基本农田；合理和集约节约利用土地；符合国家供地政策。

（二）建设项目用地预审的分级受理

建设项目用地实行分级预审。需人民政府或有批准权的人民政府发展和改革等部门审批的建设项目，由该人民政府的自然资源主管部门预审。需核准和备案的建设项目，由与核准、备案机关同级的自然资源主管部门预审。

需审批的建设项目在可行性研究阶段，由建设用地单位提出预审申请。需核准的建设项目在项目申请报告核准前，由建设单位提出用地预审申请。需备案的建设项目在办理备案手续后，由建设单位提出用地预审申请。

应当由自然资源部预审的建设项目，自然资源部委托项目所在地的省级自然资源主管部门受理，但建设项目占用规划确定的城市建设用地范围内土地的，委托市级自然资源主管部门受理。受理后，提出初审意见，转报自然资源部。

涉密军事项目和国务院批准的特殊建设项目用地，建设用地单位可直接向自然资源部提出预审申请。

应当由自然资源部负责预审的输电线塔基、钻探井位、通信基站等小面积零星分散建设项目用地，由省级自然资源主管部门预审，并报自然资源部备案。

（三）建设项目用地预审应当提交的材料

申请用地预审的项目建设单位，应当提交下列材料：

(1)建设项目用地预审申请表。

(2)建设项目用地预审申请报告，内容包括拟建基本情况、拟选址占地情况、拟用地是否符合土地利用总体规划、拟用地面积是否符合土地使用标准、拟用地是否符合供地政策等。

(3)审批项目建议书的建设项目提供项目建议书批复文件，直接审批可行性研究报告或者需核准的建设项目提供建设项目列入相关规划或者产业政策的文件。

建设单位应当对单独选址建设项目是否位于地质灾害易发区、是否压覆重要矿产资源进行查询核实；位于地质灾害易发区或者压覆重要矿产资源的，应当依据相关法律法规的规定，在办理用地预审手续后，完成地质灾害危险性评估、压覆矿产资源登记等。

（四）建设项目用地预审应当审查的内容

建设项目用地预审应当审查以下内容：

(1)建设项目用地是否符合国家供地政策和土地管理法律、法规规定的条件。

(2)建设项目选址是否符合土地利用总体规划，属《中华人民共和国土地管理法》规定情形，建设项目用地需修改土地利用总体规划的，规划修改方案是否符合法律、法规的规定。

(3)建设项目用地规模是否符合有关土地使用标准的规定；对国家和地方尚未颁布土地使用标准和建设标准的建设项目，以及确需突破土地使用标准确定的规模和功能分区的建设项目，是否已组织建设项目节地评价并出具评审论证意见。占用基本农田或者其他耕地规模较大的建设项目，还应当审查是否已经组织踏勘论证。

（五）建设项目用地预审审查时限及有效期

自然资源主管部门应当自受理预审申请或者收到转报材料之日起 20 日内，完成审查工作，并出具预审意见。20 日内不能出具预审意见的，经负责预审的自然资源主管部门负责人批准，可以延长 10 日。

预审意见是有关部门审批项目可行性研究报告、核准项目申请报告的必备文件。

建设项目用地预审文件有效期为 3 年，自批准之日起计算。已经预审的项目，如需对土地用途、建设项目选址等进行重大调整的，应当重新申请预审。

未经预审或者预审未通过的，不得批复可行性研究报告、核准项目申请报告；不得批准农用地转用、土地征收，不得办理供地手续。预审审查的相关内容在建设用地报批时，未发生重大变化的，不再重复审查。

典型例题

【单选题】关于建设项目用地预审的说法，正确的是(　　)。

A. 建设项目用地预审是指由项目建设主管部门进行的审查

B. 建设项目用地预审的内容应包括建设项目的核准批文

C. 建设项目用地预审实行中央统一管理方式

D. 审批项目建议书的项目用地预审申请报告的内容应包括项目建议书批复文件

D。【解析】建设项目用地预审是指自然资源主管部门在建设项目审批、核准、备案阶段，依法对建设项目涉及的土地利用事项进行的审查。故选项 A 错误。建设项目用地未经预审或预审未通过的，不得批复可行性研究报告、核准项目申请报告，因此建设项目的核准批文无法出现在预审的内容当中。故选项 B 错误。建设项目用地实行分级预审。需人民政府或有批准权的人民政府发展和改革等部门审批的建设项目，由该人民政府的自然资源主管部门预审。需核准和备案的建设项目，由与核准、备案机关同级的自然资源主管部门预审。故选项 C 错误。

第三章 项目可行性研究及其报告的编制

投资项目可行性研究是固定资产投资活动的一项基础性工作,可行性研究结论是投资决策的重要依据。可行性研究是指在投资决策前,运用多种学科的知识对拟建项目有关的社会、经济和技术等各方面情况进行全面、深入、细致的调查研究,对各种可能拟定的技术方案和建设方案认真地进行技术经济分析与比较论证,对项目建成后的经济效益进行科学的预测评价。在此基础上,综合研究建设项目技术的先进性和适用性,经济的合理性和有效性,以及建设的可能性和可行性,为项目投资决策提供科学依据。

第一节 可行性研究的作用

项目可行性研究在项目前期决策工作中占有重要地位。对于采用政府直接投资和资本金注入的项目,项目实施单位应当编制项目可行性研究报告报请相关部门审批。对于企业不采用政府资金投资的项目,在编制项目申请报告前,也应当在前期进行项目可行性研究,为之后的工作提供参考。

可行性研究的作用包括以下几个方面:

(1)作为项目投资决策的依据。可行性研究对项目的市场竞争力、市场效益、需投入资金等各个方面都进行了调查研究,以大量数据论证了项目的必要性、可实现性以及实现后的结果。可行性研究一方面作为投资者或企业本身是否建设该项目的依据,另一方面作为投资主管部门审批该项目的依据。项目投资者正是根据项目可行性研究的评价结果,做出是否应该投资和如何进行投资的决定。

(2)作为项目筹集资金和申请贷款的依据。银行等金融机构通过审查项目可行性研究报告,确认了项目的市场竞争力、经济效益水平、偿债能力和风险状况,才能做出是否同意贷款的决定。

(3)作为编制项目初步设计、施工准备的依据。初步设计是根据可行性研究对所要建设的项目规划出实际性的建设蓝图,详尽地规划出项目的规模、产品方案、总体布置、工艺流程、设备选型、劳动定员、“三废”治理、建设工期、投资概算、技术经济指标等内容。一般在可行性研究报告完成后,才能进行初步设计,并为下一步实施项目设计提出具体操作方案。初步设计不得违背可行性研究已经论证的原则。

(4)优化建设方案、落实建设条件。通过可行性研究的各方面内容从多个方案中优选出最适合、最佳、最优的方案。此外,根据可行性研究人员在可行性研究过程中提出的条件,与相关部门进行协调,落实建设条件。

(5)其他作用。可行性研究报告也是环境影响评价、安全评价、节能评价、社会稳定风险分析等专项审批的重要基础资料。

链接

政府采取直接投资方式、资本金注入方式投资的项目,项目单位应当编制项目建议书、可行性研究报告、初步设计,按照政府投资管理权限和规定的程序,报投资主管部门或者其他有关部门审批。项目单位应当加强政府投资项目的前期工作,保证前期工作的深度达到规定的要求,并对项目建议书、可行性研究报告、初步设计以及依法应当附具的其他文件的真实性负责。经投资主管部门或者其他有关部门核定的投资概算是控制政府投资项目总投资的依据。初步设计提出的投资概算超过经批准的可行性研究报告提出的投资估算 10% 的,项目单位应当向投资主管部门或者其他有关部门报告,投资主管部门或者其他有关部门可以要求项目单位重新报送可行性研究报告。

典型例题

【单选题】关于可行性研究的说法,正确的是(　　)。

A. 企业投资项目可行性研究的内容与深度由政府规定

B. 可行性研究结论是政府审批企业投资项目的重要依据

C. 可行性研究可以作为完善和优化产业结构的依据

D. 审定的可行性研究报告是初步设计文件编制的重要依据

D。**【解析】**企业投资项目的可行性研究报告结论主要是企业内部进行决策的依据,其内容与深度由政府规定不妥。故选项 A 错误。对于政府投资项目,可行性研究结论是政府进行决策审批的重要依据;对于企业投资项目,可行性研究结论是企业进行内部决策的重要依据。故选项 B 错误。可行性研究可以作为投资决策、编制初步设计文件、筹措资金和申请贷款的依据,不能作为完善和优化产业结构的依据。故选项 C 错误。

第二节　可行性研究的重点内容

一、可行性研究的依据和要求

（一）可行性研究的依据

一个拟建项目的可行性研究，必须在国家有关的规划、政策、法规的指导下完成。同时，还必须要有相应的各种技术资料。

根据《投资项目可行性研究指南》及其相关规定，可行性研究报告的编制依据一般有：

（1）项目建议书（初步可行性研究报告）及其批复文件。

（2）国家和地方的经济和社会发展规划；行业部门发展规划，如江河流域开发治理规划、铁路公路路网规划、电力电网规划、森林开发规划等。

（3）国家有关法律、法规、政策。

（4）国家矿产储量委员会批准的矿产储量报告及矿产勘探最终报告。

（5）规划、国土资源、环境保护、交通运输、消防、供电、供水等有关部门对项目的预审意见。

（6）有关专题报告及评审意见。

（7）编制可行性研究报告的委托书或委托合同。

（8）项目建设的基础资料，包括建设用地图纸资料、市场供需资料、项目地点的自然条件、交通运输条件、环境现状条件、场址选择初步勘察报告、建设单位现有设施条件、技术引进项目的考察及有关价格信息资料等。

（9）中外合资、合作项目各方签订的协议书或意向书。

（10）国家经济建设的指导方针、产业政策、行业准入条件、投资政策和技术经济政策、国民经济和社会发展规划等。

（11）有关机构发布的工程建设方面的标准、规范、定额。

（12）其他有关依据资料。

上述编制依据的原文（复印件）根据需要可作为可行性研究报告的附件。

链接

除上述资料外，并购项目、混改项目、PPP 等类项目的相关协议和意向书，与拟建项目有关的市场信息、社会公众要求等，在进行可行性研究时都需要参考。

（二）可行性研究的要求

可行性研究的目的是为项目决策提供科学、可靠的依据。可行性研究的基本要求如下：

（1）预见性。不仅应对历史、现状资料进行研究和分析，更重要的是应对未来的市场需求、投资效益进行预测和估算。

（2）客观公正性。必须坚持实事求是，在调查研究的基础上，按照客观情况进行论证和评价。

(3)可靠性。应认真研究确定项目的技术经济措施,以保证项目的安全性和可靠性,同时对于不可行的项目或方案应予以否定,以避免投资损失。

(4)科学性。必须应用现代科学技术手段进行市场预测,还应运用科学的评价指标体系来分析项目的盈利能力和偿债能力以及对经济、社会和环境等产生的影响,为项目决策提供科学依据。

(5)合规性。必须符合相关法律、法规和政策,充分重视生态文明、环境保护和安全生产的相关要求。

二、可行性研究的主要内容

一般项目可行性研究的内容,均应设专章论述投资必要性、技术可行性、财务可行性、组织可行性和风险分析的内容。对于工业项目,应设多个章节对原材料供应方案、厂址选择、工艺方案、设备选型、土建工程、总图布置、辅助工程、安全生产、节能措施等各方面内容进行研究。对于非工业项目,应重视项目的经济和社会评价,重点评价项目的可持续性和经济社会环境影响。以下几方面应详细描述。

(一)项目建设的必要性和可行性

可行性研究阶段应对项目建设的必要性和可行性进行分析论证。一般应从项目本身和国民经济两个层次进行。从项目层次分析,项目业主或投资人兴建项目的理由,可能是为了在向社会提供产品、服务的同时获取合法利润或投资回报,或者为了促进国家、地区经济和社会发展,因此应侧重从项目产品和投资效益角度论证项目建设的必要性。从国民经济层次分析,有些项目兴建的理由从项目层次分析可能是合理的、可行的,但从国民经济全局分析就不一定合理、可行。因此,对那些受宏观经济条件制约较大的项目,应进行国民经济层次分析。例如,分析拟建项目是否符合合理配置和有效利用资源的要求;是否符合区域规划、行业发展规划、城市规划、流域水利开发规划、交通路网规划的要求;是否符合国家技术政策和产业政策的要求;是否符合保护环境、可持续发展的要求等。通过上述两个层次的分析,判别项目建设的理由是否充分、合理,以确定项目建设的必要性和可行性。

(二)市场分析与竞争力分析

市场分析与竞争力分析是可行性研究重要的一部分,主要内容有市场现状调查、产品供应与需求预测、产品价格预测、目标市场与市场竞争力分析、市场风险分析等。调查、分析和预测拟建项目市场的供需状况和销售价格。在市场调查的基础上,对项目产品在寿命期内需求发展趋势、市场结构的变化方向和特征,以及价格的变化情况进行全面系统的研究,制定市场营销策略,预测可能占有的市场份额。

(三)项目选址及土地利用分析

根据项目的产品方案及规模,研究资源、原料、能源等的需求量和供应的可靠性,以项目取得最佳的经济和社会效益为宗旨,分析选址的用地状况如规划路、净用地、规划控高、地段等级等,对各个可能的场(厂)址进行技术和经济分析,选出合适的项目场(厂)址。

(四)建设方案

建设方案主要包括建设规模,主要原材料、辅助材料、燃料和动力的供应方案,总图运输方案、工程及配套工程方案，公用工程及环境保护措施方案，职业、安全、卫生措施与消防设施方案，节能节水措施方案以及项目组织与管理资源配置等内容。作为确定项目技术方案、设备方案、工程方案、原材料燃料供应方案及投资估算的依据。

（五）投资估算

在确定项目建设方案的基础上估算项目所需的投资，分别估算征地拆迁补偿费、土地费用、前期费用、建筑工程费、安装工程费、工程建设其他费用、管理费、销售费、开发税、土地增值税、企业所得税、增值税、建设期贷款利息和流动资金。

（六）融资方案

在投资估算确定资金需要量的基础上，研究项目方案。项目方案的研究包括融资主体、资金来源的渠道和方式、资金结构、融资成本、融资风险，并结合融资方案的财务分析，比较、选择和确定较优的融资方案。

（七）财务分析

主要从项目及投资者的角度，设计合理财务方案，从企业理财的角度进行资本预算，评价项目的财务盈利能力，进行投资决策，并从融资主体（企业）的角度评价股东投资收益、现金流量计划及债务清偿能力。

（八）经济分析

主要从资源配置的角度衡量项目的价值，评价项目在实现区域经济发展目标、有效配置经济资源、增加供应、创造就业、改善环境、提高人民生活等方面的效益。

提示

此部分内容可结合本章第四节进行学习。

第三节　可行性研究及其报告的深度要求

可行性研究及其报告的深度应符合以下基本要求：

（1）报告应能充分反映项目可行性研究工作的成果，依据可靠，内容完整，数据准确，论证充分，结论明确，格式规范，附表、附件、附图齐全，能满足投融资单位对项目决策的需要。

（2）报告应反映可行性研究过程中出现的某些方案的重大分歧及未被采纳的理由，以供委托单位和投资者权衡利弊进行决策。

（3）报告提出的主要设备的性能、规格、参数应满足设备预订货的要求；引进技术和设备的资料应满足合同谈判的要求；主要原辅材料、燃料、动力等供需数据应满足对外签订协议的要求。

（4）报告对项目投入总资金的估算和融资方案应满足银行等金融部门信贷决策的要求。

（5）报告所确定的建设规模和产品方案、工程技术方案、主要配套工程和厂址等应满足项目编制初步设计的要求。

(6)报告中的重大技术、经济方案,应有两个以上方案的比选。

(7)报告中确定的主要工程技术数据,应能满足项目初步设计的要求,满足所需技术参数条件的要求。

(8)报告应附有评估、决策(审批)所必需的合同、协议、意向书、政府批件等。

(9)报告应以投资效果或经济效益为中心,以市场为导向,以达到增强核心竞争力的目的。

链接

目前,在我国的可行性研究工作中,由于投资者的观念没有转变、不重视可行性研究工作、咨询机构的专业能力较差等原因,容易出现方案比选和优化工作不够细致扎实,市场分析和风险分析不够透彻深入,投资估算不准确等问题,由此造成决策失准、投资失控、效益失真、项目缺乏竞争、项目投产即破产等现象。

为了提高可行性研究的质量,可采取以下两个方面的措施:

(1)政府改革。即政府加强监管并强化责任。

(2)市场推动。通过对咨询机构进行资信评级、对咨询从业人员进行继续教育等措施不断提高咨询机构的专业能力和服务质量。

第四节 可行性研究报告的编制内容

本节内容主要参考《投资项目可行性研究指南》《化工建设项目可行性研究报告内容和深度的规定》《化工投资项目可行性研究报告编制办法》等文件。项目可行性研究报告,一般应按以下框架编写:总论;市场预测分析;建设规模和产品方案;生产工艺技术与装备方案研究;原材料、辅助材料、燃料和动力供应;场(厂)址选择和建设条件;总图运输;公用工程和辅助生产设施以及其他工程;节能、节水;环境保护;消防;安全与职业卫生;组织机构与人力资源配置;项目实施进度与计划;投资估算;资金筹措;财务分析;经济分析;风险分析;研究结论。

提示

可行性研究报告的编制内容较多,考点也比较分散。学习本节内容需要循序渐进,从可行性研究报告的编制框架入手,切入各知识点。

一、总论

(一)基本情况的概述

基本情况的概述应包括项目的基本情况、主办单位基本情况、主要投资者的基本情况、项目背景及意义、可行性研究报告的编制依据、编制思想、研究范围等。

项目的基本情况应当包括项目名称、项目的性质、项目的经营机制和管理体制、项目的承办单位(名称、责任人和性质)。

（二）研究结论

研究的简要综合结论，从项目建设的必要性、装置规模、产品方案、市场、主要原料、工艺技术、厂址选择、公用工程、辅助设施、协作配套、节能节水、环境保护、投资及经济评价等方面给出简要明确的结论性意见，并提出可行性研究报告推荐方案的主要理由，列出项目的主要技术经济指标，提出建设项目在工程、技术及经济等方面存在的主要问题和主要风险，提出解决主要问题和规避风险的建议。

二、市场预测分析

市场预测是对项目的产出品和所需的主要投入品的市场容量、价格、竞争力，以及市场风险进行预测。市场预测的结果为确定项目建设规模与产品方案提供依据。市场预测分析是项目可行性研究报告的重点内容，具体可参考本章第七节的相关内容。

三、建设规模和产品方案

建设规模与产品方案研究是在市场预测和资源评价（指资源开发项目）的基础上，论证比选拟建项目的建设规模和产品方案（包括主要产品和辅助产品及其组合），作为确定项目技术方案、设备方案、工程方案、原材料燃料供应方案及投资估算的依据。

（一）建设规模和产品方案

建设规模也称生产规模，是指项目设定的正常生产运营年份可能达到的生产能力或者使用效益。产品方案是研究拟建项目生产的产品品种及其组合的方案。需要在对市场预测与产品竞争力、资源配置与保证程度、建设条件与运输条件、合理的经济规模、技术设备满足程度与水平、筹资能力、环境保护以及产业政策等进行分析研究的基础上确定生产规模和产品方案。

产品方案应在对产品组合进行研究后确定。可行性研究报告中应论述确定产品方案的依据，提出不同方案主要产品、副产品的规格、数量和质量指标。

经过对建设规模和产品方案的论证，提出两个或两个以上方案进行比选，分别说明各方案的优缺点，并提出推荐方案。比选内容主要有：单位产品生产能力（或者使用效益）投资；投资效益（即投入产出比、劳动生产率等）；多产品项目资源综合利用方案与效益等。

（二）技术改造项目特点

改、扩建和技术改造项目要描述企业目前规模和配套条件，结合企业现状对产品方案和生产规模作方案比较，进行优选。对改造前后的生产规模和产品方案列表对比。

（三）并购项目特点

并购项目要描述企业现有规模和生产能力等企业现状。结合企业现状与收购项目的现状，确定并购后的项目是否需要合理改造，并对改造方案进行说明和比选，优先出最合适的改造方案。应列表对改造前后的生产规模和产品方案进行对比，明确改造前后差异。

四、生产工艺技术与装备方案研究

技术、设备是项目主体的重要组成部分，体现了项目的技术水平和工艺水平，是决定项目是否经济合理的重要基础。技术方案选择要具有先进性、适用性、可靠性、安全性及经济合理性。

对于由多套工艺装置组成的大型联合装置，需要按工艺装置分册详细叙述的，在可靠性研究报告中可只对各工艺装置进行综合简要介绍。各工艺装置分册的编制按照可行性研究报告的要求完成。

对于改、扩建和技术改造项目，要叙述原有工艺技术状况，说明项目建设与原有装置的关系，结合改造具体情况编制相关内容。若有设备利旧问题，应列明利用原有设备清单，说明使用年限，表明设备原值和净值，并提出用于利旧节省的投资额度。

要重视工艺技术方案的比选，工艺技术方案的选择与确定要在多方案比选的基础上进行。引进技术必须货比三家，要参考国内外同类技术设备的成交价格，分析历史成交价格和相关技术设备成交价格。要重视软件的引进，注意引进软件的费用和使用条件，了解国际惯例。

（一）工艺技术方案的选择

1. 原料路线确定的原则和依据

分析国内外不同工艺的原料路线，包括现状、特点、发展变化趋势及前景等内容后，确定推荐的原料路线。

2. 国内、外工艺技术概况

介绍国外技术现状、特点和主要技术经济指标、所建装置数量、技术覆盖率、发展变化趋势及前景等。国外工艺还应介绍引进技术的可能性和所付出的代价。

3. 工艺技术方案的比较和选择

对国内外不同工艺技术进行多方面的对比，包括主要技术参数、消耗、来源、产品质量、投资及成本等方面的对比，进行技术的先进性、可靠性、适用性、安全性及经济合理性的分析评价，并列表。以此提出推荐技术路线。

4. 工艺技术描述

简述推荐技术的工艺流程，介绍其特点，分析其存在的问题，提出解决问题的建议。将技术评价列表。

链接

若引进国外技术和进口设备，需说明引进方式、引进和进口的范围、内容及理由。提出对可能引进技术的初步意见和建议，进口设备必须有适量的备品备件。

（二）工艺流程和消耗定额

1. 工艺流程概述

装置规模和年操作时数：确定装置规模和年操作时数，当生产不同规格产品对装置生产规模有影响时，应按产品规格分别列出并给出最可能的产品方案下的装置规模和对应的年操作时数，或者按照行业习惯，给出代表性的产品或折算成某一产品的规模。

装置组成：装置组成包括生产单元（或工序）和为生产装置直接服务的辅助生产单元等。大型联合装置按照不同产品生产装置列出，每套装置根据工艺特点，按照工序列出装置组成。独立单元生产装置，根据工艺特点，按照工序列出装置组成。

原材料、辅助材料、燃料和动力：对主要原材料、辅助材料、燃料和动力的使用，要说明执行的质量标准。并列出项目所需的主要原材料、辅助材料、燃料和动力的数量以及规格（性质）。

产品、副产品及主要的中间产品：说明产品、副产品及主要的中间产品执行的质量标准。列出项目产品、副产品的数量和性质（规格）。对重要的中间产品，列出其数量和性质（规格）。

工艺流程说明：简述主要工艺过程、操作参数和关键的控制方案，分装置画出工艺流程图。

2. 物料平衡说明

简述进出装置的物料平衡，大型联合装置要说明各装置间的物料互换关系。一般可用物料平衡表或物料平衡图表示。改、扩建和技术改造项目，要说明原装置物料平衡情况，并根据工艺流程，叙述改造后（有项目）无项目和增量的物料情况。

3. 工艺消耗定额

简述各装置消耗定额，对主要产品列表表示其消耗定额。在表中可以列出国内外先进水平消耗量（定额），简要说明与项目对比情况。

（三）主要设备选择

1. 主要设备方案比选

主要设备方案选择的基本要求如下：

（1）主要设备方案应与选定的建设规模、产品方案和技术方案相适应，满足项目投产后生产或者使用的要求。

（2）主要设备之间、主要设备与辅助设备之间的能力相互配套。

（3）设备质量可靠、性能成熟，保证生产和产品质量稳定。

（4）在保证设备性能的前提下，力求经济合理。

（5）拟选的设备，应符合政府部门或者专门机构发布的技术标准要求。

主要设备选择的内容：

（1）根据建设规模、产品方案和技术方案，研究提出所需主要设备的规格、型号和数量。

（2）通过对国内外有关制造企业的初步询价，研究提出项目所需主要设备的来源与投资方案。

（3）拟引进国外设备的项目，应提出设备供应方式以及引进单机或者成套引进等。

（4）选用超大、超重、超高设备，应提出相应的运输和安装的技术措施方案。

大型超限设备要说明超限内容，提出解决运输和安装技术措施方案。

2. 主要设备表

简述设备概况，要求提出主要设备型号、规格、材质、数量、重量等指标，并说明来源、价格。

对于进口设备，要阐述进口的理由，引进单机或成套引进，并符合国家有关规定要求。设备供应方式如果是合作设计或合作制造，应注意必须考虑适量的备品备件。

3. 依托与利旧

对改、扩建和技术改造项目，要对原有设备状况进行简单介绍，论述项目可依托的设备状况，对主要的依托设备要进行方案比选。提出依托设备的资产原值和净值以及可以节约的投资数额。

（四）自动控制

1. 概述

工艺生产过程对自动化的要求，确定拟建项目的自动化水平。改、扩建和技术改造项目，说明企业原有自动化的水平和状况，结合新建装置，统一考虑。重点说明新老控制系统结合与提升情况。

2. 控制系统的选择

简述控制系统的选择原则。

说明控制系统的系统构成、基本配置、功能要求和技术性能。

控制系统应包括安全仪表系统（报警联锁和紧急停车系统）以及生产管理系统等，分别加以说明。

对于大型联合装置，要说明全厂的网络结构，要分装置说明控制系统的设置。对于公用工程，辅助生产设施、储运和消防的控制系统也应分别叙述。

需要引进的控制系统，应说明引进的理由及引进的范围。

3. 仪表选型

说明仪表选型的原则。

说明对仪表的通用要求，如信号制式，测量单位，精度等级，防护等级，防腐、防爆、防雷等要求等。

按流量、液位、压力、温度、分析、阀门等列出选用仪表的种类，指出适用场合和介质。

4. 控制室的设置

根据项目的大小，生产装置和公用工程，辅助生产设施的配置情况，说明控制室的设置。

控制室分为中央控制室和就地控制室。分别给出控制室的大约位置，面积和尺寸。

5. 仪表的供电和供气

说明仪表的供电方式和供气方式，电源和气源的规格，初步估算的用电量和用气量。

6. 安全技术措施

说明控制系统的安全保障措施，对于有特别要求的装置，应专门论述专全保障技术措施。

7. 标准和规范

列出设计中采用的国内外主要标准、规范，给出名称和标准号。

（五）装置界区内公用工程设施

根据工艺装置特点和工艺技术要求，当界区内需要单独配置公用工程或辅助设施时，应予以描述，说明其设置的必要性，并向相关专业提供条件。

（六）工艺装置“三废”排放与预处理

工艺装置“三废”排放与预处理具体内容见图 3-1。

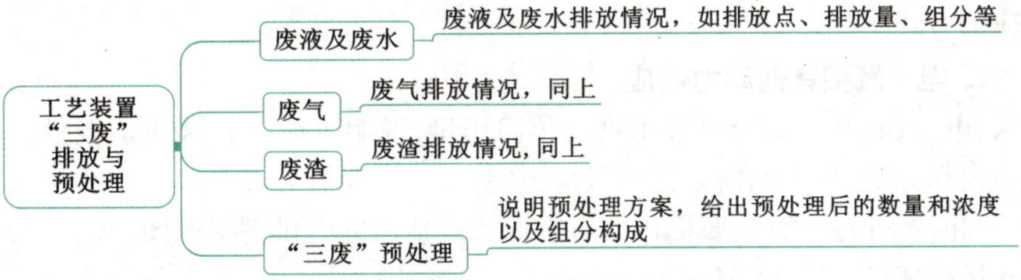

图 3-1　工艺装置“三废”排放与预处理

链接

对于存在其他污染的建设项目，如电磁污染、噪音污染、放射性污染等，应根据污染情况，提出解决方案和防范措施。

（七）装置占地与建（构）筑物面积及定员

简述工艺装置占地、建(构)筑物面积、层数、层高及结构形式并列表；给出装置定员和岗位定员。

（八）工艺技术及设备风险分析

1. 风险因素识别

技术进步的加快，原料路线的改变，新技术的可靠性，政策的变化以及安全环保等方面的法规要求等，可能使所选用的技术过时或遭到淘汰，进而对项目的运转和预期收益构成威胁。

2. 风险程度估计

根据选用的技术和设备情况，对技术和设备的来源、发展历史及预期进展进行分析，定性或定量预测各种风险因素的风险程度。

3. 风险防范与反馈

根据风险程度，预测对项目的影响，确定是否进行风险对策研究。

研究风险对策，提出针对性的风险规避对策，避免风险的发生或将风险损失降低到最小程度。将信息反馈到有关专业人员或投资者，指导改进设计方案、落实有关对策，促使项目成功。

五、原材料、辅助材料、燃料和动力供应

（一）主要原材料、辅助材料、燃料的种类、规格、年需用量及来源

根据工艺技术方案的优化，确定主要原材料、辅助材料、燃料的种类、规格、品种、成分、质量、价格、来源、供应方式、运输方式、年需用量，说明其来源以及运输方式，并与供应企业签订供货意向协议。

自供的，需要说明企业自身物料平衡情况，说明对原有市场和企业效益的影响。

需要进口的，要提出进口的方式和进口方案，说明可能进口的国别或贸易商。

（二）矿产资源的品位、成分、储量等初步情况

项目直接采用矿产资源的，应说明矿产资源的品位、成分、储量、开采规模等初步情况，并说明供应的方式。

（三）水、电、汽和其他动力供应

说明水、电、汽和其他动力小时用量及年需用量，说明供应方式和供应条件。外供的需要有供应协议和方案，自供的需要说明供应方案。

改、扩建和技术改造项目，要提供原有企业和改造后动力供需平衡图（表）。说明原有装置的负荷和运行情况。

（四）供应方案选择

对于原材料、燃料供应要进行方案比选，通过方案比较，选择相对优化的方案。

六、场（厂）址选择和建设条件

对于改、扩建和技术改造项目，应说明企业所处的厂址条件，对在原厂址进行改、扩建的项目，应进行论述，分析优、缺点，根据方案比较结果确定改造方案。

在开发区或工业园区建设，同样需要按照厂址选择的原则和内容要求进行方案比选，但根据开发区或工业园区具体的条件情况，部分内容可以适当简化。

（一）场（厂）址选择

归纳各场（厂）址方案的优缺点，对拟选场（厂）址从地区条件、建设条件、投资和运行费用、环境保护等诸多方面进行定性和定量比较，必要时进行技术经济综合比较并作动态分析。场（厂）址比较内容可根据具体情况列表表示。通过多方面对比分析和方案比较，确定推荐场（厂）址。

说明推荐理由，论述推荐方案的主要特点、存在的问题及对存在问题的处理意见或建议。

附场（厂）址区域位置图和推荐场（厂）址方案示意图。

链接

除上述内容外，场（厂）址选择还应包括对地质灾害危险性评估的内容。根据《地质灾害防治管理办法》，地质灾害危险性评估包括下列内容：

（1）工程建设可能诱发、加剧地质灾害的可能性。

（2）工程建设本身可能遭受地质灾害危害的危险性。

（3）拟采取的防治措施。

（二）建设条件

1. 建设地点的自然条件

建设地点的自然条件应能满足项目建设和生产运行的要求。可行性研究报告一般包括如下内容：

（1）地形、地貌条件。

(2)地震、洪涝、台风及其他自然灾害资料。地震情况包括拟建场(厂)址所在地区下列资料:历史上发震年代、震级与烈度;有无活动性发震断裂带穿越;地震基本烈度;是否专门编制过抗震设防规划等。洪涝情况包括洪涝水位、建厂地域的洪水位(50 年、100 年一遇),防洪水位及泥石流情况。

(3)工程地质、水文地质及气象条件。工程地质主要指场(厂)址的地质构造、岩性、有无不良地质作用和地质灾害,如岩溶、滑坡、危岩与崩塌、泥石流、采空区、地面沉降、液化土等,以及是否属于特殊岩土,如湿陷性土、红黏土、软土、冻土、膨胀土、盐渍土等。气象条件主要说明降水量、温(湿)度、风向、风力、大气压力、雷电日、蒸发量等分布特点和基本情况,气象条件还要给出历史极端值、月平均值、年平均值,以便分析极端值出现的概率,附风玫瑰图。种植业生产项目还需说明光照、热量、蒸发及霜期等。

(4)地理条件。包括厂址地理位置、区域位置、距城镇距离、四邻关系等。介绍区域道路交通情况。附厂址地理位置图和厂址方案区域位置图(包括原料进厂管线、水源地、进厂给水管线、热力管线、发电厂或变电所、电源进线、储灰渣场、废水接纳水体、铁路专用线、港口码头、生活区等规划位置)。

另外,还需根据项目特点和需要,提供相关专题报告。

2. 建设地点的社会经济条件

调查建设地区社会人文经济条件及发展规划,研究其对建设项目产生的影响,提出存在的问题和建议采取的办法。存在风险因素的,要进行风险分析。

结合项目的要求,调查地区或城市社会、经济等状况,说明建设地点是否符合当地规划部门的要求,建设地区的协作配合条件及生活福利条件。

区域设备制造能力与水平,机、电、仪等维修水平与能力情况。

区域建筑施工队伍情况与水平,建筑、设备材料制造水平与能力,市场配套状况等。

在少数民族地区或具有特殊风俗文化的地区建设,要说明当地的风土民情和文化,避免与其冲突。

属于经济特区、经济技术开发区、工业园区等区域或属于三资企业、国际组织、政府贷款或投资的项目,应结合项目具体情况说明可享受的有关优惠政策。

3. 外部交通运输状况

调查建设地区交通运输条件及发展规划,说明铁路、公路、港口、码头、管道等的能力和吞吐量,目前运量平衡现状,以及潜在的能力。研究其对建设项目的影响。

4. 公用工程条件

调查建设地区公用工程动力供应和资源条件,说明各种资源的供需平衡现状和潜在能力以及发展规划,研究其对建设项目的影响。

说明水源和水供应情况,若有多种水源,需分别说明水量(实际水量、规划水量、可供本项目水量)、水温(最高水温、最低水温、平均水温)、水质(枯水水质、丰水水质、平均水质)情况以及水源地距场(厂)址距离等。

电源与供电情况,说明地区电网、发电厂、区域变电所等区域位置,实际容量、规划容量、可为本项目提供容量，距项目的距离。

电信情况，市话网现状，地区电话局、长途局至场（厂）的距离，采用交换机程序及对用户线路电阻限制值等系统通信对本工程的要求。无线通信信号情况，网络建设情况等现代通信设施基础情况。

供热工程情况，供热现状及发展规划，现有管网情况，热源距离本工程的距离，可供本工程的热负荷及参数。

各种气源，区域空分装置配套情况，气价情况及供应稳定性。

消防设施情况，最近的消防队配备情况、规模以及到场（厂）的距离和时间。

其他公用工程条件调查与叙述。

5. 用地条件

调查区域土地使用现状，说明占用土地的性质，是否属于经过土地资源部门批准的规划用地。说明获得土地使用权或征用土地的各种费用，补偿方式，税金，需要动迁的要说明搬迁的人口数量和补偿情况。需要动迁和拆迁补偿的，需要说明动迁人的态度，维护公众利益。

6. 生态及环境、安全与卫生条件

调查区域生态与环境保护现状，环境容量状况以及环境保护法规情况，区域环境保护设施，接纳本项目的能力等。研究生态与环境状况对建设项目的影响。

若建设项目为生产、制造、储存易燃易爆产品的项目，则项目选址应远离城镇和居民密集区，场（厂）址距离应符合安全要求。

建设项目对卫生防护距离有要求，则应根据卫生防护距离要求分析项目选址是否涉及移民搬迁问题。

七、总图运输

（一）全厂总图

全厂总图研究一般包括总平面布置、竖向布置和主要工程量。

1. 总平面布置

总平面布置编制主要包括说明厂区规划、总用地面积以及各装置、设施占地并列表。

总平面布置原则及方案比较包括以下内容：

（1）简述总平面布置的原则。提出不同的总图布置方案，简述各方案的优、缺点。附各方案总平面布置图。

（2）在进行分析比较的基础上提出推荐方案。介绍推荐方案的特点。列出推荐方案总图的主要参数指标，包括土地利用技术经济指标。土地利用技术经济指标，包括投资强度、场地利用系数、建筑系数、容积率、行政办公及生活服务设施用地所占比重、绿化率等。

工厂绿化方面，因地制宜，提出工厂绿化方案及绿化面积。

拆迁方面，提出拆迁工程量，需要还建或补偿的，根据相关政策或投资方与当地政府协商的政策，对还建方案和补偿方式进行说明。

2. 竖向布置

竖向布置包括的内容:竖向布置原则及方案比较;推荐的竖向布置方案及说明;工厂防洪标准及措施;场地排水方式;土石方工程量。

3. 主要工程量

简述主要工程量并列表。

(二)全厂运输

1. 厂内外交通运输方案的比较和选择

运输方案研究主要计算交通量,选择运输方式,合理布置运输线路、选择运输设备和建设运输设施。说明总的货物吞吐量,论述选择运输方式的原则,根据全厂运输量和各种物料的属性、形态和物理性质等确定运输方案,对不同运输方式进行比较,列出采用不同运输方式的运输量。根据目前市场情况,结合建厂所在地区特点,尽可能依托社会运输力量。对于建设规模较大,或建厂地区的协作条件较差的地区,应对自建和依托社会作技术经济比较。

2. 运输方案基本情况

(1)厂内道路及车辆选择,厂内道路应做到人流、货流分道行驶。

(2)公路运输,应说明以下内容:公路等级及长度,季节性原因对通行的影响,自备车辆的选择。以地图表示的公路网。运输线路中的桥梁、涵洞、斜坡情况以及对运输的影响。简述公路运量、运输装卸设施、计量和管理体制等。

(3)铁路运输,应说明以下内容:区域运输能力,编组站接纳能力,季节性原因对交通的限制,货物仓储能力,自备车辆选择和数量,机车库位置,运价执行的标准与运价表,以地图表示的铁路网,有关运输协议情况。简述铁路专用线、交接方式、工业站等情况,说明铁路运量、二次倒运装卸设施、计量和管理体制等。

(4)水路运输,应说明以下内容:水运航道和河流宽度及深度,通航能力,季节性原因对航道的影响,船舶包括自备船舶的选择,港口、码头位置、形式布置、吨位、吞吐能力及装卸设施,仓库和货栈及面积,执行运价标准和运输价格,以地图表示的航道网、河流、海洋和港口。有关运输协议情况。简述水路运输量、二次倒运装卸设施、计量和管理体制等。

(5)航空运输,应说明以下内容:机场规模和能力,运输状况,通航的地区和国家等。以地图表示的航道网。简述航空运输量、二次倒运装卸设施、计量和管理体制等。

3. 特殊化学品运输方案

对于易燃、易爆、剧毒等特殊化学品运输,应根据有关规定制定特别运输方案。

4. 大件运输方案

说明大件运输方案、方式和采取的措施。

5. 主要工程量

各种运输设施和运输车辆的确定与数量,附主要工程量表。

6. 占地、建筑面积及定员

列出总图运输部分占地、建(构)筑物面积。列出系统定员和岗位定员。附总图运输部分平面布置示意图。

（三）储运

大型石油化工项目、炼油项目或储存量较大的项目，储运作为一项重要内容，要专门研究论述。一般项目可适当简化。

1. 储运介质及储运量

简述储运介质的性质、形态、规格、型号等，说明储运的要求和储运量。

2. 储运方案

储运方案主要介绍储存系统、装卸系统、储运系统工程量和储运系统消耗定额：

（1）储存系统。根据储存介质的性质、形态等确定储存方式，说明储存周期和储存量的确定理由。对储存方式和方案进行多方案比较，简述各方案的优缺点，选择最优方案。附储存流程示意图。

（2）装卸系统。根据储存介质的性质、形态等确定装卸流程，结合运输方案确定装卸能力。对装卸方式和方案进行多方案比较，简述各方案的优缺点，选择最优方案。附装卸流程示意图。

（3）储运系统工程量。简述储运系统工程量。附主要设备、设施和主要工程量表。

（4）储运系统消耗定额。列出储运系统主要消耗量。

（四）厂内外管网

简述各种不同介质的管道，根据介质性质、输送压力、温度等要求，说明各种管道的材质等主要参数。根据输送量，确定主要管道管径。根据总图布置，确定管线的长度，以延长米表示。

说明管线的敷设方式，进行方案比选。必要时列表进行比较。

简述厂内外管网主要工程量。厂内外主要工艺及热力管道一览表。

附管网系统平面布置示意图。

提示

一般中小型项目或管网占投资比重较小时，该部分内容可以简化。

八、公用工程和辅助生产设施以及其他工程

公用工程与辅助工程是为项目全体工程正常运转服务的配套工程。根据市场经济的规律，结合建厂所在地区的条件，坚持尽量依托社会力量配套服务的原则，原则上社会能提供的自己不单独建设。

对于改、扩建和技术改造项目，要说明原有企业公用工程和辅助设施配套情况，说明原有企业供需总体平衡情况，提出富余量和潜在的能力，以及能为本项目提供的数量。

在开发区、工业园区建设的项目，要提供开发区、工业园区的配套能力和发展规划，说明为本项目提供的服务和供应量、供应条件、价格和有关协议。

（一）公用工程方案

1. 给水、排水

给水、排水的编制内容如下：

(1)概述。包括:设计依据,列出设计中的主要依据和采用的主要标准、规范;设计范围,简述研究的范围;设计原则,简述设计应遵循的主要原则;可依托情况,对改、扩建项目,应重点论述已有各种水系统现状、富余能力、为新建项目可提供的能力等情况。

(2)用水量和排水量。用水量包括生活用水、生产用水、循环冷却水及除盐水水量;排水量包括生活污水、生产废水、清净废水及污染雨水量。列出全厂各生产装置、辅助设施及公用工程的用水量和排水量表,并给出全厂水平衡图。

(3)给水工程。

①水源及输水工程。简述水源情况,说明取水方案的选择、供水能力、输水管管径、管线敷设、水源水质等;简述主要设备选型,列出主要设备和工程量一览表。如由城市给水系统供水时,应给出城市接管点的初步位置、管径、接管点压力及水质等。

②给水处理系统(包括加压泵站)。给出给水处理(包括加压泵站)的设计能力、原水水质及供水水质要求等;简述水处理流程选择,对于重大方案应进行方案比选;附方块流程图。简述主要给水设备、设施选型,列出给水主要设备和构筑物一览表。

③高压/低压消防水系统。给出高压/低压消防水系统的设计流量、设计压力、消防持续时间。简述高压/低压消防水系统主要设备的选型,对于重大方案应进行方案比较;列出主要设备一览表。

④循环冷却水系统。给出循环冷却水系统的主要气象参数、设计水质、水温、水压参数。简述循环冷却水系统主要设备的选型,对于重大方案应进行方案比较。给出循环冷却水系统的化学品消耗及补充水量等。

⑤除盐水系统。给出除盐水系统的原水水质、供水水质,包括返回的蒸汽凝结水的水质等。简述除盐水系统的技术方案(对于重大方案应进行方案比较,说明推荐理由),附方块流程图;说明除盐水系统主要设备选择,列出主要设备表。

⑥中水回用。说明中水回用系统的水源,水质和回用水水质、供水压力。简述中水回用系统的工艺处理方案。

⑦厂区给水管网系统。给出厂区内给水管网系统的划分,主要包括生产、生活、高压消防水、循环冷却水、回用水、脱盐水管网系统等。并简要描述其布置原则。

(4)排水工程。

①厂区排水系统。给出厂区内排水系统的划分,主要包括生产废水、生活污水、污染雨水、清净下水、雨水排水系统并简要描述收集方式、排放量,对于雨水给出暴雨强度公式,给出消防废水的收集、处置方案。

②污水处理系统。给出污水的水量、组分、污水处理的设计能力、处理后要达到的标准等。简述污水处理方案的选择与比较,说明处理后污水的去向和排放条件,接纳水体的条件与选择。简述污水处理系统的技术方案,对于重大方案应进行方案比较,并说明推荐理由;附方块流程图;说明污水处理系统主要设备选型及设备一览表。

③厂外排水系统。简述厂外排水方案的选择、主要设施、排水管管径、管线敷设等。

④防止事故废水外排的控制措施。简述为防止厂内受污染的雨水、消防排水及事故泄漏物料等排出厂外采取的控制措施。

2. 供电

主要是研究确定电源方案、用电负荷、负荷等级、供电方式。供电的编制内容见表 3-1。

表 3-1　供电的编制内容

项目	内容
供电依托	对改、扩建和技术改造项目，应重点论述已有供电系统现状、近期发展规划、富余能力、为新建项目提供能力、潜在能力等情况。附改造后供需平衡表或图。给出依托老厂提供的供电设施和能力的使用条件和价格。依托社会或区域配套的，应附有关使用条件和价格协议
电力供应和资源状况	说明项目所在地域电力供应现状，电厂、电网、区域变电所、输电线路现状和发展规划等情况。附区域电网现状示意图。对近期拟建、待建和在建的发电、供电、变电项目要重点介绍与描述，说明对建设项目的影响
用电计算负荷及负荷等级	说明项目总用电负荷和各装置、设施、单元用电负荷，按电压等级区分用电设备负荷。大型联合装置可列表表示。根据装置、设施特点、类别、重要程度等要求确定用电负荷等级
供电方案选择与比较	(1)外供电源方案，根据用电等级和负荷选择电源方案，说明供电负荷及保证程度，附电力部门供电意向，包括电力部门是否同意增容、是否需要投资输电线路、出线及回路等。 (2)自发电，根据工艺要求或特点，以及企业具体情况，需要建设自备发电机组时，要说明建设规模和理由，以及经济合理性。简述自备电站类型、装机容量、设备装机选择与方案比较。说明自发电可否上网及上网价格以及电力部门有关规定。自备电路需单独编制可行性研究报告分册。 (3)总变电所，说明总变进出电压等级、规模和接线方式，简述自动化水平与设置。根据工艺装置、辅助生产、公用工程等用电单位特点与要求设置车间变电所。说明实行就近分片供电的原则。 (4)配电，说明全厂配电等级的确定，根据工艺装置、辅助生产、公用工程等用电单位特点与要求，设置配电设施，简述变配电方案。高压供电，要单独设置变配电。 (5)电缆，说明高低压电缆的敷设方式。 (6)谐波，说明非线性负荷谐波的来源、预测谐波的影响，提出防治的方法和采取的措施。 (7)对全厂不同的供电方案进行比较与选择，确定供电方案，附所选供电方案的全厂供电系统图
节电措施	说明节电的方法与措施，包括采用高效节能的电器设备、提高功率因数、降低线损等，对重大的节电设备和措施的实施要进行技术经济比较与论证
防雷及防静电措施	确定工艺装置、辅助生产及公用工程等建、构筑物的防雷等级和措施，以及对要求防静电接地的设备和管道采取的措施
主要工程量	汇总供电系统工程量，按外接系统工程量和系统内工程量分别叙述。简述供电系统主要设备、设施、高低压开关柜、电力电缆、控制电缆的规格及型号，并附主要设备一览表

3. 电信

电信的编制内容见表3-2。

表3-2　电信的编制内容

项目	内容
依托情况	说明原有电信设施有关情况以及与投资项目的关联情况，简述原有通信设施可供本项目利用的余量
电信现状	说明投资建设项目所在地区电信网建设和运行情况以及发展规划。电信部门满足项目需要的程度
电信业务需求及方案	(1)说明投资项目电信需求及业务量。 (2)根据业务需求及业务量，确定电信系统方案并进行方案比选，通过技术经济比较，推荐最佳方案。 (3)对行政电话、调度电话、无线通信、火灾报警、工业电视、扩音数据传输、互联网络等各电信系统的容量、终端数量、传输方案、中继方式进行说明
主要工程量	简述主要设备和主要工程量，附主要设备和材料表
设计中采用的主要标准及规范	列出设计中采用的主要标准、规范的名称和标准号

4. 供热

供热的编制内容见表3-3。

表3-3　供热的编制内容

项目	内容
依托情况	对改、扩建和技术改造项目，重点对已有供热系统现状、近期发展规划、富余能力、为新建项目提供能力、潜在能力等情况进行论述，并附供需平衡表或图。给出依托老厂提供的供热设施和能力的使用条件和价格。依托社会或区域配套的，应附有关使用条件和价格协议
热负荷	按照不同装置、设施及其对蒸汽(热水)参数的不同要求分系列列出需要量、规格等。根据供热的特点，列出特殊需要的蒸汽用量和规格，说明连续供热或间断供热、季节性供热情况，如有副产蒸汽，应加以说明
供热方案比选及确定	(1)根据供热规模和参数要求选择供热方案，进行不同供热方案的比较，包括供热系统确定、主要设备选型、设备数量、热力参数、占地及建筑面积、原料(燃料)确定、环保安全、投资估算、运行成本等方面比较。 (2)根据热力参数和热力平衡，确定是否需要热电联合方案。 (3)在充分进行方案比较的基础上，确定供热方案。说明推荐方案的主要理由，简述推荐方案的主要优缺点
环保措施	按照选定的技术设备参数，根据(原)燃料的成分，确定环保措施，达到环保要求的排放量

（续表）

项目	内容
消耗定额	列出燃料的种类、来源、数量、规格、性质、冬季及夏季的消耗量、燃料的运输和储存情况等，并列出辅助材料、水、电等消耗量
主要工程量和主要设备	简述主要工程量和主要设备选择，附主要设备表和主要工程量表
自备热电站	根据供热方案的设定，从技术经济角度，分析热电结合的必要性和经济性，说明政策要求和有关规定。结合供电方案，提出热电站设置和建设方案

5. 氮氧站及空压站

作为工艺生产需要的大型空分装置，属于工艺生产装置，在工艺技术方案中论述，此处讨论的氮氧站不同于大型空分装置。

氮氧站及空压站的编制内容见表3-4。

表3-4　氮氧站及空压站的编制内容

项目	内容
规格和用量	给出项目压缩空气、仪表空气、氮气及氧气的规格和用量
依托情况	对改、扩建和技术改造项目，应重点论述现有系统运行情况，有无富余能力，与新项目的关系。说明新增能力及供需平衡情况
设计规模及技术方案比选	论述空压站、氮氧站的装机规模与技术方案，进行技术方案比选，说明推荐技术理由。给出压缩空气、仪表空气、氮气、氧气等气体的供应方案与方式
消耗定额	分别列出空压站、氮氧站的消耗定额
占地、建筑面积及定员	列出占地和建筑、构筑物面积。列出系统定员和岗位定员

6. 冷冻站

冷冻站的编制内容见表3-5。

表3-5　冷冻站的编制内容

项目	内容
冷量用量及规格	列出冷量的需要量与规格。当有多种不同需求时，应列表表示
依托情况	对改、扩建和技术改造项目，应重点论述现有系统运行情况，有无富余能力，与新项目的关系。说明新增能力及改造后供需平衡情况
冷冻规模和技术方案比选	对冷冻技术方案进行比较，确定冷冻规模与技术方案
消耗定额	列出冷冻站消耗定额

7. 采暖、通风、除尘和空气调节

采暖、通风、除尘和空气调节的编制内容见表3-6。

表3-6　采暖、通风、除尘和空气调节的编制内容

项目	内容
设计范围和要求	根据生产工况与有关规范，确定全厂采暖、通风、除尘和空气调节的设计范围和要求
依托情况	对改、扩建和技术改造项目，应重点论述现有系统运行情况，有无富余能力，与新项目的关系。说明新增能力及改造后供需平衡情况
系统规模和技术方案比选	对采暖、通风、除尘和空气调节采用的设计和技术方案进行多方案比较，确定最优方案。分别对所选用的设计和技术方案作必要的论述
消耗定额	分系统列出消耗定额，视项目具体情况，有些项目可省略，如采暖

（二）辅助生产设施

1. 维修设施

维修设施的编制内容见表3-7。

表3-7　维修设施的编制内容

项目	内容
主要任务与能力的确定	(1)简述项目建设地区维修设施协作配套能力，项目周边就近地区机械设备、电气、仪表、土建及运输车辆等维修和加工能力。 (2)根据项目具体情况，结合社会依托情况，明确维修设施的主要任务，分别确定机械设备、电气、仪表、土建及运输车辆等维修能力
依托情况	对改、扩建和技术改造项目，应重点论述现有系统运行情况，有无富余能力，与新项目的关系。说明新增能力及供需平衡情况
主要设备选型与工程量	分别叙述各类维修设施的主要设备选型。附主要设备表和主要工程量表

2. 仓库及堆场

仓库及堆场的编制内容见表3-8。

表3-8　仓库及堆场的编制内容

项目	内容
规模及用途	根据项目的具体情况和生产特点，确定各种物料储存的时间、方式及数量。必要时可列表表示。说明各库房或堆场的用途，简述储存时间、方式和储量的考虑原则及计算过程
依托情况	对改、扩建和技术改造项目，应重点论述现有系统运行情况，有无富余能力，与新项目的关系。说明新增能力及供需平衡情况
主要设备选择	简述主要设备选择，附主要设备、设施表

3. 中心化验室

中心化验室的编制内容见表3-9。

表3-9 中心化验室的编制内容

项目	内容
作用与任务	根据项目的具体情况，确定具体分析化验项目，说明分析化验具体控制指标以及分析频率。必要时可列表表示
规模与技术方案	根据中心化验室的分析项目与内容，按照任务量，确定中心化验室的规模，提出满足和适合任务量要求的技术方案。说明主要分析化验仪器的选择依据及原则
依托情况	对改、扩建和技术改造项目，应重点论述现有系统运行情况，有无富余能力，与新项目的关系。说明新增能力及供需平衡情况
主要仪器选择	简述主要仪器的选型，附主要仪器、设备表

4. 其他辅助生产设施

根据项目的具体情况和需要，如发生时，参照上述内容编写。如酸碱站、火炬、气防站等。

（三）服务性工程与生活福利工程

简述服务性工程与生活福利工程建设内容和规模，服务对象和服务方式的确定。

简述服务性工程或设施与生活福利工程或设施的技术方案比较过程，确定经济、合理、适用的技术方案。

列出服务性工程与生活福利工程的主要工程量、主要设备、设施配备。

列出服务性工程与生活福利工程的主要消耗定额。

（四）厂外工程

一般场址选择时，应尽量避免发生厂外工程，必要时，需要根据工程实际需要，进行方案比选与设计，包括：水源与供水；码头；道路（公路、铁路）；管道；供电；其他。

提示

注意区分公用工程、辅助工程、服务性和生活福利工程以及厂外工程。另外防震抗震也是至关重要的，其编制内容包括编制依据（国家、地方对抗震的要求以及相关规范）、地震灾害的基本情况（地质概况、地震特征、抗震设防烈度以及主要参数等）、抗震设计原则及措施。

典型例题

【多选题】下列属于项目系统配套工程中公用和辅助工程的有（　　）。

A. 安全设施　　B. 防洪设施

C. 供电线路　　D. 采暖通风系统

E. 水源及输水管道

AD。【解析】建设项目的系统配套工程中，公用和辅助工程包括安全设施、采暖通风系统、仓储设施、消防设施、维修设施、环保设施、给排水工程、供热工程、压缩风和氮气系统及分析化验、供电与通信工程、空调系统等。选项B,C,E属于厂外配套工程。

九、节能、节水

（一）节能

我国的建设项目实行节能评价一票否决权。节能工程应贯穿到项目的技术方案、设备选择、节能措施、节能管理等各个方面。

1. 编制依据

列出项目应遵循的主要法律、法规及设计标准，包括国家、项目所在地政府、项目所处行业及企业标准等。对外投资项目，应遵循项目建设地国家或地区、行业和地方有关法律、法规。

2. 项目用能概况

列出项目所需能源的品种、数量。简述能源利用特点及合理性。

技术改造与改扩建项目要给出现有装置用能状况。

3. 能源供应状况

简述能源供应状况，分析能源来源、供应能力、供应方案、长期供应稳定性、在量和价方面对项目的满足程度、存在问题及风险。

4. 项目节能分析与措施

(1)全厂综合性节能技术和措施。

根据项目具体情况，从项目整体优化入手，原料、产品之间是否形成产业链、热能资源是否充分梯级利用，水资源是否合理充分利用等。项目总体用能是否合理。对节能技术改造项目，明确要达到的节能目标。

(2)装置节能技术和措施。

对全厂工艺装置、公用工程、辅助生产设施中主要耗能装置分别叙述各专业设计采用的节能措施和效果。

①工艺技术节能。工艺生产装置节能措施，简述采用的工艺流程和技术在能耗方面的特点，包括先进工艺技术选择、节能型流程设计、优化工艺操作参数等。论述通过优化设计达到的节能效果。在技术措施与方案比较复杂，且有多种技术选择和若干方案的情况下，有必要进行方案必选，选择技术经济最优的方案。

②公用工程、辅助生产设施节能措施。简述公用工程、辅助生产设施在能耗方面的特点，论述优化配置、优化设计达到的节能效果。在技术措施与方案比较复杂，且有多种技术选择和若干方案的情况下，有必要进行方案必选，选择技术经济最优的方案。

③设备、材料节能。简述节能设备和材料的选择和应用。

④自动控制方案节能。简述装置采用的自动控制水平，在精确控制、优化控制等方面对节能的影响。

⑤电气方案节能。简述装置采用的电气设计方案在节能方面的特点，说明节能型电气设备材料的选择对节能的影响。

⑥总体布置、装置布置和管道布置方案节能。简述装置在总体布置、装置布置和管道布置等方面采取的节能措施。

⑦采暖通风方案节能。简述装置在采暖通风与空气调节等方面的节能措施。

⑧建筑方案节能。简述装置在建筑方面的节能措施。

⑨其他。

5. 项目能耗指标

列出主要能源消耗量并折算能耗。汇总各种能耗得出项目综合能耗。

(1)计算项目万元产值或工业增加值能耗。

(2)计算主要产品的单位产品能耗指标。根据项目具体情况,对项目单位产品综合能耗或习惯用可比能耗与行业或地方指标对比,有条件的应与国内外先进水平对比,说明其差距或先进性。部分产品能耗折算办法可参照国家、地方和行业数据及规定。

(3)对于产品可作能源使用的项目,应计算能源转换效率。

6. 能耗分析

(1)全厂能耗构成及分析。将全厂能耗构成按装置分别列表,分析能耗构成的合理性。技术改造与改扩建项目要按照“有项目”“无项目”进行有无对比。分析项目完成后对企业总体能耗水平的影响。按照可比能耗,分析项目万元产值或工业增加值能耗指标是否达到国家、地方或行业规定水平。有条件的可与国际、国内或行业先进水平比较。综述能耗水平,对达到的该能耗水平作必要的分析与说明。

(2)单位产品能耗分析。分品种简述能耗水平,按照可比能耗,分析项目单位产品能耗指标是否达到国家、地方或行业规定水平。有条件的可与国际、国内或行业先进水平比较,说明所处水平和形成的原因。

7. 能源计量和管理

(1)能源计量仪表配置。叙述项目能源计量仪表配置原则、能源计量配置情况。

(2)能源管理。叙述项目的能源管理制度、机构设置。

(二)节水

1. 编制依据

列出项目应遵循的主要法律、法规及设计标准。包括国家、项目所在地政府、项目所处行业及企业标准等。对外投资项目,应遵循建设地国家或地区、行业和地方有关法律、法规。

2. 项目用水概况

列出项目所需水资源的品种、数量。简述水资源利用特点及合理性。

技术改造与改扩建项目要给出现有装置用水状况。

3. 水资源供应状况

简述水资源供应状况,分析水源、供应能力、供应方案、长期供应稳定性、在量和价方面对项目的满足程度、存在问题及风险。

4. 项目节水技术应用与措施

根据项目具体情况,从项目整体优化入手,说明项目总体用水和水资源利用的合理性。对技术改造项目,明确要达到的节水目标。

对全厂工艺装置、公用工程、辅助生产设施中主要耗水装置分别叙述采用的节水措施和效果。

5. 水耗指标及分析

(1)水耗指标。列出项目新鲜水耗;项目万元产值或工业增加值水耗;主要产品的单位产品水耗指标;水的重复利用率;冷却水循环率;新鲜水利用系数;污水回用率。

(2)水耗分析。根据项目用水的构成和用水特点,分析节水的潜力。根据项目具体情况,对项目单位产品综合水耗或习惯用可比水耗指标与行业或地方指标对比,有条件的应与国内外先进水平对比,说明其差距及先进性。部分产品水耗折算办法可参照国家、地方和行业数据及规定。

6. 用水计量和管理

叙述项目用水计量仪表配置、管理情况。

链接

新水利用系数 = (取用的新水量 - 外排水量)/取用的新水量 ×100%。

重复利用率 = 重复利用水量/总用水量 ×100% = 重复利用水量/(重复利用水量 + 取用的新水量) ×100%。

单位产品新水量(耗水量) = 年生产用新水量总和/年产品总量。

典型例题

【单选题】某项目产品产量为 1 000 t/h,总用水量为 100 m^3,重复利用水量为 80 m^3/h,则水的重复利用率和单位产品耗水量分别为(　　)。

A. 20%;0.1 m^3/t　　B. 20%;0.02 m^3/t

C. 80%;0.1 m^3/t　　D. 80%;0.02 m^3/t

D。**【解析】**水的重复利用率 = 80/100 = 80%;单位产品耗水量 = (100 - 80)/1 000 = 0.02(m^3/t)。

十、环境保护

环境保护是一项政策性很强的工作。我国建设项目实行环境保护一票否决权。环境保护篇章应尽量参照环境影响评价的相关内容编制,尽可能与其保持一致。其应与环境影响评价互为条件关系。

项目建设方案研究中必须包含环境保护方案的研究,以契合国家为预防因开发利用自然资源、项目建设等造成不良影响的原则。对于特殊的投资项目,应进行生态保护研究,并形成专门的篇章。

(一)项目所在地区环境质量现状

1. 项目所在地区环境质量现状与分析

简要说明投资项目厂址的地理位置、所在地区的自然环境和社会环境概况,说明投资项目可能涉及的环境敏感区分布和保护现状。

简述投资项目所在地区的空气环境、水环境(地表水环境、地下水环境)、声环境、土壤环境和生态环境等质量现状及污染变化趋势,分析说明所在地区环境质量受污染的主要原因。

简要说明投资项目所在地区环境容量,主要污染物排放总量控制及排放指标要求。

2. 企业（工业园区）环境保护现状与分析

改、扩建和技术改造项目应简述企业的环境保护现状，分析说明其存在的主要环境保护问题，以及是否需要采取“以新带老”措施。如投资项目拟依托企业已建或在建的环保设施，应简要说明拟依托设施的处理规模、处理工艺、处理效果和富余能力等。

简述投资项目所在工业园区的环境保护现状，分析说明其存在的主要环境保护问题。如投资项目拟依托工业园区已建、在建或规划拟建的环保设施，应简要说明拟依托设施的处理规模、处理工艺、处理效果和富余能力等。

（二）执行的有关环境保护法律、法规和标准

列出投资项目应遵循的国家、行业及地方的有关环境保护法律、法规、部门规章和规定。

根据建设地区的环境功能区划，列出投资项目执行的环境质量标准和污染物排放标准，包括国家和地方标准。对于没有国内标准的特征污染物，可参考国外相关标准。

（三）主要污染源及主要污染物

分析说明投资项目在生产过程中（包括正常工况和开停车、检修、工艺设备异常及一般性事故等非正常工况下）的主要污染源及主要污染物。

1. 废水

汇总列表说明各装置（单元）及设施废水污染物的排放情况，包括废水排放源、排放量、污染物名称、浓度、排放特征、处理方法和排放去向等。

2. 废气

汇总列表说明各装置（单元）及设施废气污染物的排放情况，包括废气排放源（有组织排放源和无组织排放源）、排放量、污染物名称、浓度及排放速率、排放特征、处理方法和排放去向等。

3. 固体废物及废液

汇总列表说明各装置（单元）或设施固体废物（废液）的排放情况，包括固体废物（废液）排放源、排放量、组成、固体废物类别、排放特征、处理方法和排放去向等。

4. 噪声

汇总列表说明各装置（单元）或设施噪声的排放情况，包括噪声源名称、数量、空间位置、排放特征、减（防）噪措施和降噪前/后的噪声值等。

5. 其他

汇总列表说明各装置（单元）或设施振动、电磁波、放射性物质等污染物的排放情况，包括污染源、数量、强度、排放特征和处理措施等。

（四）环境保护治理措施及方案

环境保护治理措施及方案见表 3-10。

表 3-10　环境保护治理措施及方案

项目	治理措施及方案
废水治理	（1）提出废水处理工艺和方案以及综合利用方案，投资项目废水处理设施的相关信息。 （2）简述各种废水的直接去处和最终排放去向。 （3）针对各种治理方案要对其治理效果进行技术经济比较，选择最佳方案

（续表）

项目	治理措施及方案
废气治理	(1)提出废气处理工艺和方案以及综合利用方案，投资项目废水处理设施的相关信息。 (2)简述各种废气的直接去处和最终排放去向。 (3)针对各种治理方案要对其治理效果进行技术经济比较，选择最佳方案
固体废物（废液）治理	(1)提出废渣与固体废物（废液）处理工艺和方案以及综合利用方案，投资项目主要固体废物（废液）处理处置设施的相关信息。 (2)简述各种废渣与固体废物（废液）的直接去处和最终排放去向。 (3)针对各种治理方案要对其治理效果进行技术经济比较，选择最佳方案
噪声治理	提出噪声的控制措施和方案，提出处理效果

（五）环境管理及监测

简述按照有关部门对环境管理和监测机构设置的要求，提出项目的环境管理及监测机构的设置和配备方案，包括组织机构、设施、职能、定员、监测点、分析方法等。

（六）环境保护投资

列出环境保护投资数值及比例，包括专门环境保护设施投资以及含在各装置投资之内的为达到清洁、清净生产目的而发生的投资。

（七）环境影响分析

本部分内容可以从环境影响评价报告中摘录，若工作不同步时，可由可行性研究人员编写，但最终以环境影响评价报告为准。对项目产生的环境影响进行分析。对所采取的治理措施的效果进行分析。

（八）存在的问题及建议

分析环境保护各个环节所存在的问题，提出解决问题的建议和办法，对不能解决和需要一定条件解决的问题做出提示。

典型例题

【单选题】关于项目可行性研究中环境保护的说法，错误的是（　　）。

A. 建设项目可行性研究与环境影响评价互为因果关系

B. 对特殊的项目应设专篇研究生态保护问题

C. 建设项目实行环境保护一票否决权

D. 项目建设方案研究中必须包括环境保护方案的研究

A。【解析】建设项目可行性研究为环境影响评价提供条件，且环境影响评价的要求又会对建设项目可行性研究及环保篇章的内容产生影响，两者相辅相成，是条件关系。故选项 A 错误。

十一、消防

（一）消防设施设置原则和执行的标准

根据项目具体情况，按照消防法规和消防部门有关规定，确定消防设施的设置原则。

简述项目执行的有关消防的标准、规范和有关法律、法规。

（二）消防环境现状和依托条件

描述项目临近单位和消防部门的消防设施和协作条件，提出可依托的可能性。

对改、扩建和技术改造项目要对原有消防系统进行描述，包括消防标准、消防体制、消防设施等。提出可依托的可能性。

（三）工程的火灾危险性类别

根据工程的原材料、中间产品及成品的物性，说明在储存、生产过程、运输过程等各个环节的火灾危险性，根据工艺生产和辅助设施的运行特点，说明各生产部位、建筑物、厂房等产生火灾的危险性。根据火灾危险性确定工程各单项的火灾危险性类别。

（四）采用的防火措施及配置的消防系统

1. 各专业防火措施

（1）工艺过程。论述工艺过程危险性分析及主要消防措施。

（2）总图。主要说明总平面布置中功能分区、竖向布置、安全间距、消防道路、人流和车流组织、出入口数量等及工程周边建构筑物防火间距情况。

（3）建筑。主要说明建构筑物防火分区、防爆措施、安全疏散距离等。

（4）电气。说明供电的负荷等级、电源的数量及消防用电的可靠性，爆炸危险区域的划分，防雷击、防静电措施。

（5）采暖通风。说明采暖通风与空气调节系统的防火措施，建筑物防烟、排烟措施。

2. 消防系统

（1）水消防系统。说明室内外消防用水总量的计算及依据。给出水源形式、供水能力、贮存量、管网的形式、管径、水压及加压措施和消火栓的间距、保护半径等。说明室内外消防设施的设置如室内、外消防栓，消防水炮，消防竖管，灭火器等的配置情况。

（2）其他消防系统如自动水喷淋、水喷雾系统，固定、半固定泡沫灭火系统，气体灭火系统，干粉灭火系统，蒸汽灭火系统及火灾报警系统的选择及方案简述。

（3）消防排水。提出消防排水的收集措施。

（五）消防设施费用及比例

说明消防设施投资费用及所占投资比例。

十二、安全与职业卫生

（一）安全

在已确定的技术方案和工程方案的基础上，分析论证在建设和生产过程中对劳动者和财产可能产生的不安全因素，并提出相应的防范措施。

1. 采取的法律法规、部门规章和标准规范

国家和相关部门的法律法规和部门规章；安全相关标准规范；项目所在地对安全的有关规定和要求。

2. 生产过程中可能产生的危险有害因素分析

(1)危险化学品的特性分析。根据《危险化学品名录》，分析项目生产过程中可能存在的危险化学品（包括原材料、中间产品、副产品及产品、催化剂等），阐述其危害特性、分类，是否属剧毒品、高毒品、易制毒化学品、监控化学品等。

(2)首批重点监管的危险化学品。分析项目中是否存在首批重点监管的危险化学品。

(3)首批重点监管的危险化工工艺。分析项目中是否存在首批重点监管的危险化工工艺。工艺安全性是否有保证，对于新工艺，建议采取危险和可操作性研究法进行分析。

(4)重大危险源分析。分析项目中是否存在重大危险源，并对重大危险源进行分级。

(5)生产过程中可能产生的危险有害因素分析。根据项目涉及的危险化学品特性、操作参数，进行过程危险源分析（PHA），分析生产或贮存过程中可能产生的危险有害因素，如火灾爆炸、超压爆炸、中毒、高温烫伤、机械伤害、酸碱灼伤等，并对其产生的主要岗位进行阐述。

3. 环境危害因素分析

(1)自然危害因素分析。项目所在地自然危害因素如地震、洪水、高温、雷电等对项目可能产生的危害分析。

(2)周边环境危害因素分析。周边环境可能对项目产生的危害分析。

4. 采取的安全措施

根据项目中可能存在的危险有害因素分析，阐述从厂址选择、工艺安全、总平面布置、防火防爆等方面采取的主要安全措施：厂址的安全条件；危险化学品和危险工艺监管；最大危险源的监控；控制系统和安全仪表系统；消防系统设置；防火防爆措施；其他。

5. 安全管理机构及人员配置

应根据项目的具体情况，设置安全管理机构，并配备专职或兼职的管理人员，建立相应的安全管理规章制度。

6. 安全专项投资估算

列出安全设施的投资估算及占工程投资的比例。

7. 预期效果及建议

简述项目所采取的安全措施，能否使项目在安全方面达到有关法律法规、标准规范的要求，能否达到安全生产的目的。

典型例题

【单选题】下列不属于生产过程中可能产生的危险有害因素分析内容的是(　　)。

A. 危险物品的特性分析　　B. 首批重点监管的危险物品

C. 自然危害因素分析　　D. 重大危险源分析

C。**【解析】**生产过程中可能产生的危险有害因素分析详见上文。

(二)职业卫生

职业卫生篇章应编制以下内容:

(1)职业病危害因素和职业病分析。

(2)采取的职业卫生措施。

(3)职业卫生管理制度及机构的建设。

(4)职业卫生专项投资估算。

(5)职业卫生防护措施的预期效果及建议。

(6)执行的法律、法规,部门规章及技术标准规范。

链接

职业卫生、安全、消防相关内容与工程项目安全预评价息息相关,且互为条件关系。编制时应注意其联系性。

十三、组织机构与人力资源配置

按照市场经济规则,企业组织机构要创新,按照现代企业制度要求设置管理机构,原则是高效、精干。

人力资源配置要在符合法律法规的原则下,务求精简。具体内见表3-11。

表3-11 组织机构与人力资源配置的编制内容

项目	内容
企业管理体制及组织机构设置	(1)简述企业管理体制及其确定原则,列出企业管理组织机构、管理层次及人员构成,附管理机构设置示意图。 (2)改、扩建和技术改造项目,要简述现有企业管理体制和组织机构,并提出新项目建设后与旧体制的关系
生产班制与人力资源配置	(1)根据国家、部门、地方的劳动政策法规,结合项目具体情况,提出生产运转班制和人员配置计划。附岗位定员(总量)表。必要时列出人员招聘计划。 (2)改、扩建和技术改造项目要说明原有人力资源的利用和安置计划
人员培训与安置	(1)根据国家、部门、地方的劳动政策法规,结合项目具体情况,合理招聘各种层次人员。对不同岗位人员,要进行岗前培训,提出培训计划并估算投资。 (2)改、扩建和技术改造项目,要尽量依托原有熟练工人和技术、管理人员

链接

人力资源配置方法包括:

(1)按设备计算定员。

(2)按劳动效率计算定员。

(3)按岗位计算定员。

(4)按劳动定额计算定员。

(5)按比例计算定员。

(6)按组织结构职责范围、业务分工计算管理人员人数。

十四、项目实施进度与计划

项目实施进度与计划的编制内容见表 3-12。

表 3-12　项目实施进度与计划的编制内容

项目	内容
项目组织与管理	根据项目主办单位意见，提出项目组织管理方案
实施进度计划	根据项目性质，结合以往工程项目经验，确定合理的项目实施进度计划。列出项目实施计划进度（横线图）表
项目招标内容	应按规定编制项目招标内容，包括具体招标范围、招标组织形式（如若为邀请招标，请说明理由）等
代建制内容	应按规定编制代建制内容
主要问题及建议	分析项目实施过程中可能影响计划实施进度的因素，提出建设性的防范措施和解决建议

链接

代建制具体内容应包括代建单位的选择标准及要求、选择过程、代建方式的确定以及不予或不宜招标的理由。

典型例题

【单选题】关于项目代建制的说法，错误的是（　　）。

A. 推行代建制的关键是选择好代建单位

B. 工程项目代建制是规范政府投资项目管理的重要举措

C. 代建单位一般应在项目初步可行性研究报告批准后确定

D. 代建方应向委托方提交由银行或专业担保机构出具的履约保证函

C。【解析】代建制是指通过招标等方式，选择专业化的项目管理单位负责建设实施，严格控制项目投资、质量和工期，竣工验收后移交给使用单位。通常情况下，应在项目可行性研究报告批准后确定代建单位，也可根据代建项目的具体情况，实行项目投资建设全过程代建。故选项 C 错误。

十五、投资估算

投资估算是可行性研究报告的重要内容，具体可参考本章第八节的相关内容。

十六、资金筹措

资金筹措中关于资金来源、融资风险、融资渠道分析等内容，涉及委托方的财务状况、企业战略等，一般该部分内容需要委托方与编制方密切合作，委托方向编制方提供必要的资料和信息，共同完成该章内容，具体可参考本章第九节的相关内容。

十七、财务分析

财务分析也可称为财务评价，是项目经济评价的重要组成部分，是投融资决策的重要依据，具体可参考本章第十节的相关内容。

十八、经济分析

经济分析的具体内容可参考本章第十节的相关内容。对于企业自主决策的项目，一般可以不做经济分析。

十九、风险分析

风险分析是对工程建设项目投资决策或企业生产经营决策可能造成的失误和带来的经济损失所进行的估计。进行风险分析，有助于确定有关因素的变化对决策的影响程度，有助于确定投资方案或生产经营方案对某一特定因素变动的敏感性。若一种因素在一定范围内发生变化，但对决策没有引起很大影响，则所采取的决策对这种因素是不敏感的；若一个因素的大小稍有变化就会引起投资决策的较大变动，则决策对这一因素便是高度敏感的。了解在给定条件下的风险对这些因素的敏感程度，有助于正确地做出决策。

（一）风险识别

项目风险识别是风险管理的基础。项目风险识别是指项目承担单位在收集资料和调查研究的基础上，运用各种方法对尚未发生的潜在风险以及客观存在的各种风险进行系统归类和全面识别。项目风险识别不是一次完成的，它应该在整个项目运作过程中定期而有计划地进行。

（二）风险估计

风险估计是指在对不利事件所导致损失的历史资料分析的基础上，运用概率统计等方法对特定不利事件发生的概率以及风险事件发生所造成的损失做出定量估计的过程。通常采用定性或定量分析方法估计风险程度。

（三）提出风险对策

在风险识别和估计的基础上，综合考虑风险发生的概率、损失幅度以及其他因素，提出针对性的切实可行的防范和控制风险的对策建议。

（四）风险分析结果的反馈

在可行性研究过程中应将风险分析结果随时反馈于项目方案的各个方面，以便调整完善方案，规避风险。

（五）编制风险与对策汇总表

在风险识别和估计的基础上，对项目的风险发生概率、损失幅度以及其他因素进行归纳和综述，得出系统发生风险的可能性及其程度，以全面、清晰地展现项目主要风险的全貌。并与公认的安全标准进行比较，确定企业的风险等级，由此决定是否需要采取控制措施，以及控制到什么程度，最后将风险对策研究结果汇总列表。

（六）风险结论与提示

概括风险的结论，作必要的提示。

二十、研究结论

研究结论的编制内容见表 3-13。

表 3-13 研究结论的编制内容

项目	内容
综合评价	对可行性研究的主要内容进行概括性评价
研究报告的结论	对可行性研究报告给出结论，判断项目是否可行
存在的问题	对可行性研究过程中存在的问题进行汇总，分析判断其严重性以及对项目的影响程度
建议及实施条件	提出进行下一步工作的建议以及存在的问题，进而明确达到预期效果所需满足的实施条件

第五节 不同行业或类别可行性研究的特点

一、公共建筑项目

公共建筑项目主要是指办公用房、教育机构用房、文化娱乐场地、医疗卫生设施、通信设施等。

该类项目具有的特点有：

(1)政府主导性很强。

(2)社会服务功能突出。

该类项目的可行性研究的特点有：

(1)社会需求和服务是分析重点。

(2)经济分析重在费用效果。

(3)财务分析重在可持续性。

二、城市基础设施项目

城市基础设施项目主要是指桥梁、隧道、给水、排水、道路、燃气、防洪等工程。

该类项目适合 PPP 模式，其可行性研究报告应按 PPP 模式的特点进行编写，财务、经济分析可借鉴公共建筑项目。

三、房地产项目

房地产项目主要是指住宅、商场(商品房)等。另外需注意的是房地产项目也包括部分基础设施项目，如经济适用房(廉租房)。商品房和经济适用房的不同点见表 3-14。

表 3-14　商品房和经济适用房的不同点

不同点	商品房	经济适用房
主导	完全由市场主导	不完全由市场主导
目的	满足市场需求和盈利	满足政府和客户需求

四、资源开发项目

资源开发项目主要是指天然气、煤、金属、石油等资源的开发项目。

该类项目的可行性研究的特点有:

(1)重在分析项目能否综合利用资源,符合总体开发以及可持续开发要求。

(2)重在研究资源的可利用程度、可利用条件及开发是否具有合理性。

(3)重在分析资源开发的价值和自然品质。

编制资源开发项目的可行性研究报告需结合从属行业的可行性研究报告的特点。

五、交通运输项目

交通运输项目主要是指铁路、公路、地铁、桥梁、隧道等项目。另外需注意的是,交通运输项目提供的是运输服务。

该类项目的可行性研究的特点有:

(1)重在研究项目对于经济和社会发展、路网布局等方面的影响和作用。

(2)重在研究线路方案、运量设置、规模大小、工程方案等内容。

(3)经济分析为主要,财务分析为次要。

(4)重点研究和论述项目站线的选择。

六、水利水电项目

水利水电项目应具有供水、防洪、灌溉、发电等功能。

该类项目的可行性研究的特点有:

(1)重在研究地质条件和开发利用条件。

(2)重在研究坝型的选择和枢纽位置的设置。

(3)重点研究和论述移民安置、库区淹没等措施。

(4)经济分析为主要,财务分析为次要。

(5)维持项目正常运营,所需资金和优惠政策的测算(针对公益性项目)。

七、文教卫生项目

文教卫生项目主要是指图书馆、学校、医院、卫生防疫等项目。另外需注意的是,文教卫生项目旨在提高生活水平、改善环境、促进社会发展。

该类项目的可行性研究的特点有:

(1)重点研究项目的建设规模。

(2)着重选择合适的建筑方案。

(3)着重选择合适的设备和设施。

(4)以经济分析为主。

编制文教卫生项目的可行性研究报告需结合从属行业的可行性研究报告的特点。

提示

常用的经济分析方法有经济费用效果分析和最小成本分析。

八、农业开发项目

农业开发项目主要是指林、农、渔等项目。

该类项目的可行性研究的特点有：

(1)重在分析市场，研究项目建设规模大小以及材料供应情况。

(2)效益与费用不确定性大。

(3)经济评价分为两个层次，即项目层评价和经营层评价。

(4)项目层评价以经济分析为主要，财务分析为次要。

(5)经营层评价仅有财务分析。

编制农业开发项目的可行性研究报告需结合从属行业的可行性研究报告的特点。

典型例题

【多选题】下列项目的可行性研究中，主要借助经济分析进行决策的项目有(　　)。

A. 农业开发项目　　B. 交通运输项目

C. 商品住宅开发项目　　D. 水利资源开发项目

E. 机械加工基地开发项目

ABD。**【解析】**交通运输项目、水利水电项目的项目经济评价以经济分析为主，财务分析为辅；农业开发项目的项目层评价也是以经济分析为主，财务分析为辅；公司自主决策的项目一般不要求做经济分析。

第六节　资本运作项目和非经营性项目财务分析的特点

一、资本运作项目的类别

(一)股票上市类项目

企业通过发行股票的方式来为选定的投资项目筹集资金，这种方式称为股票上市。其可行性研究报告的编制与一般建设项目相同。

(二)兼并收购类项目

企业兼并包括兼并与收购两种内容。

兼并可以通过吸收合并式和合并新设式两种方式进行。一个公司吸收其他公司为吸收合并，被吸收的公司解散。两个以上公司合并设立一个新的公司为新设合并，合并各方解散。

收购则是指一家企业用现金、债券或股票购买另外一家企业的股权或资产，以取得对该企业的控制权，但被收购企业的法人地位并不消失，依然存在的行为。《证券法》规定，投资者可以采取要约收购、协议收购及其他合法方式收购上市公司。通过证券交易所的证券交易，投资者持有或者通过协议、其他安排与他人共同持有一个上市公司已发行的有表决权股份达到30%时，继续进行收购的，应当依法向该上市公司所有股东发出收购上市公司全部或者部分股份的要约。收购上市公司部分股份的要约应当约定，被收购公司股东承诺出售的股份数额超过预定收购的股份数额的，收购人按比例进行收购。收购的主要项目包括股权和资产两部分。

通过兼并收购，企业可以实现以较短的投资时间、较低的投资成本，在不增加市场容量和竞争压力的前提下，达到迅速调整企业经营结构、实现战略布局的目的。

对于兼并收购（并购）类项目，应重点分析并购企业的基本概况，如并购企业所处的行业地位、经营管理现状、管理水平、资产与债务结构、盈利能力、行业发展趋势、发展前景等内容；应重点评估并购企业的价值，以确定股权转让价格；应重点估算并购的相关成本，如咨询费、律师费、收购价格、佣金、安置费、拆迁费等；应重点分析并购后的效益，如企业自身效益和整体协同效益。

企业价值一般分为基础价值、内在价值和战略价值三个层次，其主要区别见表3-15。

表3-15　企业价值的三个层次

项目	含义
基础价值	目标企业转让的价格最低值
内在价值	目标企业在持续经营的情况下可能创造出的预期的现金流量价值，属于动态价值
战略价值	并购完成后，经过总体组合与协同取得规模经济效益

（三）BOT项目

BOT模式的基本思路是投资者和经营者从项目所在国政府或所属机构取得为项目的建设和经营提供特许权协议作为项目融资的基础，然后组成项目公司且由项目公司来安排项目融资、承担主要风险、开发建设项目并在特许期限内经营项目获取商业利润，最后根据特许权协议将项目无偿地转让给政府机构。BOT项目的主要类型包括BOT（建设－经营－移交）、BT（建设－移交）、TOT（移交－经营－移交）、BOO（建设－经营－拥有）、ROO（改造－经营－拥有）等。

BOT项目的核心是在自有资金到位的前提下，以项目未来的现金流作为抵押，向银行换取项目所需的资金，用于项目的投资建设。

BOT项目包括项目的发起人（最终所有者）、投资者和经营者、贷款银行三方组织。

BOT项目进行可行性研究时，应重点分析项目的行业竞争；重点分析消费者的需求；重点估计项目的盈利稳定性；重点预测项目的盈利能力和回报率；重点分析项目的合规性等内容。

（四）风险投资项目

风险投资侧重于投资创新产品或创新企业，尤其是高科技企业。此类企业一般处于种期或成长期，需要大量的资金。投资的主要目的是将产品或行业的导入或成长阶段的企业孵化，待市场稳定而企业进入成长期或成熟期后，将投资转让，从而获得一定的收益。

链接

风险投资一般分为种期、导入期、成长期与成熟期四个阶段。

与传统投资不同，风险投资是一种特殊的投资活动和投融资体系，具有如下显著特点：

（1）高风险性。风险投资的对象是刚刚起步的高技术企业和项目，科技成果在研发阶段、研发成果工程化阶段及成果的产业化过程中，由于高技术本身固有的高风险性及外部环境因素的影响，使得投资具有很高的不确定性。

（2）高收益性。与风险投资的高风险性伴生的是可能的高收益。

（3）低流动性。风险投资的投资期限有别于债权投资和证券投资等间接投资，风险资本往往在风险投资企业创立之初就投入，直至公司股票上市或并购或清算之后，才能收回投资，得到回报。

（4）高度专业化。风险投资主要投向高新技术产业，加上投资风险很大，要求风险资本管理者具有很高的专业水准，在项目选择上要求高度专业化、程序化，精心组织，安排和挑选，尽可能地锁定投资风险。

风险投资项目进行可行性研究时，应注重分析企业的潜在价值、项目的成长性以及项目管理团队的能力，同时应具有独特的风险投资评估指标。评估风险投资项目的方法有成本法、比较法和收益现值法等。

（五）PPP 项目

政府和社会资本合作（PPP）模式是指政府为增强公共产品和服务供给能力、提高供给效率，通过特许经营、购买服务、股权合作等方式，与社会资本建立的利益共享、风险分担及长期合作关系。

政府和社会资本合作（PPP）模式是在基础设施及公共服务领域建立的一种长期合作关系。通常模式是由社会资本承担设计、建设、运营、维护基础设施的大部分工作，并通过“使用者付费”及必要的“政府付费”获得合理投资回报；政府部门负责基础设施及公共服务价格和质量监管，以保证公共利益最大化。该模式同时适用于新建项目和在建项目或存量项目。

PPP 项目目前共涉及 19 个一级行业，并根据行业特定二级分类，具体如下：

（1）能源，包括煤电、风电、水电、光电、垃圾发电、充电桩、生物质能、能源储备、其他。

（2）交通运输，包括高速公路、一级公路、二级公路、铁路（不含轨道交通）、航道航运、交通枢纽、港口码头、机场、隧道、桥梁、仓储物流、其他。

（3）水利建设，包括水库、防洪、灌溉、引水、水利枢纽、其他。

（4）生态建设和环境保护，包括综合整治、湿地保护、其他。

(5)市政工程,包括供水、排水、供电、供气、供热、供冷、公园、停车场、广场、绿化、海绵城市、地下综合管廊、垃圾处理(不包括垃圾发电)、市政道路、公交、污水处理、轨道交通、其他。

(6)城镇综合开发,包括园区开发、城镇化建设、土地储备、厂房建设,其他。

(7)农业,包括粮油物资储备、农村建设、农产品交易中心、其他。

(8)林业。

(9)科技,包括智慧城市、信息网络建设、其他。

(10)保障性安居工程,包括保障性住房、棚户区改造、农村危房改造、游牧民安居工程、其他。

(11)旅游,包括生态旅游、文化旅游、农业旅游、观光旅游、旅游配套设施、其他。

(12)医疗卫生,包括医院、社会卫生机构、公共卫生机构、乡镇卫生所、其他。

(13)养老,包括养老业、老年公寓、医养结合、其他。

(14)教育,包括学前教育、义务教育、普通高中、普通高校、职业教育、其他。

(15)文化,包括文化场馆、古城保护、文物保护、其他。

(16)体育。

(17)社会保障,包括就业服务机构、社会福利机构、残疾人事业服务机构、社会救助机构、殡葬服务、其他。

(18)政府基础设施,包括党政办公场所建设、公共安全部门场所建设、培训中心、其他。

(19)其他。

PPP 项目必须先完成审批、核准或备案手续,再由项目实施单位根据可研批复或核准文件,编制具有科学性、有效性、专业性的 PPP 实施方案,为项目决策提供依据,为项目实施提供基础。

PPP 项目实施方案的编制内容:项目概况、风险分配基本框架、项目运作方式、交易结构、合同体系、监管架构、采购方式选择、物有所值与财政承受能力论证。

PPP 项目实施方案的编制原则:宏观与微观相结合,统筹近期与远期关系;坚持风险分担、利益共享;尊重契约精神、建立长期合作关系;坚持维护公共利益、保障社会资本回报。

二、资本运作类项目财务分析的特点

资本运作类项目包括股票上市、兼并收购、BOT、风险投资等项目。此类项目只进行财务分析。

(一)兼并收购项目的财务分析

并购项目的财务分析应包括以下几个方面的内容:

(1)进行并购总投资分析(目标企业市场价值的估算、并购整合成本)、资金筹措分析、并购后目标企业财务分析、经济分析、不确定性分析、方案比选等。

(2)遵循国家现行财税制度,对项目盈利状况、生存能力、偿债能力进行分析,评估项目的可行性。

并购效益包括以下三个方面的内容：

(1)资本经营效益。用于反映并购后的当期经营效益，可通过投资回报率、总资产收益率等评价指标进行分析。将目标公司并购后的资本经营效益与并购前进行比较，以衡量并购对目标公司所产生的绩效增长。

(2)经济增加值。目标企业的资本变现的收益与资本的机会成本的差额，即企业的增值收益。

(3)市场增加值。收购后目标公司的市场价值与收购前的市场价值的差额即为市场增加值。

财务分析的内容深度可根据项目并购方及评审机构的要求，适当从简或补充。

（二）BOT 项目的财务分析

BOT 项目的实际运作成本较高，项目风险较大，因此投资者首先要合理确定和选择反映项目风险的贴现率。确定项目贴现率时，经常采用 CAPM 模型（资本资产定价模型），即在没有风险的投资收益率基础上，调整有风险的投资收益率。

（三）风险投资项目的财务分析

风险投资项目财务分析的方法与要求和一般建设项目相同，应重点分析风险投资项目的风险和不确定性。

（四）PPP 项目的财务分析

PPP 项目财务分析主要包括物有所值评价和财政承受能力论证。

物有所值（VFM）评价是判断是否采用 PPP 模式代替政府传统投资运营方式提供公共服务项目的一种评价方法。物有所值评价包括定性评价和定量评价。现阶段以定性评价为主，鼓励开展定量评价。应统筹定性评价和定量评价结论，做出物有所值评价结论。物有所值评价结论分为“通过”和“未通过”。“通过”的项目，可进行财政承受能力论证；“未通过”的项目，可在调整实施方案后重新评价，仍未通过的不宜采用 PPP 模式。

财政承受能力论证是指识别、测算 PPP 项目的各项财政支出责任，科学评估项目实施对当前及今后年度财政支出的影响，为 PPP 项目财政管理提供依据。财政承受能力论证的结论分为“通过论证”和“未通过论证”。“通过论证”的项目，各级财政部门应当在编制年度预算和中期财政规划时，将项目财政支出责任纳入预算统筹安排。“未通过论证”的项目，则不宜采用 PPP 模式。

三、非经营性项目财务分析的特点

（一）非经营性项目财务分析的目的

非经营性项目的一个显著特点是为社会提供服务和使用功能，但不收费或收取少量费用。此类项目进行财务分析的主要目的是考查项目的财务状况，分析项目是盈利还是亏损，以便采取相应的措施来保证其持续运营。实际情况中，财务分析的根本是进行方案比选，选择最优方案，从而达到以最小的投入来实现持续运营的目的。

（二）非经营性项目财务分析的要求

进行此类项目的财务分析，应遵循以下要求：

(1)视项目的具体情况而有所不同。

(2)收费项目应合理确定提供服务的收费价格。

(3)效益难以货币化的项目，方案比选可采用效果费用比或者效果比进行。

1. 没有经营收入的项目

没有经营收入的项目，财务分析着重于可持续性，不需要进行盈利能力分析，但仍需要对投资运营成本进行估算。

这类项目需要政府长期补贴。

2. 有营业收入的项目

有营业收入的项目，应根据收入补偿支出的程度，进行不同的财务分析。

收入补偿支出的先后顺序：

(1)支付运营维护成本。

(2)缴纳流转税。

(3)偿还借款利息。

(4)计提折旧。

(5)摊销和偿还借款本金。

一般情况下，有营业收入的项目分为以下三种情况：

(1)营收不足以补偿运营维护成本的项目。

(2)营收在短期内不足以补偿运营维护成本，但在长期可以产生盈余的项目。

(3)营收补偿支出后有盈余的项目。

对于第一种情形，应通过估算收入和费用的差额，得出政府在运营期每年需要补贴的金额，另外需要对项目进行财务生存能力分析。对于第二种情形，项目在短期内不足以补偿，为了维护项目正常运营，政府只需进行短期内金额补贴，另外需要对项目进行财务生存能力分析，如若有借款则还应进行偿债能力分析。对于第三种情形，该项目财务分析要求同一般项目，另外该项目已存在生存能力和盈余能力。

3. 效益难以货币化的项目

项目进行方案比选时，比选指标多采用单位功能运营费用和单位功能建设投资费用。计算方式如下：

单位功能（效果）运营费用 = 年运营费用/设计服务能力或设施规模

单位功能（效果）建设投资费用 = 建设投资/设计服务能力或设施规模

项目方案比选应遵循以下要求：

(1)费用应包含项目投资开始到项目终结的整个期间发生的全部费用。

(2)效果的计量单位应便于计算，并清晰反映项目目标的实现程度。

(3)效果相同时选费用较小的方案，费用相同时选效果较大的方案，费用效果都不相同时应计算增量的效果费用或费用效果比。

链接

对一些收费的非经营性项目，需结合消费者的意愿和承受能力、政府的意见、预测的服务价格三者，确定合理的收费价格。

典型例题

【单选题】关于非经营性项目财务分析的说法，正确的是(　　)。

A. 财务分析的主要目的是为投资决策提供依据

B. 营业收入首先需要补偿的费用是缴纳流转税

C. 无论有无营业收入，都要进行盈利能力分析

D. 单位功能建设投资是效益难以货币化项目常用的方案比选指标

D。【解析】非经营性项目财务分析的主要目的是考察项目的盈利或亏损等财务状况，不一定用作投资决策的依据。故选项 A 错误。营业收入补偿费用的顺序应为补偿运营维护成本、缴纳流转税、偿还借款利息、计提折旧、摊销和偿还借款本金。故选项 B 错误。对没有营业收入的项目，不进行盈利分析，主要考察项目财务生存能力。故选项 C 错误。

第七节　项目市场分析与竞争力分析方法

市场分析是运用科学的方法，对影响市场供求变化的诸因素进行调查研究，分析和预测其发展趋势，掌握市场供求变化的规律，为投资决策提供可靠的依据。预测分析为决策服务，为了提高管理的科学水平，减少决策的盲目性，我们需要通过预测来把握经济发展或者未来市场变化的有关动态，减少未来的不确定性，降低决策可能遇到的风险，使决策目标得以顺利实现。

依据《化工投资项目可行性研究报告编制办法》等文件，市场预测分析包括国外市场、国内市场、区域市场和目标市场等多个层次。对于规模较小，且市场较为确定的项目，其重点是分析区域市场或目标市场，研究其竞争优势和竞争力。应对主要产品的市场供需状况、价格走势以及竞争力进行预测分析。对于技术改造和改扩建项目等项目产品增量不大，对原有市场影响较小的，预测分析内容可以适当简化。对于项目规模较大，市场竞争激烈的产品、新兴产品及市场具有不确定性的产品，其市场预测分析，应当进行专题研究，在做可行性研究报告之前，先完成市场报告。对项目影响较大的原材料、燃料、动力，必要时亦进行市场预测专题报告。

一、产品市场分析

在可行性研究中，产品市场分析框架见图 3-2。

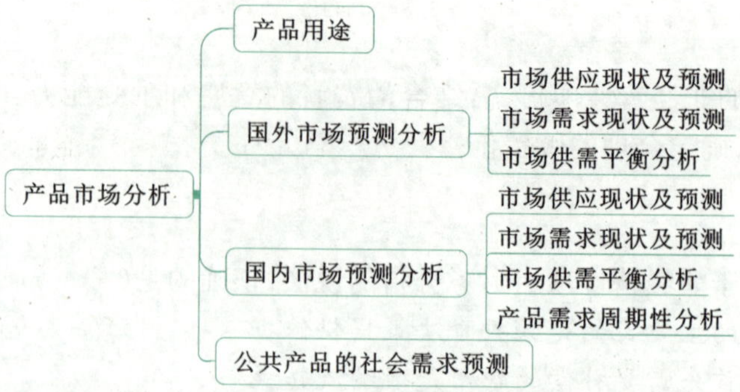

图 3-2 产品市场分析

（一）产品用途

项目的产品用途和应用领域应分品种、分牌号、分类别进行叙述，并分析其变化的原因及发展趋势。

（二）国外市场预测分析

项目产品国外市场预测分析的主要内容包括：

(1)统计项目产品近 5 年世界主要地区的产能、产量及其他相关数据。

(2)分析相同的或可替代品的现状，预测未来的发展趋势。

(3)以项目的计算期为期限，对项目可能建设的新增能力、投产时间、开工率等进行预测。

(4)对国际市场产品的主要供应方式及供应商进行说明，对现有市场的贸易量及未来的发展进行说明。

(5)对国际主要市场的消费量及消费结构进行统计并列表。

(6)在对国际市场上供需现状进行分析和预测的基础上，以项目计算期为期限，预测供需变化及发展前景。

（三）国内市场预测分析

分析内容应与国外市场大致相同，从产品供应、需求及供需平衡进行分析，预测项目的发展前景。

对于国内市场，应说明国内供应市场的发展历程，并统计近 10 年的国内消费情况，近 10 年的产品进出口情况等。

链接

国内市场预测分析与国外市场预测分析对比见表 3-16。

表 3-16 国内市场预测分析与国外市场预测分析对比

内容	国外市场预测分析	国内市场预测分析
市场供应现状及预测	近 5 年世界及主要生产国或地区的生产能力、产量	产品在我国的发展历程以及国内的生产能力
市场需求现状及预测	近 5 年世界及主要生产国或地区的消费量、结构情况	近 10 年国内实际消费量、消费结构情况
市场供需平衡分析	国外产品市场的供需平衡情况	国内产品市场的需平衡情况
产品需求周期性分析	—	用于市场波动较大的情形

（四）公共产品社会需求预测

通过调查，掌握包括当地居民的需求状况、社会总容量等社会需求情况，以此为依据，结合项目可能对技术、经济、环境和社会带来的影响，确定拟建项目能够有效满足社会需求的方案。

社会需求情况指标可依据当地居民数量、社会经济条件、人均收入、物价水平等指标。

典型例题

【单选题】关于可行性研究报告中市场预测的说法，正确的是（　　）。

A. 市场预测为项目产品方案和建设规模提供依据

B. 增量不大的技术改造项目可以不进行市场预测

C. 市场预测仅限于进行国内市场预测

D. 市场预测的年限不低于 10 年

A。**【解析】**对于技术改造和改扩建项目等项目产品增量不大，对原有市场影响较小的情况下，可以适当简化预测分析内容。故选项 B 错误。市场预测分析包括国内市场预测分析、国外市场预测分析、目标市场预测分析和区域市场预测分析等。故选项 C 错误。市场预测分析的年限没有具体规定，应根据实际情况而定。故选项 D 错误。

二、市场竞争力分析

（一）目标市场分析

1. 目标市场选择与结构分析

在对产品市场进行分析及预测的基础上，选定目标市场，分析其供应商数量及规模。

2. 主要用户分析

对目标市场中的顾客、代销商、现有的竞争者和将会出现的竞争者等各重要因素之间的关系进行描述和分析。在对顾客的需求及消费行为特征进行分析的基础上，论证并确定产品的主要用户。通过对目标市场当前实际销售量分析，估算市场饱和程度、增长率、需求的稳定性等，从而推算出市场的潜力，并在此基础上对该产品将来的需求结构的变化情况、需求量的发展以及进入国际市场的可能性等进行预测。

（二）产品竞争力分析

简述企业或投资者竞争力，包括企业所处的外部环境因素分析，企业内部技术、管理、财务、营销等因素分析。竞争力分析的目的是为了准确判断可能的市场份额。竞争力分析是指与主要竞争对手在目标产品的生产成本、质量、运输费用和营销手段等方面进行对比，确定产品的竞争优势和劣势。

产品的竞争力主要通过以下几个方面进行分析：

（1）主要竞争者分析。

（2）产品质量与结构分析。

（3）产品成本和盈利空间分析。

(4)企业在组织管理和营销等方面优劣势分析。

(5)产品综合竞争力分析。

对于产品的主要竞争者,竞争者优劣势分析的内容主要包括:

(1)产品。竞争企业产品在市场上的地位;产品的适销性;产品系列的宽度与深度。

(2)销售渠道。竞争企业销售渠道的广度与深度;销售渠道的效率与实力;销售渠道的服务能力。

(3)市场营销。竞争企业市场营销组合的水平;市场调研与新产品开发的能力;销售队伍的培训与技能。

(4)生产与经营。竞争企业的生产规模与生产成本水平;设施与设备的技术先进性与灵活性;专利与专有技术;生产能力的扩展;质量控制与成本控制;区位优势;员工状况;原材料的来源与成本;纵向整合程度。

(5)研发能力。竞争企业内部在产品、工艺、基础研究、仿制等方面所具有的研究与开发能力;研究与开发人员的创造性、可靠性、简化能力等方面的素质与技能。

(6)资金实力。竞争企业的资金结构、筹资能力、现金流量、资信度、财务比率、财务管理能力。

(7)组织。竞争企业组织成员价值观的一致性与目标的明确性;组织结构与企业策略的一致性;组织结构与信息传递的有效性;组织对环境因素变化的适应性与反应程度;组织成员的素质。

(8)管理能力。竞争企业管理者的领导素质与激励能力;协调能力;管理者的专业知识;管理决策的灵活性、适应性、前瞻性。

在基于对产品主要竞争者了解的前提下,通过对比分析对企业产品的质量和结构、成本和盈利空间,企业自身组织管理和营销能力进行了解,进一步综合分析主要产品在目标市场上与主要竞争对手的竞争力,并列表,见表3-17。

表3-17　竞争力分析综合对比

序号	比较内容	本项目优势、劣势	竞争对手优势、劣势				本项目与竞争对手对比后的优势、劣势排序
			国内竞争对手		国际竞争对手		
			对手1	对手2	对手1	对手2	
1	自然资源占有						
2	工艺技术装备						
3	规模效益						
4	新产品开发能力						
5	产品质量性能						
6	价格						
7	商标、商誉、品牌						
8	区位						
9	人力资源						

三、主要投入物与产出物价格预测分析

（一）产品价格现状及预测

通过对产品在国际市场上的价格变化过程和变化规律进行分析，在项目计算期内对产品价格的变化趋势进行预测。通过对产品在国内市场上价格变化过程、变化规律、产品价格形成机制、与国际市场价格的联动性、与主要原材料价格走势的关联性进行分析，在项目计算期内对产品价格的变化趋势进行预测。通过对产品市场调查与分析，在可行性研究报告中给出产品的合理销售价格范围。

（二）说明主要原辅材料、燃料、动力价格现状并进行预测

通过对主要原辅材料、燃料、动力在国际市场上价格变化过程和变化规律进行分析，在项目计算期内对国际市场价格的变化趋势进行预测。通过对主要原辅材料、燃料、动力在国内市场或地区市场上价格变化过程和变化规律、与国际市场价格的联动性、与主要下游产品价格走势的关联性进行分析，在项目计算期内对国内价格或地区价格的变化趋势进行预测。通过对主要原辅材料、燃料、动力的市场供需平衡进行分析，在可行性研究报告中给出原辅材料、燃料、动力的合理采购价格范围。

在可行性研究报告中，需要采用到厂入库价格，并对主要原辅材料、燃料价格构成及供应方式，及其出厂价、运杂费、贸易费用等进行说明。对于进口原辅材料和燃料，还要对 FOB 价格、CIF 价格构成、贸易从属费用、费国内运杂费用等进行说明。

链接

对于一些重要的、影响较大的、供应有缺口或处于垄断的主要投入物，应进行投入物市场预测，主要包括：主要投入物供应现状分析；主要投入物供需平衡预测。

四、营销策略

一般投资项目可不作营销策略分析，但对于一些规模较大且市场竞争比较激烈的项目，往往是有必要进行营销策略分析的。分析的重点是目标产品进入市场和扩大市场份额应采取的策略。

五、市场风险分析

风险分析是对工程建设项目投资决策或企业生产经营决策可能造成的失误和带来的经济损失所进行的估计。风险分析包括风险识别、风险程度估计、提出风险对策三个阶段。

（一）风险识别

项目风险识别是风险管理的基础。项目风险识别是指项目承担单位在收集资料和调查研究的基础上，运用各种方法对尚未发生的潜在风险以及客观存在的各种风险进行系统归类和全面识别。对技术进步和新技术进展进行分析，预测新产品和新替代品投放市场后，对市场产生的影响，主要是市场份额和价格两方面的影响，最终导致影响项目目标产品的销售和收益。

分析各种新竞争对手的加入对市场的影响，市场过于饱和，竞争者的相对优势将导致项目目标产品的市场占有份额减少。

对市场竞争的程度进行分析，因为不论市场出现恶性竞争或者出现垄断竞争都将会对市场产生影响。出现产出品买方垄断，产品价格急剧下降，出现投入品卖方垄断，使得产品成本大幅上升，最终导致项目预期收益减少。

对国内外政治经济以及政策条件的稳定性进行分析，政治动荡、经济波动、政策多变，将引起市场激烈震荡，导致产品销售和投入品供应不稳定或中断，影响项目的预期收益。

（二）风险程度估计

估计各风险因素对项目的影响程度，判定风险等级，确定项目的主要风险因素。风险程度估计可以定性描述，也可以定量计算，要结合项目具体情况确定。

（三）提出风险对策

通过对风险研究及分析，提出针对性的风险规避对策，避免市场风险的发生或将风险损失降低到最小程度。将信息反馈到有关专业人员或投资者，指导改进项目方案、完善营销策略、落实有关对策，促使项目成功。

第八节　投资估算编制方法

一、投资估算的概述

（一）基本概念

投资估算是指在建设项目整个投资决策过程中，依据已有的资料，运用一定方法和手段，对建设项目全部投资费用进行的预测和估算。

（二）投资估算的作用

投资估算是项目在整个投资决策过程中，利用搜集到的不太精确的资料，对项目资金需求的一个大致估算。在项目可行性研究阶段，随着项目条件的逐步细化和精确，投资估算的准确度也应当逐步提高，从而对项目的投资起到有效的控制作用。投资估算的主要作用可归结为以下几点：

(1)作为投资决策的依据。

(2)作为制定项目融资方案的依据。

(3)作为项目财务分析、经济分析的基础。

(4)作为编制初步设计概算的依据，控制工程造价。

链接

经审定或批准的可行性研究报告是编制初步设计的依据，报告中所估算的投资额是编制初步设计概算的依据。

（三）投资估算的编制要求

通常建设项目可行性研究阶段的投资估算允许偏差应控制在 ±10% 以内，且应符合以下要求：

(1)估算的范围应与项目建设方案所确定的各项工程的内容保持一致。

(2)估算的工程内容和费用构成应齐全，估算方法要科学，内容要合理，依据要充分准确。

(3)估算指标与具体工程的相关指标存在差异时，应进行换算和调整。

(4)估算内容的划分应符合行业规范。

二、可行研究报告中投资估算的编制内容

（一）投资估算编制说明

说明项目的性质；描述投资估算的范围；简述项目生产规模，生产装置主要内容以及拟采用的主要技术路线，配套工程及相应的公用工程等主要内容；改、扩建及技术改造项目要说明依托工程内容等；对引进和中外合资项目应说明引进范围和内容等；并购项目要说明并购的方式。

（二）投资估算编制依据

投资估算的编制依据包括：

(1)国家、行业以及项目所在地政府有关部门的相关政策与规定。

(2)价格和取费参考的有关资料信息。

(3)引进费用估算依据。

(4)外汇折算说明和引进相关税费说明。

(5)其他有关依据和说明。

（三）建设投资估算

1. 国内一般项目建设投资估算

项目建设投资按照项目划分可分为固定资产费用、无形资产费用、其他资产费用和预备费用；按照费用划分可分为设备及工器具购置费、安装工程费、建筑工程费和其他工程费；按照对建设项目投资控制的要求可分为静态投资和动态投资两部分。

投资估算要根据工程量和各专业条件，既不能漏项，又要合理估价，达到可行性研究报告投资估算作为决策投资的要求。附国内一般项目建设投资估算表。

链接

投资估算应优先采用工程量法进行估算，若不能采用该方法，则应结合已建同类型装置的投资数据，采用生产规模指数法或比例估算法进行。

2. 引进项目建设投资估算

引进项目要列出引进内容，按照投资项目的划分和费用项目进行估算，包括引进价格、从属费用计算、与引进有关的出国人员费用、外籍人员来华等费用。附引进项目建设投资估算表。

3. 中外合资项目建设投资估算

中外合资项目要与合资伙伴在投资估算编制办法上达成一致，原则上应符合我国的有关规定，如有特殊要求，需要做说明。投资估算要列出引进内容，按照投资项目的划分和费用项目进行估算，包括引进价格、从属费用计算、与引进有关的出国人员费用、外籍人员来华等费用。以建筑物、厂房、机器设备或其他物料、工业产权、土地使用权、专有技术等作为出资的，其作价由合资各方按照公平合理的原则协商确定，或请合资各方同意的第三者评估确定。附中外合资项目建设投资估算表。

4. 国际投资项目建设投资估算

国际投资项目要根据可行性研究报告的具体要求编制投资估算，原则上要依据投资项目所在国的有关规定编制。当对方无具体规范或要求时，可以按照国际惯例采用第三国或我国有关规范编制，但要经过协商得到对方有关部门认可。其价格计取和费用估算要根据具体费用项目通过调查按实计取。附国际投资项目建设投资估算表。

典型例题

【多选题】按照费用划分，建设投资估算分为（　　）。

A. 预备费用估算　　B. 无形资产费估算

C. 安装工程费估算　　D. 建筑工程费估算

E. 设备及工器具购置费估算

CDE。【解析】建设投资估算的分类见上文。

（四）单项工程投资估算

对于大型联合生产装置建设项目或有多套生产装置的建设项目，应对各生产装置和其配套设施编制单项工程投资估算表。对于投资规模不大，工程比较简单的改、扩建和技术改造（含更新）建设项目，可以简化编制单项工程投资估算表。

（五）改、扩建和技术改造建设项目投资估算

改、扩建和技术改造建设项目需要了解或估算以下数据：

（1）"现状"数据，是指项目范围内原有固定资产，包括资产原值、净值和重估值。

（2）"新增"投资，是指拟建项目范围内的新增投资。

（3）"有项目"投资，是指"有项目"时，拟建项目范围内的新增投资加上项目范围内可利用的原有固定资产价值之和。

（4）"无项目"投资，是指无拟建项目投资时，企业在项目范围内为维持生产或其他原因而发生的投资和项目范围内原有固定资产价值之和。

（5）"增量"投资，是指"有项目"投资减去"无项目"投资。

当"无项目"不进行投资时，"增量"投资与"新增"投资相等。附"增量"或"新增"建设投资估算表。

（六）并购项目投资估算

根据并购项目的方式确定投资估算的范围和内容，确定其投资数额。当以实物或技术投资（工业产权等）以及股权置换等方式投资时，应根据委托方提供的相关资料，作必要的说明。对于并购后需要改造的应按照工程内容和工程量单独估算改造投资。

（七）投资估算分析

投资估算分析的内容有：

(1)按项目划分进行比例分析。

(2)按费用划分进行比例分析。

(3)对特殊项目或费用进行分析。

(4)提出投资中按规定可以抵扣的增值税额。

（八）建设期利息估算

根据资金使用计划和借款条件，分别计算不同资金使用条件下的建设期利息并汇总。对外汇建设期利息和人民币建设期利息进行估算。估算时，应把名义利率转换为有效年利率进行计算。

（九）流动资金估算

流动资金估算应采用分项详细估算法，包括应收账款、存货、现金、应付账款等费用估算。特定情况或小型项目可以简化采用大指标估算。改、扩建和技术改造项目，要注意原有流动资金的周转和占用情况，当“增量”流动资金出现负值时，其数值只能取零。当采用外汇结算进出口物料时，可进行外汇流动资金估算。附流动资金估算表。

典型例题

【单选题】流动资金估算应采用(　　)。

A. 定量分析法　　　　B. 生产规模指数法

C. 定性分析法　　　　D. 分项详细估算法

D。【解析】流动资金估算的内容包括存货、现金、应收付账款等费用的估算，采用分项详细估算法。小型项目或特定情况下可采用大指标估算法。

（十）总投资估算

项目总投资包括建设投资、建设期利息和流动资金，常用于外商投资项目和自主决策或集团公司审批的建设项目。当需要向有关政府部门报批项目时（外商投资项目除外），还需计算规模总投资，即报批项目总投资，包括建设投资、建设期利息和铺底流动资金。无论项目是否需要向政府报批，财务分析中都采用上述项目总投资概念。

（十一）利用原有固定资产价值

对于依托现有企业或改、扩建和技术改造项目，对可利用的原有固定资产价值要给予说明，列出固定资产原值、净值或重估值，说明利用原有固定资产后可以节约的建设投资。

第九节　项目融资分析及方法

一、资金来源

用于投资项目的资金主要可通过以下方式进行筹措。

1. 权益资本

权益资本是指在项目投资中由投资者认缴的出资额，是项目的非债务资金，项目法人不承担这部分资金的任何利息和债务。投资者按其出资的比例依法享有所有者权益，投资者一般不得以任何方式抽回资金，但可以依法转让或出售股份。

权益资本是获得债务资金的信用基础之一，筹措资金时在以国家规定的不同行业建设项目应达到的项目资本金比例(即权益资本的比例)作为最低要求的同时，还应考虑债权人的要求。同时根据项目具体情况和投资者的情况，参照行业平均水平，合理确定建设项目权益资本比例。根据目前我国政府有关规定，项目资本金比例是以规模总投资为依据。而符合国际惯例的权益资本比例是以项目总投资为依据。

公司融资方式下的权益资本来源包括：企业可用于项目的现金；企业资产、经营权等变现获得的资金；扩充权益资本；政府财政性资金。

项目融资方式下的权益资本来源包括：股东直接投资；发行股票；政府财政性资金。

2. 债务资金

债务资金是以负债方式从金融机构、证券市场等资本市场取得的资金。债务资金筹措可分为直接融资和间接融资。

直接融资主要包括：企业债券；国际债券。

间接融资主要包括：商业银行贷款；政策性银行贷款；外国政府贷款；国际金融组织贷款；出口信贷；银团贷款。

3. 准股本资金

准股本资金是一种既有权益资本性质，又有债务资金性质的资金。准股本资金主要有优先股股票和可转换债券。

4. 融资租赁

融资租赁是资产拥有者在一定期限内按照规定的合约将资产租给承租人使用，由承租人分期支付一定的租赁费的融资方式。

可行性研究中若采用融资租赁的融资方式，需要明确租赁方案，并作专门研究。

资金来源的编制内容见表3-18。

表3-18 资金来源的编制内容

资金来源	内容
权益资本	说明来源及方式
债务资金	说明来源及方式，给出使用条件
准股本资金	说明来源及使用条件
融资租赁	说明使用理由，需要明确租赁方案，并作专门研究(必要时)

链接

上报国家和地方政府有关部门审批的项目，30%的铺底流动资金必须是权益资本。

典型例题

【多选题】资金筹措时，资金来源包括(　　)。

A. 权益资金　　B. 融资租赁

C. 债务资金　　D. 流动资金

E. 准股本资金

ABCE。【解析】资金筹措时，资金来源详见上文。

二、中外合资经营项目资金筹措

中外合资经营项目资金筹措的编制内容见表3-19。

表3-19　中外合资经营项目资金筹措的编制内容

项目	内容
注册资金最低比例的规定	说明注册资本的比例及其依据
中外合资各方的出资比例	(1)合资各方的出资比例，构成各方的股本比例，合资各方按照股本比例分享收益和承担风险。 (2)注意国家对外方股本比例的有关要求。 (3)部分行业不允许外方控股或限制股本比例在一定范围内

三、资金使用计划

根据项目的实施计划、资金的筹措情况以及使用条件等编制投资计划与资金筹措表。附投资使用计划与资金筹措表。

四、融资成本分析

主要分析计算债务资金成本、权益资本成本和加权平均资本成本。

权益资本采用资本定价模型计算资本成本。一般可行性研究报告中，可只做债务资金成本分析，根据项目的财务分析结果和债务资金利息的抵税因素，向投资者做出提示，合理确定各种资金的使用比例。

五、融资风险分析

根据融资成本的分析和资金的使用条件，结合项目财务分析结果，向投资者提出风险提示。

对项目融资的投资项目，要结合项目具体情况，在做融资成本分析的同时，专题做风险分析。

第十节 财务分析与经济分析方法

一、财务分析

财务分析是项目决策过程中项目经济评价的重要组成部分,是投融资决策的重要依据。对于经营性项目,财务分析应进行以下所有内容;对于非经营性项目,主要分析项目的财务生存能力,以便采取措施使项目达到财务收支平衡。

(一)产品成本和费用估算

1. 产品成本和费用估算的依据及说明

产品成本和费用估算的依据及说明包括:

(1)国家有关法律、法规和文件。

(2)集团公司有关规定和文件。

(3)有关参考信息、资料来源。

(4)有关方面合同、协议或意向。

(5)对所采用的依据加以说明。

2. 产品成本和费用估算

产品成本和费用估算的方法主要有生产要素估算法和制造成本加期间费用估算法,在可行性研究报告中,一般可按生产要素法估算,有特别要求时,可按制造成本加期间费用法估算。

生产成本费用(总成本费用)= 外购原材料、燃料、动力费用 + 制造费用 + 期间费用

制造费用 = 折旧费用 + 维修费用 + 其他制造费用

期间费用 = 其他管理费用 + 财务费用 + 其他营业费用

经营成本 = 总成本费用 - 固定资产折旧费 - 无形资产及其他资产摊销费用 - 利息

副产品回收费用,为便于计算费用与效益,一般副产品回收费用计入销售收入中。但在计算单位生产成本时,应在原材料消耗中,扣除副产品回收费用。

附表包括:成本和费用估算表;原材料消耗表;燃料和动力消耗表;固定资产折旧计算表;无形资产和其他资产摊销表。

3. 成本和费用分析

简要分析成本构成项目和费用比例,并根据项目特点与行业普遍水平比较,提出建议。

单位成本分析,为配合竞争力分析,必要时进行单位成本分析,并与行业水平或竞争对手比较。

典型例题

【单选题】财务分析时，可行性研究报告进行成本和费用估算时，一般按照（　　）进行估算。

A. 生产要素法　　B. 比例估算法

C. 工程量法　　D. 制造成本加期间费用法

A。【解析】成本和费用估算的方法主要有生产要素估算法和制造成本加期间费用估算法。在可行性研究报告中，一般可按生产要素法估算，有特别要求时，可按制造成本加期间费用法估算。

（二）销售收入和税金估算

1. 销售收入估算

销售收入是指投资项目销售产品或者提供服务获得的收入，是折现现金流量表中现金流量的主要项目之一，也是利润表的主要科目之一。

销售收入估算的基础数据包括产品或服务的数量和价格。

2. 税金估算

销售产品或服务涉及的税费主要包括增值税、消费税、资源税、城市维护建设税及教育费附加等。

项目增值税为销项税和进项税之差。计算增值税金时，注意各种产品的不同税率和出口产品退税率以及特殊产品的减免税率。

附产品销售收入及税金计算表。

（三）财务分析

1. 财务分析的依据及说明

财务分析的依据及说明包括：

（1）国家有关法律、法规和文件。

（2）集团公司有关规定和文件。

（3）有关参考信息、资料来源。

（4）对所采用的依据加以说明。

2. 财务分析的报表

财务分析的报表包括：

（1）项目财务现金流量表。

（2）权益投资现金流量表。

（3）投资各方现金流量表。

（4）利润与利润分配表。

（5）债务偿还备付率指标计算表。

（6）财务计划现金流量表。

（7）资产负债表。

3. 财务分析指标

财务分析指标相关内容见表3-20。

表3-20 财务分析指标

项目		内容
盈利能力分析	静态指标	项目息税前利润(*EBIT*)、项目息税折旧摊销前利润(*EBITDA*)、利润总额、税后利润、总投资利润率、资本金净利润率、投资利税率等
	动态指标	项目财务内部收益率(*FIRR*)、项目财务净现值(*FNPV*)、项目资本金财务内部收益率(*EFIRR*)、投资各方财务内部收益率等
偿债能力分析		利息备付率、借款偿还期、偿债备付率等
财务生存能力分析		财务净现值
不确定性分析		敏感度系数和临界点(敏感性分析)、盈亏平衡点(盈亏平衡分析)

二、经济分析

经济分析是按合理配置资源的原则,采用影子价格等国民经济评价参数,从国民经济的角度考察投资项目所耗费的社会资源和对社会的贡献,分析投资项目的经济合理性。

公司自主决策的项目一般不要求做经济分析,如遇特大型项目或国家有关部门要求进行国民经济评价时,应按照《建设项目经济评价方法与参数》的要求进行。

(一)经济分析的作用

经济分析是从建设项目对宏观经济影响的角度出发,对项目的经济合理性进行的分析。进行项目经济分析,可起到以下几个方面的作用:

(1)正确反映项目对社会福利的净贡献,使得项目的经济评价更为合理。

(2)为政府进行合理分配资源提供依据。若项目财务效益好,经济效益差,政府可据此采取限制措施;反之,政府可采取鼓励措施。

(3)作为政府审批和核准项目的依据。

(4)作为方案比选和优化的重要组成部分。

(5)为市场化运作的基础公益项目提供指定财务方案的依据。

(6)有助于企业利益、地区利益和社会利益的结合与平衡。

提示

项目财务分析主要在以下几个方面难以正确反映其经济合理性:国家给予项目补贴;企业向国家缴税;某些货物的市场价格可能扭曲;项目的外部效果。

(二)经济分析编制的主要内容

经济分析的编制内容包括经济分析主要报表、主要经济分析指标、敏感性分析、部分行业项目特点、费用效果分析指标等。

1. 经济分析主要报表

经济分析主要报表是项目投资经济费用效益流量表。

编制项目投资经济费用效益流量表的方法包括:

(1)基于财务现金流量进行直接编制。

(2)基于费用和效益流量的识别、方法、原则进行调整编制。

2. 主要经济分析指标

主要经济分析指标包括经济内部收益率($EIRR$)和经济净现值($ENPV$)。

3. 费用效果分析指标

费用效果分析指标是效果费用比($R_{E/C}$),也可用费用效果比即($R_{C/E}$)。

链接

项目的财务分析与经济分析在《现代咨询方法与实务》科目中会详细说明。

典型例题

【单选题】项目经济分析(国民经济评价)的作用是(　　)。

A. 促进企业利益与国家利益完全一致

B. 促进稀缺资源在市场中均衡流动

C. 正确反映项目对社会福利的净贡献

D. 为企业合理配置自身资源提供依据

C。【解析】项目经济分析的作用见上文。

【单选题】关于经济分析中费用效果分析的说法,正确的是(　　)。

A. 费用效果分析不可用于财务分析

B. 费用与效果均不能进行货币量化计算

C. 费用效果分析应用于经济分析时,采用财务现金流量计算

D. 费用效果分析是判断项目费用有效性和项目经济合理性的分析方法

D。【解析】费用效果分析可用于财务分析和经济分析。故选项 A 错误。费用是指为项目所付出的经济利益,可以进行货币量化;效果是指由于项目带来的后果与影响,引起一系列的效能与效应,通常不能对其进行货币量化。故选项 B 错误。费用效果分析应用于经济分析时,采用经济费用效益流量计算;费用效果分析应用于财务分析时,采用财务现金流量计算。故选项 C 错误。

第四章　项目申请报告及其编制

第一节　项目申请报告的作用和分类

一、项目申请报告的作用

项目申请报告本质上是企业为执行政府对企业投资项目的核准要求，按规定报送的项目论证报告。

根据《企业投资项目核准和备案管理条例》，对关系国家安全、涉及全国重大生产力布局、战略性资源开发和重大公共利益等项目，实行核准管理。需要进行核准的项目，应当向核准机关提交项目申请报告。项目申请报告应当由具备相应工程资质的机构编制。

核准机关应当从下列方面对项目进行审查：

(1)是否危害经济安全、社会安全、生态安全等国家安全。

(2)是否符合相关发展建设规划、技术标准和产业政策。

(3)是否合理开发并有效利用资源。

(4)是否对重大公共利益产生不利影响。

项目申请报告的作用是根据政府要求，申报单位从政府公共管理的角度回复项目建设的外部性、公共性事项，从而为核准机关对项目进行核准做准备。前述事项包括保护生态环境、维护经济安全、保障公众利益、优化重大布局、合理开发利用资源、防止出现垄断等。

典型例题

【单选题】根据我国现行的投资管理规定，对关系国家安全、涉及全国重大生产力布局、战略性资源开发和重大公共利益等项目，实行(　　)。

A. 核准管理　　B. 备案管理

C. 特许经营　　D. 代建制管理

A。【解析】《企业投资项目核准和备案管理条例》第三条规定，对关系国家安全、涉及全国重大生产力布局、战略性资源开发和重大公共利益等项目，实行核准管理。具体项目范围以及核准机关、核准权限依照政府核准的投资项目目录执行。

二、项目申请报告的分类

根据资金来源和性质不同，项目申请报告分为以下三类：企业投资项目申请报告；外商投资项目申请报告；境外投资项目申请报告。具体内容见表4-1。

表4-1　项目申请报告的分类及其相关内容

类别	依据	内容	附件
企业投资项目申请报告	《企业核准和备案投资项目管理条例》《企业投资项目核准和备案管理办法》《政府核准投资项目管理办法》	(1)项目单位情况。 (2)拟建项目情况。 (3)资源利用和生态环境影响分析。 (4)经济和社会影响分析	(1)城乡规划行政主管部门出具的选址意见书(仅指以划拨方式提供国有土地使用权的项目)。 (2)现自然资源主管部门出具的用地(用海)预审意见(不涉及新增用地，在已批准的建设用地范围内进行改扩建的项目，可以不进行用地预审，但需提供已有土地使用权证)。 (3)属于重特大项目范围的，还应附送环境影响评价审批文件。 (4)根据有关法律的规定应当提交的其他文件
外商投资项目申请报告	《外商投资项目核准和备案管理办法》	(1)项目及投资方情况。 (2)资源利用情况和生态环境影响分析。 (3)经济和社会影响分析(注意：外国投资者并购境内企业项目申请报告应包括并购方情况、并购安排、融资方案和被并购方情况、被并购后经营方式、范围和股权结构、所得收入的使用安排等)	(1)中外投资各方的企业注册证明材料及经审计的最新企业财务报表(包括资产负债表、利润表和现金流量表)、开户银行出具的资金信用证明。 (2)投资意向书，增资、并购项目的公司董事会决议。 (3)城乡规划行政主管部门出具的选址意见书(仅指以划拨方式提供国有土地使用权的项目)。 (4)自然资源行政主管部门出具的用地预审意见(不涉及新增用地，在已批准的建设用地范围内进行改扩建的项目，可以不进行用地预审)。 (5)生态环境行政主管部门出具的环境影响评价审批文件。 (6)节能审查机关出具的节能审查意见。 (7)以国有资产出资的，需由有关主管部门出具的确认文件。 (8)根据有关法律法规的规定应当提交的其他文件
境外投资项目申请报告	《企业境外投资管理办法》	(1)投资主体情况。 (2)项目情况，包括项目名称、投资目的地、主要内容和规模、中方投资额等。 (3)项目对我国国家利益和国家安全的影响分析。 (4)投资主体关于项目真实性的声明	项目申请报告的通用文本以及应当附具的文件(简称“附件”)清单由国家发展改革委发布

（一）企业投资项目申请报告

企业投资项目，是指企业在中国境内投资建设的固定资产投资项目，包括企业使用自己筹措资金的项目，以及使用自己筹措的资金并申请使用政府投资补助或贷款贴息等的项目。

企业投资项目申请报告的编制必须严格依照《企业投资项目核准和备案管理条例》《企业投资项目核准和备案管理办法》执行。

组织编制和报送项目申请报告的项目单位，应当对项目申请报告以及依法应当附具文件的真实性、合法性和完整性负责。

项目申请报告可以由项目单位自行编写，也可以由项目单位自主委托具有相关经验和能力的工程咨询单位编写。任何单位和个人不得强制项目单位委托中介服务机构编制项目申请报告。项目单位或者其委托的工程咨询单位应当按照项目申请报告通用文本和行业示范文本的要求编写项目申请报告。工程咨询单位接受委托编制有关文件，应当做到依法、独立、客观、公正，对其编制的文件负责。

典型例题

【单选题】关于项目前期咨询评估的说法，正确的是（　　）。

A. 项目申请报告由政府委托有资质的工程咨询单位评估

B. 政府投资项目的可行性研究报告由编制单位委托有信誉的咨询机构评估

C. 企业委托工程咨询单位对项目可行性研究报告所作的评估报告是企业投资决策的依据之一

D. 项目申请报告应详细分析和论证市场前景、经济效益

C。**【解析】**项目申请报告可以由项目单位自行编写，也可以由项目单位自主委托具有相关经验和能力的工程咨询单位编写。任何单位和个人不得强制项目单位委托中介服务机构编制项目申请报告。故选项 A 错误。政府投资项目的可行性研究报告和项目建议书通常由有关投资主管部门在决策之前委托符合资质要求的工程咨询机构评估。故选项 B 错误。项目申请报告应重点从规划布局、资源利用、生态环境等方面进行论述，对于项目市场前景、经济效益等不必详细分析和论证。故选项 D 错误。

（二）外商投资项目申请报告

拟申请核准的外商投资项目（具体指中外合资、中外合作、外商独资、外商投资合伙、外商并购境内企业、外商投资企业增资及再投资项目等各类外商投资项目）应按《外商投资项目核准和备案管理办法》《鼓励外商投资产业目录》等国家有关要求编制项目申请报告。

1. 外商投资项目管理方式

外商投资项目管理分为核准和备案两种方式。

外商投资项目核准权限、范围按照国务院发布的《政府核准的投资项目目录》（以下简称《核准目录》）执行：

（1）《外商投资产业指导目录》中有中方控股（含相对控股）要求的总投资（含增资）3 亿美元及以上鼓励类项目，总投资（含增资）5 000 万美元及以上限制类（不含房地产）项目，由国家发展和改革委员会核准。

(2)《外商投资产业指导目录》限制类中的房地产项目和总投资(含增资)5 000 万美元以下的其他限制类项目,由省级政府核准。《外商投资产业指导目录》中有中方控股(含相对控股)要求的总投资(含增资)3 亿美元以下鼓励类项目,由地方政府核准。

(3)前两项规定之外的属于《核准目录》第一至十一项所列的外商投资项目,按照《核准目录》第一至十一项的规定核准。

(4)由地方政府核准的项目,省级政府可以根据本地实际情况具体划分地方各级政府的核准权限。由省级政府核准的项目,核准权限不得下放。项目核准机关,是指《核准目录》中规定的具有项目核准权限的行政机关。注意:根据最新的《政府核准的投资项目目录》《外商投资产业指导目录》中总投资(含增资)3 亿美元及以上限制类项目,由国务院投资主管部门核准,其中总投资(含增资)20 亿美元及以上项目报国务院备案。《外商投资产业指导目录》中总投资(含增资)3 亿美元以下限制类项目,由省级政府核准。

外商投资企业增资项目总投资以新增投资额计算,并购项目总投资以交易额计算。

外商投资涉及国家安全的,应当按照国家有关规定进行安全审查。

2. 项目核准

国家发展和改革委员会根据实际需要,编制并颁布项目申请报告通用文本、主要行业的项目申请报告示范文本、项目核准文件格式文本。对于应当由国家发展和改革委员会核准或者审核后报国务院核准的项目,国家发展和改革委员会制定并颁布《服务指南》,列明项目核准的申报材料和所需附件、受理方式、办理流程、办理时限等内容,为项目申报单位提供指导和服务。

项目核准机关在受理项目申请报告之日起 4 个工作日内,对需要进行评估论证的重点问题委托有资质的咨询机构进行评估论证,接受委托的咨询机构应在规定的时间内提出评估报告。对于可能会对公共利益造成重大影响的项目,项目核准机关在进行核准时应采取适当方式征求公众意见。对于特别重大的项目,可以实行专家评议制度。

对外商投资项目的核准条件是:

(1)符合国家有关法律法规和《鼓励外商投资产业目录》的规定。

(2)符合发展规划、产业政策及准入标准。

(3)合理开发并有效利用了资源。

(4)不影响国家安全和生态安全。

(5)对公众利益不产生重大不利影响。

(6)符合国家资本项目管理、外债管理的有关规定。

香港特别行政区、澳门特别行政区和台湾地区的投资者在祖国大陆举办的投资项目,参照《外商投资项目核准和备案管理办法》中的相关规定执行。外国投资者以人民币在境内投资的项目,按照《外商投资项目核准和备案管理办法》执行。

(三)境外投资项目申请报告

根据《企业境外投资管理办法》,境外投资是指中华人民共和国境内企业(以下称“投资主体”)直接或通过其控制的境外企业,以投入资产、权益或提供融资、担保等方式,获得境外所有权、控制权、经营管理权及其他相关权益的投资活动。

1. 境外投资项目核准和备案

实行核准管理的范围是投资主体直接或通过其控制的境外企业开展的敏感类项目。核准机关是国家发展改革委。

所称敏感类项目包括：

（1）涉及敏感国家和地区的项目。

（2）涉及敏感行业的项目。

所称敏感国家和地区包括：

（1）与我国未建交的国家和地区。

（2）发生战争、内乱的国家和地区。

（3）根据我国缔结或参加的国际条约、协定等，需要限制企业对其投资的国家和地区。

（4）其他敏感国家和地区。

所称敏感行业包括：

（1）武器装备的研制生产维修。

（2）跨境水资源开发利用。

（3）新闻传媒。

（4）根据我国法律法规和有关调控政策，需要限制企业境外投资的行业。敏感行业目录由国家发展改革委发布。

实行备案管理的范围是投资主体直接开展的非敏感类项目，即涉及投资主体直接投入资产、权益或提供融资、担保的非敏感类项目。实行备案管理的项目中，投资主体是中央管理企业（含中央管理金融企业、国务院或国务院所属机构直接管理的企业）的，备案机关是国家发展改革委；投资主体是地方企业，且中方投资额 3 亿美元及以上的，备案机关是国家发展改革委；投资主体是地方企业，且中方投资额 3 亿美元以下的，备案机关是投资主体注册地的省级政府发展改革部门。

所称非敏感类项目，是指不涉及敏感国家和地区且不涉及敏感行业的项目。所称中方投资额，是指投资主体直接以及通过其控制的境外企业为项目投入的货币、证券、实物、技术、知识产权、股权、债权等资产、权益以及提供融资、担保的总额。所称省级政府发展改革部门，包括各省、自治区、直辖市及计划单列市人民政府发展改革部门和新疆生产建设兵团发展改革部门。

两个以上投资主体共同开展的项目，应当由投资额较大一方在征求其他投资方书面同意后提出核准、备案申请。如各方投资额相等，应当协商一致后由其中一方提出核准、备案申请。

实行核准管理的项目，投资主体应当通过网络系统向核准机关提交项目申请报告并附具有关文件。其中，投资主体是中央管理企业的，由其集团公司或总公司向核准机关提交；投资主体是地方企业的，由其直接向核准机关提交。

核准机关对项目予以核准的条件为：

（1）不违反我国法律法规。

（2）不违反我国有关发展规划、宏观调控政策、产业政策和对外开放政策。

(3)不违反我国缔结或参加的国际条约、协定。

(4)不威胁、不损害我国国家利益和国家安全。

对符合核准条件的项目,核准机关应当予以核准,并向投资主体出具书面核准文件。对不符合核准条件的项目,核准机关应当出具不予核准书面通知,并说明不予核准的理由。

项目违反有关法律法规、违反有关规划或政策、违反有关国际条约或协定、威胁或损害我国国家利益和国家安全的,核准机关可以不经过征求意见、委托评估等程序,直接做出不予核准的决定。

实行备案管理的项目,投资主体应当通过网络系统向备案机关提交项目备案表并附具有关文件。其中,投资主体是中央管理企业的,由其集团公司或总公司向备案机关提交;投资主体是地方企业的,由其直接向备案机关提交。项目备案表格式文本及附件清单由国家发展改革委发布。

项目备案表和附件齐全、符合法定形式的,备案机关应当予以受理。项目备案表或附件不齐全、项目备案表或附件不符合法定形式、项目不属于备案管理范围、项目不属于备案机关管理权限的,备案机关应当在收到项目备案表之日起5个工作日内一次性告知投资主体。逾期不告知的,自收到项目备案表之日起即为受理。备案机关受理或不予受理项目备案表,都应当通过网络系统告知投资主体。投资主体需要受理或不予受理凭证的,可以通过网络系统自行打印或要求备案机关出具。

属于核准、备案管理范围的项目,投资主体未取得有效核准文件或备案通知书的,外汇管理、海关等有关部门依法不予办理相关手续,金融企业依法不予办理相关资金结算和融资业务。

已核准、备案的项目,发生下列情形之一的,投资主体应当在有关情形发生前向出具该项目核准文件或备案通知书的机关提出变更申请:

(1)投资主体增加或减少。

(2)投资地点发生重大变化。

(3)主要内容和规模发生重大变化。

(4)中方投资额变化幅度达到或超过原核准、备案金额的20%,或中方投资额变化1亿美元及以上。

(5)需要对项目核准文件或备案通知书有关内容进行重大调整的其他情形。

2. 境外投资监管

投资主体通过其控制的境外企业开展大额非敏感类项目的,投资主体应当在项目实施前通过网络系统提交大额非敏感类项目情况报告表,将有关信息告知国家发展改革委。投资主体提交的大额非敏感类项目情况报告表内容不完整的,国家发展改革委应当在收到之日起5个工作日内一次性告知投资主体需要补正的内容。逾期不告知的,视作内容完整。大额非敏感类项目情况报告表格式文本由国家发展改革委发布。所称大额非敏感类项目,是指中方投资额3亿美元及以上的非敏感类项目。

境外投资过程中发生外派人员重大伤亡、境外资产重大损失、损害我国与有关国家外交关系等重大不利情况的,投资主体应当在有关情况发生之日起5个工作日内通过网络系统提交重大不利情况报告表。重大不利情况报告表格式文本由国家发展改革委发布。

国家发展改革委、省级政府发展改革部门可以就境外投资过程中的重大事项向投资主体发出重大事项问询函。投资主体应当按照重大事项问询函载明的问询事项和时限要求提交书面报告。国家发展改革委、省级政府发展改革部门认为确有必要的，可以公示重大事项问询函及投资主体提交的书面报告。

典型例题

【单选题】关于境外投资及境外投资目录申请报告的描述，正确的是(　　)。

A. 所有境外投资项目均在核准管理范围内

B. 境外投资包括境内企业对境外项目的间接投资

C. 境外投资项目根据项目情况由国家发展改革委核准

D. 境外投资项目的申请报告包括项目对其所在地的安全影响分析

C。【解析】不是所有境外投资项目均在核准管理范围内。故选项 A 错误。境外投资是指中华人民共和国境内企业直接或通过其控制的境外企业，以投入资产、权益或提供融资、担保等方式，获得境外所有权、控制权、经营管理权及其他相关权益的投资活动。故选项 B 错误。境外投资项目的申请报告包括项目对我国国家利益和国家安全的影响分析，不包括项目对其所在地的安全影响分析。故选项 D 错误。

第二节　项目申请报告的编制要求

《国家发展改革委关于发布项目申请报告通用文本的通知》指出，为指导企业做好项目申请报告的编写工作，规范项目核准机关核准行为，根据《企业投资项目核准和备案管理办法》和《外商投资项目核准和备案管理办法》有关规定，编制项目申请报告通用文本的要求如下：

(1)项目申请报告通用文本是对项目申请报告编写内容及深度的一般要求。关于《项目申请报告通用文本》的说明，是对通用文本的解释和阐述。在编写、审核项目申请报告时，应同时借鉴和参考通用文本及说明的有关内容。

(2)企业在组织编写具体项目的申请报告时，可根据拟建项目的实际情况，对通用文本中所要求的内容进行适当调整。如果拟建项目不涉及其中有关内容，可以在说明情况后，不进行相关分析。

(3)项目核准机关在核准企业投资项目时，应严格按照《企业投资项目核准和备案管理办法》和《外商投资项目核准和备案管理办法》要求，在落实企业投资自主权的基础上，从维护社会公共利益的角度，对企业投资项目的“外部性”条件进行审查和把关，从是否危害经济安全、社会安全、生态安全等国家安全，是否符合相关发展建设规划、技术标准和产业政策，是否合理开发并有效利用资源，是否对重大公共利益产生不利影响这些方面进行审查。项目的市场前景、经济效益、资金来源、产品技术方案等内部性条件，均应当由企业自主决策，项目核准机关不得干预企业的投资自主权。

(4)按照国家有关法律、行政法规的规定,企业向项目核准机关报送项目申请报告时,已经有关部门根据职能分工依法审查规划选址、土地利用等方面内容的,应以有关部门出具的前置审批文件为准,不再作为项目核准机关的实质性审查内容,项目申请报告也不再对相关内容进行实质性分析。列入《不单独进行节能审查的行业目录》范围内的项目,应在项目申请报告中对项目能源利用情况、节能措施情况和能效水平进行分析。

(5)为适应各行业的具体情况,相应的项目核准机关应参照本通用文本制定主要行业的项目申请报告示范文本。主要行业的示范文本既要遵循通用本的一般要求,又要充分反映行业特殊情况,可根据实际需要对通用本的内容进行合理调整。

(6)此次所发布的项目申请报告通用文本,适用于各类企业在我国境内建设的企业投资项目(包括外商投资项目)。境外投资项目申请报告的文本另行编制。

(7)按照《招标投标法实施条例》《工程建设项目申报材料增加招标内容和核准招标事项暂行规定》的要求,凡需报我委核准招标内容的企业投资项目,应在提交项目申请报告时附具有关招标内容。

提示

项目申请报告的编制依据有:

(1)相关法律、法规、文件等。

(2)投标、并购、合资合作项目的特殊要求。

(3)项目可行性研究报告、专项报告及相应的审查意见。

(4)项目申请报告编制前的审批事项。

(5)核准招标内容的企业投资项目,应附相关招标内容。

第三节 项目申请报告的编制内容

一、项目申请报告的编制内容

(一)项目单位及拟建项目情况

项目单位及拟建设项目情况主要包括:

(1)项目单位情况。包括项目单位的主营业务、营业期限、资产负债、企业投资人(或者股东)构成、主要投资项目、现有生产能力、项目单位近几年信用情况等内容。

(2)拟建项目情况。包括拟建项目的建设背景、建设地点、主要建设内容、建设(开发)规模与产品方案、工程技术方案、主要设备选型、配套公用辅助工程、投资规模和资金筹措方案等。拟建项目与国民经济和社会发展总体规划、主体功能区规划、专项规划、区域规划等相关规划衔接和协调情况,拟建项目的产业政策、技术标准和行业准入分析。拟建项目取得规划选址、土地利用等前置性要件的情况。

链接

拟建项目情况，应从规划符合性，产业政策符合性，技术标准和行业准入符合性，以及应取得的必要的相关前置性条件等方面进行描述。

（二）资源开发及综合利用分析

资源开发及综合利用分析主要包括：

（1）资源开发方案。资源开发类项目，包括对金属矿、煤矿、石油天然气矿、建材矿以及水（力）、森林等资源的开发，应分析拟开发资源的可开发量、自然品质、赋存条件、开发价值等，评价是否符合资源综合利用的要求。

（2）资源利用方案。包括项目需要占用的重要资源品种、数量及来源情况；多金属、多用途化学元素共生矿、伴生矿、尾矿以及油气混合矿等的资源综合利用方案；通过对单位生产能力主要资源消耗量指标的对比分析，评价资源利用效率的先进程度；分析评价项目建设是否会对地表（下）水等其他资源造成不利影响。

（3）资源节约措施。阐述项目方案中作为原材料的各类金属矿、非金属矿及能源和水资源节约以及项目废弃物综合利用等的主要措施方案。对拟建项目的资源能源消耗指标进行分析，阐述在提高资源能源利用效率、降低资源能源消耗、实现资源能源再利用与再循环等方面的主要措施，论证是否符合能耗准入标准及资源节约和有效利用的相关要求。

（三）生态环境影响分析

生态环境影响分析主要包括：

（1）生态环境现状。包括项目场址的自然生态系统状况、资源承载力、环境条件、现有污染物情况和环境容量状况等，明确项目建设是否涉及生态保护红线以及与相关规划环评结论的相符性。

（2）生态环境影响分析。包括生态破坏、特种威胁、排放污染物类型、排放量情况分析，水土流失预测，对生态环境的影响因素和影响程度，对流域和区域生态系统及环境的综合影响。

（3）生态环境保护措施。按照有关生态环境保护修复、水土保持的政策法规要求，对可能造成的生态环境损害提出治理措施，对治理方案的可行性、治理效果进行分析论证。根据项目情况，提出污染防治措施方案并进行可行性分析论证。

（4）特殊环境影响。分析拟建项目对历史文化遗产、自然遗产、自然保护区、森林公园、重要湿地、风景名胜和自然景观等可能造成的不利影响，并提出保护措施。

（四）经济影响分析

经济影响分析主要包括：

（1）社会经济费用效益或费用效果分析。从资源综合利用和生态环境影响等角度，评价拟建项目的经济合理性。

（2）行业影响分析。阐述行业现状的基本情况以及企业在行业中所处地位，分析拟建项目对所在行业及关联产业发展的影响，尤其对产能过剩行业注重宏观总量分析影响，避免资源浪费和加剧生态环境恶化，并对是否可能导致垄断，是否符合重大生产力布局等进行论证。

(3)区域经济影响分析。对于区域经济可能产生重大影响的项目，应从区域经济发展、产业空间布局、当地财政收支、社会收入分配、市场竞争结构、对当地产业支撑作用和贡献等角度进行分析论证。

(4)宏观经济影响分析。投资规模巨大、对国民经济有重大影响的项目，应进行宏观经济影响分析。涉及国家经济安全的项目，应分析拟建项目对经济安全的影响，提出维护经济安全的措施。

(五)社会影响分析

社会影响分析主要包括：

(1)社会影响效果分析。阐述拟建项目的建设及运营活动对项目所在地可能产生的社会影响和社会效益。其中要对就业效果进行重点分析。

(2)社会适应性分析。分析拟建项目能否为当地的社会环境、人文条件所接纳，评价该项目与当地社会环境的相互适应性，提出改进性方案。

(3)社会稳定风险分析。重点针对拟建项目直接关系人民群众切实利益且涉及面广、容易引发的社会稳定问题，在风险调查、风险识别、风险估计、提出风险防范和化解措施、判断风险等级基础上，从合法性、合理性、可行性和可控性等方面进行分析。

(4)其他社会风险及对策分析。针对项目建设所涉及的其他社会因素进行社会风险分析，提出协调项目与当地社会关系、规避社会风险、促进项目顺利实施的措施方案。

二、项目申请报告的编写说明

(一)"项目单位及拟建项目情况"的编写说明

全面了解和掌握项目申报单位及拟建项目的基本情况，是项目核准机关对拟建项目进行分析评价以决定是否予以核准的前提和基础。因此，对项目申报单位及拟建项目基本情况的介绍，在项目申请报告的编写中占有非常重要的地位。

通过对项目申报单位的主营业务、营业期限、资产负债、企业投资人构成、主要投资项目情况、现有生产能力、近几年信用情况等内容的阐述，为项目核准机关分析判断项目申报单位是否具备承担拟建项目的资格、是否符合有关的市场准入条件等提供依据。

通过对拟建项目的建设背景、建设地点、主要建设内容和规模、产品和工程技术方案、主要设备选型和配套工程、投资规模和资金筹措方案等内容的阐述，为项目核准机关对拟建项目的相关核准事项进行分析、评价奠定基础和前提。

在规划方面，应阐述国民经济和社会发展总体规划、主体功能区规划、区域规划、城镇体系规划、城市或镇总体规划、行业发展规划等各类规划与拟建项目密切相关的内容。在产业政策方面，对照有关法律法规、产业政策的规定和要求，阐述与拟建项目相关的产业结构调整、产业发展方向、产业空间布局、行业规范条件、产业技术政策等内容。在技术标准和行业准入方面，阐述与拟建项目相关的技术标准、行业准入政策、准入标准等内容。在取得相关前置性要件情况方面，阐述拟建项目取得规划选址、土地利用等前置性要件的情况。

（二）“资源开发及综合利用分析”的编写说明

合理开发并有效利用资源，是贯彻落实科学发展观的重要内容。对于开发和利用重要资源的企业投资项目，要从建设节约型社会、发展循环经济等角度，对资源开发、利用的合理性和有效性进行分析论证。

对于资源开发类项目，要阐述资源储量和品质勘探情况，论述拟开发资源的可开发量、自然品质、赋存条件、开发价值等，分析评价项目建设方案是否符合有关资源开发利用的可持续发展战略要求，是否符合保护资源环境的政策规定，是否符合资源开发总体规划及综合利用的相关要求。在资源开发方案的分析评价中，应重视对资源开发的规模效益和使用效率分析，限制盲目开发，避免出现资源开采中的浪费现象；分析拟采用的开采设备和技术方案是否符合提高资源开发利用效率的要求；评价资源开发方案是否符合改善资源环境及促进相关产业发展的政策要求。

资源开发利用应以资源开发总体规划为依据，在总体规划的要求和框架下进行。矿产资源开发方案必须阐述所在地的资源状况和地质条件，对于重点矿种、重点矿区及大中型矿区，应以开采规划条件为依据优化开采空间布局，细化区域，加强控制；对于小型矿区，应避免过度开采和随意挖掘。资源开采项目应考虑地表沉陷治理相关问题，应特别关注工程安全分析，在开采方案中应对影响项目安全的主要因素及其安全防范措施进行阐述。为了保证经济和社会的可持续发展，资源开发利用必须考虑资源承载力。资源条件通常由项目所在位置及境界、资源的自然品质、资源的赋存条件、资源的勘探程度、资源储量等组成。资源开发方案应明确资源开采规模、资源开拓方式、开采方案、主要设备选型、加工工艺方案、产品方案等内容。

对于需要占用重要资源或消耗大量资源的建设项目，应阐述项目需要占用的资源品种和数量，提出资源供应方案；涉及多金属、多用途化学元素共生矿、伴生矿以及油气混合矿等情况的，应根据资源特征提出合理的综合利用方案，做到物尽其用；通过对单位生产能力主要资源消耗量、资源循环再生利用率等指标的国内外先进水平对比分析，评价拟建项目资源利用效率的先进性和合理性；分析评价资源综合利用方案是否符合发展循环经济、建设节约型社会的要求；分析资源利用是否会对地表（下）水等其他资源造成不利影响，以提高资源利用综合效率。

在资源利用分析中，应对资源节约措施进行分析评价。对于耗水量大或严重依赖水资源的建设项目，以及涉及主要金属矿、非金属矿开发利用的建设项目，应对节水措施及相应的金属矿、非金属矿等原材料节约方案进行专题论证，分析拟建项目的资源消耗指标，阐述工程建设方案是否符合资源节约综合利用政策及相关专项规划的要求，就如何提高资源利用效率、降低资源消耗、实现资源能源再利用与再循环提出对策措施。

（三）“生态环境影响分析”的编写说明

为保护生态环境和自然文化遗产，维护公共利益，对于可能对环境产生重要影响的企业投资项目，应从防治污染、保护生态环境等角度进行环境和生态影响的分析评价，确保生态环境和自然文化遗产在项目建设和运营过程中得到有效保护，并避免出现由于项目建设实施而引发的地质灾害等问题。

生态和环境现状。应通过阐述项目场址的自然生态系统状况、资源承载力、环境条件、现有污染物情况、特殊环境条件及环境容量状况等基本情况，为拟建项目的环境和生态影响分析提供依据。

自然环境状况调查应包括地形地貌、气候与气象、地质、水文、大气等影响参数与数据。生态环境状况调查包括森林草原植被、农作物、水产、矿藏、动物栖息、水土流失等内容。历史文化遗产调查包括遗址、建筑群、文物等内容。

拟建项目对生态环境的影响。应分析拟建项目在工程建设和投入运营过程中对环境可能产生的破坏因素以及对环境的影响程度，包括废气、废水、固体废弃物、噪声、粉尘和其他废弃物的排放数量，水土流失情况，对地形、地貌、植被及整个流域和区域环境及生态系统的综合影响等。

污染物排放对生态的影响分析应包括污染源、污染物、污染程度等内容。生态影响有污染影响和非污染影响之分。生态影响分析应从环境与经济概况、生态系统类型及特点、植被物种多样性、植被类型及种类、植被区系成分、资源植物状况、植被恢复预测等多方面进行。若项目建设可能产生水流失影响，则应重点从森林覆盖率、旱坡耕地垦殖率、人口密度等方面进行水土流失影响分析。

生态环境保护措施的分析。应从减少污染排放、防止水土流失、强化污染治理、促进清洁生产、保持生态环境可持续能力的角度，按照国家有关生态环境保护修复、水土保持的政策法规要求，对项目实施可能造成的生态环境损害提出保护措施，对环境影响治理和水土保持方案的工程可行性和治理效果进行分析评价。治理措施方案的制定，应反映不同污染源和污染排放物及其他环境影响因素的性质特点，所采用的技术和设备应满足先进性、适用性、可靠性等要求；环境治理方案应符合发展循环经济的要求，对项目产生的废气、废水、固体废弃物等，提出回收处理和再利用方案；污染治理效果应能满足达标排放的有关要求。涉及水土保持的建设项目，还应包括水土保持方案的内容。

对于历史文化遗产、自然遗产、自然保护区、森林公园、重要湿地、风景名胜和自然景观等特殊环境，应分析项目建设可能产生的影响，研究论证影响因素、影响程度，提出保护措施，并论证保护措施的可行性。

（四）“经济影响分析”的编写说明

企业投资项目的财务评价，主要是进行财务盈利能力和债务清偿能力分析。而经济影响分析，则是对投资项目所耗费的社会资源及其产生的经济效果进行论证，分析项目对行业发展、区域和宏观经济的影响，从而判断拟建项目的经济合理性。

对于产出物不具备实物形态且明显涉及公众利益的无形产品项目，如水利水电、交通运输、市政建设、医疗卫生等公共基础设施项目，以及具有明显外部性影响的有形产品项目，如污染严重的工业产品项目，应进行经济费用效益或费用效果分析，对社会为项目的建设实施和运营所付出的各类费用以及项目所产生的各种效益，进行全面的识别和评价。如果项目的经济费用和效益能够进行货币量化，应编制经济费用效益流量表，计算经济净现值（*ENPV*）、经济内部效益率（*EIRR*）等经济评价指标，评价项目投资的经济合理性。对于产出效果难以进行货币量化的项目，应尽可能地采用非货币的量纲进行量化，采用费用效果分析的方法分析评价项目建设的经济合理性。难以进行量化分析的，应进行定性分析描述。

对于在行业内具有重要地位、影响行业未来发展的重大投资项目，应进行行业影响分析，评价拟建项目对所在行业及关联产业发展的影响，包括产业结构调整、行业技术进步、行业竞争格局等主要内容，特别要对是否可能形成行业垄断进行分析评价。

对区域经济可能产生重大影响的项目，应进行区域经济影响分析，重点分析项目对区域经济发展、产业空间布局、当地财政收支、社会收入分配、市场竞争结构等方面的影响，为分析投资项目与区域经济发展的关联性及融合程度提供依据。对于投资规模巨大、可能对国民经济产生重大影响的基础设施、科技创新、战略性资源开发等项目，应从国民经济整体发展角度，进行宏观经济影响分析，如对国家产业结构调整和升级、重大产业布局、重要产业的国际竞争力以及区域之间协调发展的影响分析等。

对于涉及国家经济安全的重大项目，应从维护国家利益、保证国家产业发展及经济运行免受侵害的角度，结合资源、技术、资金、市场等方面的分析，进行投资项目的经济安全分析。内容包括：

（1）产业技术安全，分析项目采用的关键技术是否受制于人，是否拥有自主知识产权，在技术壁垒方面的风险等。

（2）资源供应安全，阐述项目所需要的重要资源来源，分析该资源受国际市场供求格局和价格变化的影响情况，以及现有垄断格局、运输线路安全保障等问题。

（3）资本控制安全，分析项目的股权控制结构，中方资本对关键产业的资本控制能力，是否存在外资的不适当进入可能造成的垄断、不正当竞争等风险。

（4）产业成长安全，结合我国相关产业发展现状，分析拟建项目是否有利于推动国家相关产业成长、提升国际竞争力、规避产业成长风险。

（5）市场环境安全，分析国外为了保护本地市场，采用反倾销等贸易救济措施和知识产权保护、技术性贸易壁垒等手段，对拟建项目相关产业发展设置障碍的情况；分析国际市场对相关产业生存环境的影响。

典型例题

【单选题】涉及国家经济安全的重大项目分析内容中，属于经济安全分析内容的是（　）。

A. 产业技术安全分析　　B. 社会造价安全分析

C. 资本供应安全分析　　D. 生态环境安全分析

A。【解析】对于涉及国家经济安全的重大项目，应从维护国家利益、保证国家产业发展及经济运行免受侵害的角度，结合资源、技术、资金、市场等方面的分析，进行投资项目的经济安全分析。内容包括：产业技术安全分析；资源供应安全分析；资本控制安全分析；产业成长安全分析；市场环境安全分析。

（五）“社会影响分析”的编写说明

对于因征地拆迁等可能产生重要社会影响的项目，以及扶贫、区域综合开发、文化教育、公共卫生等具有明显社会发展目标的项目，应从维护公共利益、构建和谐社会、落实以人为本的科学发展观等角度，进行社会影响分析评价。

社会影响效果分析，应阐述与项目建设实施相关的社会经济调查内容及主要结论，分析项目所产生的社会影响效果的种类、范围、涉及的主要社会组织和群体等。重点阐述：

(1)社会影响区域范围的界定。社会评价的区域范围应能涵盖所有潜在影响的社会因素，不应受行政区划等因素的限制。

(2)区域内受项目影响的机构和人群的识别，包括各类直接或间接受益群体，也包括可能受到潜在负面影响的群体。

(3)分析项目可能导致的各种社会影响效果，包括直接影响效果和间接影响效果，如增加就业、社会保障、劳动力培训、卫生保健、社区服务等，并分析哪些是主要影响效果，哪些是次要影响效果。就业效果分析要具体分析就业岗位、人数、来源、社保福利和素质提升等内容。

社会适应性分析，应确定项目的主要利益相关者，分析利益相关者的需求，研究目标人群对项目建设内容的认可和接受程度，评价各利益相关者的重要性和影响力，阐述各利益相关者参与项目方案确定、实施管理和监测评价的措施方案，以提高当地居民等利益相关者对项目的支持程度，确保拟建项目能够为当地社会环境、人文条件所接纳，提高拟建项目与当地社会环境的相互适应性。

社会风险及对策分析，应在确认项目有负面社会影响的情况下，提出协调项目与当地的社会关系，避免项目投资建设或运营管理过程中可能存在的冲突和各种潜在社会风险，解决相关社会问题，减轻负面社会影响的措施方案。社会稳定风险分析篇章的编写请参照《国家发展改革委办公厅关于印发重大固定资产投资项目社会稳定风险分析篇章和评估报告编制大纲(试行)的通知》。社会风险可能来源于公众态度、社会治安、宗教信仰、文化素质等方面，应重点关注社会风险的持续时间和影响程度。

三、境外投资者并购境内企业项目申请报告的编制内容

境外投资者并购境内企业项目申请报告应重点编制以下内容：

(1)并购方情况，包括近年投资人或企业基本情况、在中国大陆投资情况及拥有实际控制权的同行业企业产品或服务的市场占有率、公司业绩等。

(2)被并购方情况，包括近年企业基本情况、生产经营现状、业务和产品结构、债权债务关系和资产评估情况等。

(3)并购方案，包括并购理由、并购方式、股权结构及实际控制权变化、债权债务关系变化、融资安排、职工安排、资产处置等。

(4)并购后企业的治理结构、经营方式、业务范围、产品结构，被并购方及其股东所得收入的使用安排。

(5)有关法律法规和规章要求的其他内容。

第五章　资金申请报告及其编制

第一节　资金申请报告的作用和分类

一、资金申请报告的作用

资金申请报告是指企业为获得政府专项资金支持、财政专项资金支持、外国政府贷款、国际金融组织贷款而编制的向有关政府提供的一种申请文件。

政府资金支持包括投资、无偿补助、奖励、转贷和贷款贴息等方式，需要此类政府资金支持的项目，政府只审批资金申请报告。项目申请使用政府投资补助、贷款贴息的，应在履行核准或备案手续后，提出资金申请报告。

项目申报单位编制项目资金申请报告时，应根据政府要求，从资金合理使用的角度回复拟建项目的合规性、项目财务的可行性、承担项目的能力以及拟建项目的贡献和影响（从经济、资源、社会、环境等方面）。这便是项目资金申请报告的主要作用。

对于不同的资金来源，项目资金申请报告一般有所差异。国家级的政府专项资金一般都有明确的内容和深度要求，对于省级政府专项资金，无明确要求时，可以参照国家级要求编制，并做适当简化。而为获得国际金融组织或者国外贷款的项目，一般具有一些特殊的要求。

链接

项目申请报告具有较强的技术性、时效性、政策性。

典型例题

【单选题】关于资金申请报告编制内容的说法，正确的是（　　）。

A. 重点对社会影响进行分析

B. 无需财务分析

C. 报告分析中应提出申请资金数额及理由

D. 应说明政府对采购规模的要求

C。【解析】资金申请报告的作用之一是申报单位向政府阐述拟建项目对社会、资源、环境等带来的贡献和造成的影响，并不是对社会影响进行重点分析。故选项 A 错误。资金申请报告的内容包括项目单位的基本情况和财务状况。故选项 B 错误。资金申请报告中对政府采购规模没有要求。故选项 D 错误。项目资金申请报告主要内容会在后边章节详细介绍。

二、资金申请报告的分类

根据资金来源和性质的不同，目前国内的资金申请报告主要分为三类，分别为财政补贴性资金支持项目资金申请报告、高技术产业化项目资金申请报告、国际金融组织贷款项目资金申请报告。

（一）财政补贴性资金支持项目资金申请报告

根据《中央预算内投资补助和贴息项目管理办法》，投资补助，是指国家发展改革委对符合条件的地方政府投资项目和企业投资项目给予的投资资金补助。贴息是指国家发展改革委对符合条件，使用了中长期贷款的投资项目给予的贷款利息补贴。投资补助和贴息资金均为无偿投入。

投资补助和贴息资金重点用于市场不能有效配置资源，需要政府支持的经济和社会领域。具体包括：

(1)社会公益服务和公共基础设施。

(2)农业和农村。

(3)生态环境保护和修复。

(4)重大科技进步。

(5)社会管理和国家安全。

(6)符合国家有关规定的其他公共领域。

财政补贴性资金支持项目资金申请报告具体内容见表5-1。

表5-1　财政补贴性资金支持项目资金申请报告具体内容

项目	内容
依据	《中央预算内投资补助和贴息项目管理办法》
内容	(1)项目单位的基本情况。 (2)项目的基本情况，包括在线平台生成的项目代码、建设内容、总投资及资金来源、建设条件落实情况等。 (3)项目列入三年滚动投资计划，并通过在线平台完成审批(核准、备案)情况。 (4)申请投资补助或者贴息资金的主要理由和政策依据。 (5)工作方案或管理办法要求提供的其他内容
附件	(1)政府投资项目的可行性研究报告批准文件。 (2)企业投资项目的核准文件或备案证明。 (3)规划部门出具的规划选址意见。 (4)自然资源部门出具的项目用地预审意见。 (5)环保部门(现生态环境部门)出具的环境影响评价文件的审批意见。 (6)申请贴息的项目还须出具项目单位与有关金融机构签订的贷款协议或合同。 (7)项目单位对资金申请报告内容和附属文件真实性负责的声明。 (8)国家发展改革委要求提供的其他文件

资金申请报告由需要申请投资补助或者贴息资金的项目单位提出，按程序报送项目汇总申报单位。项目汇总申报单位应当对资金申请报告提出审核意见，并汇总报送国家发展改革委。资金申请报告可以单独报送，或者与年度投资计划申请合并报送。各省、自治区、直辖市和计划单列市、新疆生产建设兵团发展改革委（以下简称省级发展改革委）、计划单列企业集团和中央管理企业等为项目汇总申报单位。

批复资金申请报告应当确定给予项目的投资补助或者贴息金额，并根据项目实施和资金安排情况，一次或者分次下达投资计划。

采用贴息方式的，贴息资金总额根据项目符合贴息条件的贷款总额、当年贴息率和贴息年限计算确定。贴息率应当不高于当期银行中长期贷款利率的上限。

典型例题

【多选题】关于财政补贴性资金项目，资金申请报告正确的有（　　）。

A. 资金申请报告应提出投资补助或贴息的理由

B. 资金申请报告根据项目的大小，应有招标方案或招标书

C. 备案项目报送资金申请报告时应提供备案证明

D. 新征土地时，应提交有关部出具的预审意见作为附件

E. 使用财政补贴性资金时，其他应全部为资本金

ABC。【解析】财政补贴性资金支持项目资金申请报告应具备的内容详见上文。

（二）高技术产业化项目资金申请报告

高技术产业化项目资金申请报告应执行《高技术产业发展项目中央预算内投资（补助）暂行管理办法》等有关规定。

国家高技术项目包括：

（1）国家高技术产业化项目（以下简称“产业化项目”），是指以关键技术的工程化集成、示范为主要内容，或以规模化应用为目标的科技自主创新成果转化项目。

（2）国家重大技术装备研制和重大产业技术开发项目（以下简称“研制开发项目”），是指国家重点建设工程需要的重大技术装备研制项目和重点产业结构优化升级所急需的产业共性、关键技术研发项目。

（3）国家产业技术创新能力建设项目，是指以突破产业发展的技术瓶颈、提高重大科技成果工程化、产业化研发及验证能力为目标的国家工程实验室建设项目（以下简称“工程实验室项目”）和国家工程研究中心建设项目（以下简称“工程中心项目”），以及以提高企业技术创新能力为目标的国家认定企业技术中心建设项目（以下简称“技术中心项目”）。

（4）国家高技术产业技术升级和结构调整项目，是指以先进的技术、工艺和设备改造落后的生产条件为主要内容，以推进信息产业、生物产业、民用航空航天产业扩大规模，促进产业结构优化升级和以信息化带动工业化，积极发展电子商务和企业信息化为目标的建设项目。

（5）其他国家高技术产业发展项目。

另外，在发改高技规文件中，所称高技术产业发展项目包括：

（1）创新能力建设类项目，是指以突破产业发展技术瓶颈，提高重点产业核心技术工程

化研发及验证能力，支撑产业化发展为目标的项目。

(2)双创平台类项目，是指以技术合作交流、知识产权运营、公共技术服务与测试、创业信息和中介服务、创业人才教育和培训、创业培育和孵化、创业国际合作等为目标，有力助推双创发展的支撑平台项目。

(3)"互联网＋"和大数据类试点工程，是指利用物联网、云计算、大数据、下一代互联网、移动互联网等新一代信息技术，加强公益性、基础性、战略性公共服务平台建设，围绕探索完善适应"互联网＋"和大数据发展的创新试点工程。

(4)信息基础设施类项目，是指以建设泛在高效的信息网络为目标，完善新一代高速光纤网络、构建先进泛在的无线宽带网络、加快信息网络新技术开发应用、支撑基础薄弱区域宽带发展的项目。

(5)区域产业集群类项目，是指集聚高技术产业资源，以推动区域高技术产业和战略性新兴产业发展为目标的产业集聚示范项目。

(6)其他高技术产业发展项目。

以上两种分类方法可以结合应用。

项目单位应根据相关规定，编制项目资金申请报告。项目资金申请报告的具体要求由项目公告或通知具体规定。

高技术产业化项目资金申请报告具体内容见表5-2。

表5-2　高技术产业化项目资金申请报告具体内容

项目	内容
依据	《国家高技术产业发展项目管理暂行办法》
内容	(1)项目单位的基本情况和财务状况。 (2)项目的基本情况，包括项目背景、项目建设(研发)内容、总投资及资金来源、技术工艺、各项建设(研发)条件落实情况等。 (3)申请国家补贴资金的主要理由和政策依据。 (4)项目招标内容(适用于申请国家补贴资金500万元及以上的投资项目)。 (5)国家发展改革委项目公告或通知要求提供的其他内容
附件	(1)政府投资项目的可行性研究报告批准文件或企业投资项目的核准或备案的批准文件。 (2)技术来源及技术先进性的有关证明文件。 (3)城乡规划部门出具的城市规划选址意见(适用于城市规划区域内的投资项目)。 (4)国土资源部门(现自然资源部门)出具的项目用地预审意见。 (5)环保部门(现生态环境部门)出具的环境影响评价文件的审批意见。 (6)金融机构出具的贷款承诺，申请贴息的项目还须出具项目单位与有关金融机构签订的贷款协议或合同。 (7)项目单位对项目资金申请报告内容和附属文件真实性负责的声明。 (8)国家发展改革委项目公告或通知要求提供的其他文件

对项目主管部门报送的项目资金申请报告，国家发展改革委组织专家组进行专家评审或委托咨询机构进行评估，必要时可征求国务院有关部门或地方政府的意见。专家组应由专业性、权威性、代表性、中立性，且与项目无重大相关利益的专家组成。专家组应科学、客

观、公正地评审项目。专家评审或咨询机构评估应主要从以下方面对项目进行评审评估:

(1)项目技术的先进性和适用性。

(2)项目对相关产业的优化升级具有的带动作用。

(3)项目单位的经营能力和技术开发能力。

(4)项目的市场前景和经济效益。

(5)项目实施方案的可行性。

(6)国家发展改革委项目公告或通知的其他要求。

国家发展改革委按照科学、公平、择优的原则,根据专家评审意见或咨询机构的评估意见,综合考虑国务院有关部门和地方政府的意见,审查批复项目资金申请报告,并将项目的评审评估意见和审批结果以适当的方式告知项目主管部门。项目资金申请报告的批复文件是下达国家补贴资金的依据,应包括项目实施的总体目标、国家补贴资金额度和资金使用方向。批复文件可单独办理,也可集中办理。国家发展改革委主要从以下方面对项目资金申请报告进行审查:

(1)符合中央预算内资金的使用方向。

(2)符合项目公告或通知的有关要求。

(3)符合国家补贴资金的安排原则。

(4)提交的相关文件齐备、有效。

(5)项目的主要建设(研发)条件基本落实。

(6)符合国家发展改革委要求的其他条件。

单个国家高技术项目的国家补贴资金原则上均为一次性安排。对于已经安排国家补贴资金的国家高技术项目,国家发展改革委不再重复受理其资金申请报告。

国家高技术项目的资金来源包括项目单位的自有资金、国家补贴资金、国务院有关部门或地方政府配套资金、银行贷款,以及项目单位筹集的其他资金。项目资金原则上以项目单位自筹为主,国家采用资金补贴的方式予以支持。

项目单位筹集的项目资本金或研发项目的自有资金不得低于项目新增投资的30%。项目资本金来源包括项目单位可用于项目的现金、发行股票筹集的资金、新老股东增资扩股资金、资产变现的资金等。

国家补贴资金分为投资补助和贷款贴息补助两类。国家投资补助应根据项目的重要性、风险程度以及产业发展、区域布局等要求,分档给予补助支持。贷款贴息补助的贴息率不超过当期银行中长期贷款利率。贴息资金总额根据项目符合贴息条件的银行贷款总额、当年贴息率和贴息年限计算确定,原则上按项目的实施进度和贷款的实际发生额分期安排贴息资金。国家补贴资金主要用于项目的研究开发、购置研究开发及工程化所需的仪器设备、改善工艺设备和测试条件、建设产业化或工程化验证成套装置和试验装置、建设必要的配套基础设施、购置必要的技术、软件等。

所有国家高技术项目应按照国家有关招标投标的法律法规做好招标工作。其中,对于使用国家补贴资金500万元及以上的项目,要严格按照国家发展改革委核准的项目招标内容和有关招标投标的法律法规开展招标工作。

典型例题

【单选题】高科技产业化项目资金申请报告编制提纲的内容不包括(　　)。

A. 项目产品竞争能力预测

B. 项目投资预算及资金使用计划

C. 项目补助资金申请方案

D. 项目单位人员组成情况

C。【解析】高科技产业化项目资金申请报告编制提纲内容包括总论、项目技术成果的先进性分析、项目实施方案分析(投资预算与资金筹措)、项目预期效益分析及项目支撑条件分析。其中,项目产品竞争能力预测属于项目实施方案分析;项目投资预算及资金使用计划属于投资预算与资金筹措,即属于项目实施方案分析;项目单位人员组成情况属于项目支撑条件分析。

(三)国际金融组织贷款项目资金申请报告

国际金融组织贷款项目资金申请报告的编制依据主要是《国际金融组织和外国政府贷款投资项目管理暂行办法》等文件。

国际金融组织和外国政府贷款(以下简称国外贷款)是指借用世界银行、亚洲开发银行、国际农业发展基金会等国际金融组织贷款和外国政府贷款及与贷款混合使用的赠款、联合融资等。

项目纳入国外贷款备选项目规划并完成审批、核准或备案手续后,项目用款单位须向所在地省级发展改革部门提出项目资金申请报告。项目资金申请报告由省级发展改革部门初审后,报国务院发展改革部门审批。国务院行业主管部门、计划单列企业集团和中央管理企业的项目资金申请报告,直接报国务院发展改革部门审批。由国务院及国务院发展改革部门审批的项目可行性研究报告,可行性研究报告中应当包括项目资金申请报告内容,不再单独审批项目资金申请报告。

国际金融组织贷款项目资金申请报告具体内容见表5-3。

表5-3　国际金融组织贷款项目资金申请报告具体内容

项目	内容
依据	《国际金融组织和外国政府贷款投资项目管理暂行办法》
内容	(1)项目概况,包括项目建设规模及内容、总投资、资本金、国外贷款及其他资金、项目业主、项目执行机构、项目建设期。 (2)国外贷款来源及条件,包括国外贷款机构或贷款国别、还款期、宽限期、利率、承诺费等。 (3)项目对外工作进展情况。 (4)贷款使用范围,包括贷款用于土建、设备、材料、咨询和培训等的资金安排。 (5)设备和材料采购清单及采购方式,包括主要设备和材料规格、数量、单价。 (6)经济分析和财务评价结论。 (7)贷款偿还及担保责任、还款资金来源及还款计划

（续表）

项目	内容
附件	(1)项目批准文件(项目可行性研究报告批准文件、项目申请报告核准文件或项目备案文件)。 (2)国际金融组织和日本国际协力银行贷款项目,提供国外贷款机构对项目的评估报告。 (3)国务院行业主管部门提出项目资金申请报告时,如项目需地方政府安排配套资金、承担贷款偿还责任或提供贷款担保的,出具省级发展改革部门及有关部门意见。 (4)申请使用限制性采购的国外贷款项目,出具对国外贷款条件、国内外采购比例、设备价格等比选结果报告

国务院发展改革部门审批项目资金申请报告的条件是:

(1)符合国家利用国外贷款的政策及使用规定。

(2)符合国外贷款备选项目规划。

(3)项目已按规定履行审批、核准或备案手续。

(4)国外贷款偿还和担保责任明确,还款资金来源及还款计划落实。

(5)国外贷款机构对项目贷款已初步承诺。

项目资金申请报告批准后,项目建设内容、贷款金额及用途等发生变化的,须按规定的程序将调整方案报国务院发展改革部门批准。

国务院及国务院发展改革部门对项目可行性研究报告或资金申请报告的批准文件,是对外谈判、签约和对内办理转贷生效、外债登记、招标采购和免税手续的依据。

未经国务院及国务院发展改革部门审批可行性研究报告或资金申请报告的项目,有关部门和单位不得对外签署贷款协定、协议和合同,外汇管理、税务、海关等部门及银行不予办理相关手续。

项目资金申请报告自批准之日起两年内,项目未签订国外贷款转贷协议的,该批准文件自动失效。

《国际金融组织和外国政府贷款赠款管理办法》规定,项目实施单位履行下列职责:

(1)按照贷款方或赠款方及国内相关制度要求,开展贷款和赠款项目的准备工作,办理相关审核、审批手续,并按照财政部门要求提供担保或反担保。

(2)按照贷款、赠款法律文件和国内相关规定,落实项目配套资金,组织项目采购,开展项目活动,推进项目进度,监测项目绩效等。

(3)制定并落实贷款、赠款项目的各项管理规定,安全、规范、有效地使用资金。

(4)及时编制和提交项目进度报告、财务报告和完工报告等,全面、客观、真实地反映项目进展情况。

(5)制定贷款偿还计划,筹措和落实还贷资金,按时足额偿还贷款。

(6)建立项目风险应急处置机制和防控措施,防范和化解债务风险。

(7)配合和协助贷款方或赠款方以及国内相关部门开展项目检查、绩效管理和审计等工作。

(8)项目实施单位应当履行的其他职责。

《国际金融组织和外国政府贷款项目前期管理规程(试行)》规定,财政部根据贷款还款责任不同，与省级政府或中央项目实施单位签署转贷或执行协议（转贷协议和执行协议格式见管理规程附件）。财政部拨付贷款时，与省级政府或国务院有关部门等签署执行协议。财政部转贷贷款时，与省级政府、国务院有关部门、中央企业或者金融机构等签署转贷协议。对于财政部拨付的贷款，省级财政部门应与下级政府或者有关部门和单位签署执行协议。对于财政部转贷的贷款，省级政府负有偿还责任的，省级财政部门应与下级政府或者有关部门和单位签署执行协议；省级政府负有担保责任的，省级财政部门应与下级政府或者有关部门和单位签署转贷协议。省级以下（不含省级）政府接受上级政府拨付或转贷，比照前款规定签署执行协议或转贷协议。省级财政部门应对拟与财政部签署的贷款转贷协议或执行协议文本予以确认，并呈省级政府负责人或其授权代表签署，同时由省级财政厅负责人或其授权代表副署。对于贷款方有特殊要求的政府贷款，转贷银行应在事先征得省级财政部门同意后，代表财政部与省级财政部门或者项目实施单位签署转贷协议，并于 10 个工作日内将贷款法律文件和转贷协议报送财政部和省级财政部门备案。

第二节　资金申请报告的编制要求

资金申请报告的编制一般以资金提供者的要求为依据，受资金来源和政府在不同阶段对投资的导向性影响，具有较强的时效性、政策性和技术性。在编制资金申请报告时，应参考国家相关项目管理办法（如《中央预算内投资补助和贴息项目管理办法》），在特定时期，结合来源者的一些附加要求进行编制。

资金申请报告的编制主要有如下要求：

（1）选择有资质的咨询机构或者自行编制。

（2）如若选择咨询机构，则选择的机构必须对编制文件的准确性、合理性负责，且要依法、客观、公正、独立。

（3）要充分响应资金使用要求。

（4）反映投资主管部门对投资行为的约束和引导。

（5）反映项目情况、投资主体及资金使用情况。

第三节　资金申请报告的编制内容

一、项目单位及拟建项目情况

对项目单位及拟建项目的情况进行介绍，其主要目的是为项目资金审查机关对项目申报单位建设项目的能力、项目申报单位是否满足资金发放条件进行资格性审查提供依据。

项目单位及拟建项目情况的编制内容见表5-4。

表5-4　项目单位及拟建项目情况的编制内容

项目	内容
项目申报单位基本情况	(1)项目申报单位基本信息，如项目申报单位名称、性质、法人、注册地点、注册资本等。 (2)项目申报单位的投资人构成。 (3)项目申报单位的主营业务、营业期限、主要投资项目、生产能力。 (4)项目申报单位及主要投资人近几年的信用和财务状况
拟建项目概况	(1)项目的基本情况，如项目名称、建设地点、项目性质等。 (2)项目的建设背景，项目建设的必要性建设方案的合理性，项目的意义。 (3)项目拟达成的目标，如市场目标、技术目标、经济目标以及社会目标等

在对项目申报单位基本情况进行说明时，应注意项目申报单位的性质，对于股份制企业而言，应介绍主要股东及具有控股地位的股东的基本情况；若为分散持股，则需要作出说明，并对占据份额较大的股东的基本情况作出说明；对于外商投资企业，则要分别对各投资方的基本情况做全面说明。

在对拟建项目的目标进行说明时，应主要从市场、技术装备、经济、社会等方面进行分析。其主要内容见图5-1。

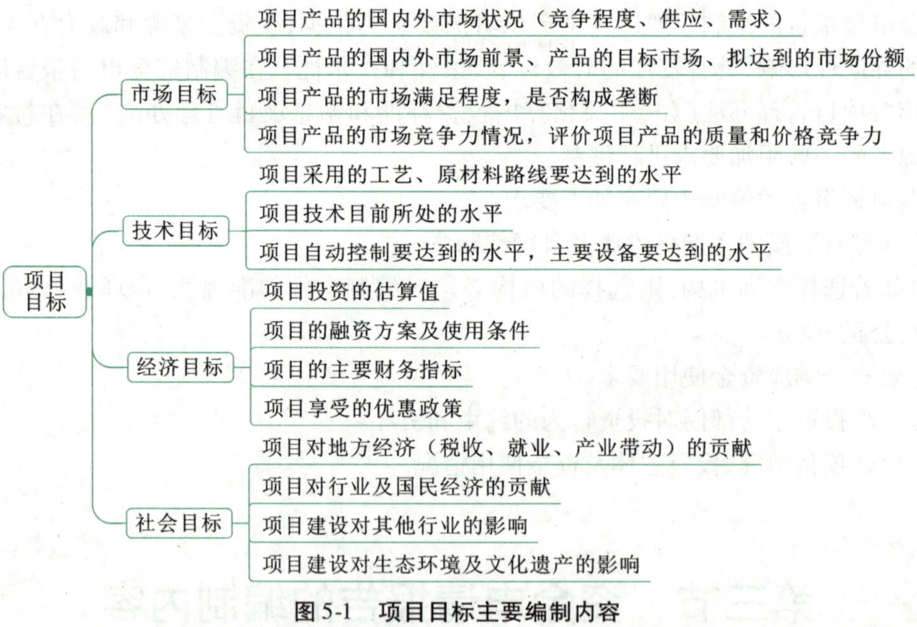

图5-1　项目目标主要编制内容

二、项目的基本内容

项目的基本内容应当包括建设规模和产品方案、项目采用的技术方案和主要设备选型及采购方案、建设方案、项目的组织、项目的系统配套工程、项目的投资规模及资金筹措方案等。项目的基本内容编制框架见图 5-2。

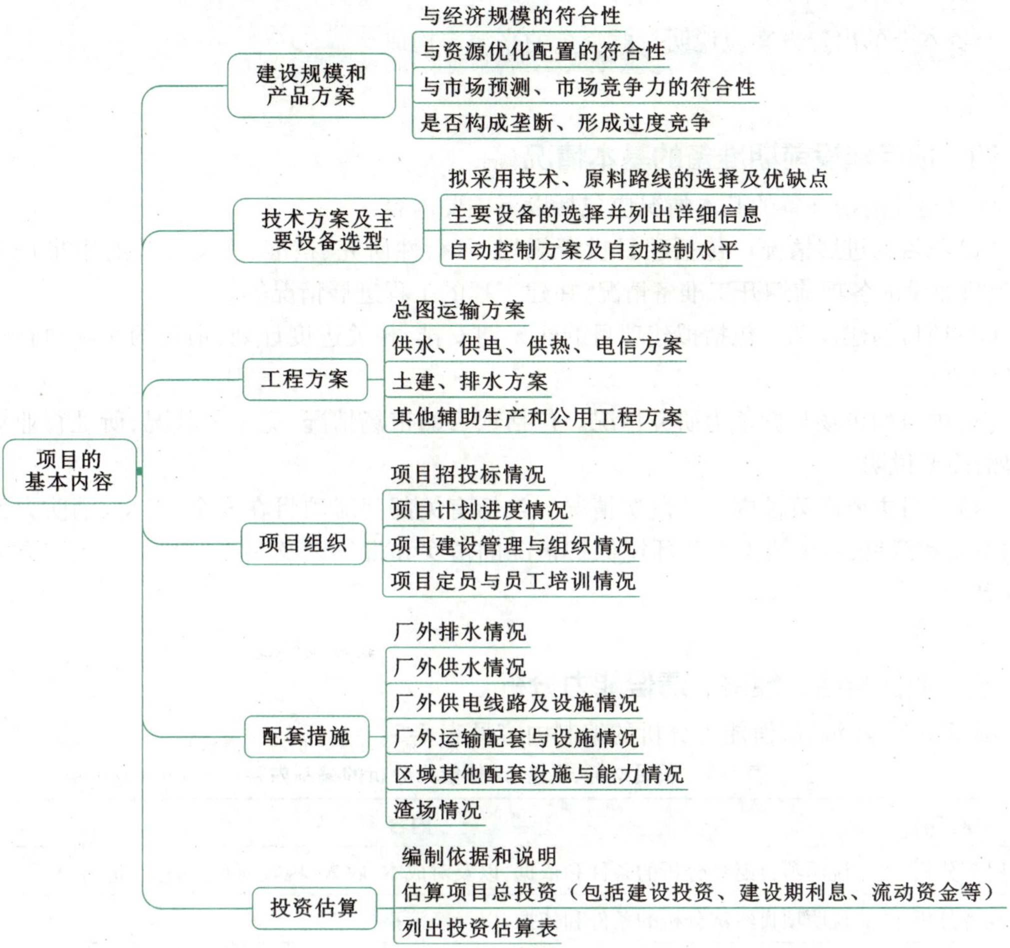

图 5-2　项目的基本内容

链接

改扩建项目以及技术改造项目的工程方案，要说明原有设施与增量之间的关系。

三、项目融资分析

项目融资分析应包括以下主要内容：

(1)项目的投资需求，即项目总投资。

(2)项目的融资结构、融资成本、融资方案的合理性分析。说明项目借贷的资金数额、项目自有资金的来源、项目权益资金的来源，对项目资金来源的可靠性、融资成本进行分析，并判断资金筹措方案的合理性。

(3)计划申请的资金数额，并说明理由。

(4)说明项目资金的使用计划及使用范围。

(5)简要说明融资方案的合法性和合理性。

链接

资本金的出资方案应说明权益资金的来源与构成。

四、项目建设前期准备的基本情况

项目建设前期准备的基本情况应包括以下主要内容：

（1）项目的进展情况。包括项目投资规划、可行性研究、核准、备案等政府审批进展情况，项目建设的各项前期开工准备情况，在建工程的工程进展情况等。

（2）项目的建设期。包括拟建项目的建设期安排、相关进度计划，项目的实际执行情况及进度预测。

（3）项目的市场与竞争力研究情况。包括项目的市场情况、竞争力状况、所处行业竞争态势的简要说明。

（4）项目主要政策性内容的落实情况。包括有关部门对项目在安全、卫生、消防方面措施的态度和意见，对清洁生产和环境保护情况的落实和批复以及对土地利用和规划方面的意见等。

五、项目财务、经济、清偿能力分析

项目财务、经济、清偿能力分析的编制内容见表5-5。

表5-5　项目财务、经济、清偿能力分析的编制内容

项目	内容
财务分析	说明项目财务分析的条件和依据，以及对成本、收入、税收、财务指标等进行分析
经济分析	说明项目经济分析的条件和依据，以及经济指标
清偿能力分析	说明项目的清偿能力指标，以及项目财务的可持续性，投资者的财务状况和资产实力

六、社会影响分析

社会影响分析的编制内容主要包括影响效果分析、适应性分析、稳定风险分析以及其他社会风险和对策分析。

提示

社会影响分析可参考本书第四章介绍的内容进行学习。

七、项目风险及应对分析

项目风险及应对分析应包括以下主要内容：

（1）市场风险及应对措施。分析因市场、价格、竞争力等变化带来的风险，提出降低和防范风险的措施。

(2)投资、融资风险及应对措施。分析与投资、融资相关的利率、资金来源与供应等风险因素,提出降低和防范风险的措施。

(3)资源风险及应对措施。分析各种资源的供应风险及程度,提出降低和防范风险的措施。

(4)技术风险及应对措施。分析技术进步带来的风险,提出降低和防范风险的措施。

(5)设备风险及应对措施。分析设备来源变化带来的风险,提出降低和防范风险的措施。

(6)其他风险及应对措施。其他风险主要指技术因素(施工组织等)和非技术因素(自然灾害等)带来的风险。

典型例题

【多选题】下列属于资金申请报告编制内容的有(　　)。

A. 项目基本内容　　B. 项目融资分析

C. 项目财务能力分析　　D. 资源开发及利用分析

E. 经济影响分析

ABC。【解析】注意区分项目申请报告和资金申请报告的编制内容,选项 D,E 属于项目申请报告的内容。

第六章　项目评估

第一节　项目评估的分类和任务

项目评估是在可行性研究的基础上，根据有关政策、法律、法规、方法与参数，从项目（或企业）及国家的角度出发，由贷款银行或有关机构（项目投资决策部门或具备相应资质的咨询机构）对拟建投资项目的规划方案进行全面的技术经济论证和再评估，以判断项目方案的可行性或比较不同投资方案的优劣。本章所称的项目评估，主要是指工程咨询机构接受不同单位委托，对项目前期咨询成果进行评估论证，并根据具体目的，提出进一步的咨询意见和建议，客观评价咨询成果的过程。项目评估应遵循独立、公正、科学、可靠的基本原则。

一、项目评估的分类

按评估内容划分，可以将项目评估分为项目建议书评估、可行性研究报告评估、项目申请报告评估、资金申请报告评估、规划评估、政府和社会资本合作实施方案评估等。

按委托主体划分，可以将项目评估分为政府投资管理部门委托的项目评估、项目核准机关委托的项目评估、政府行业管理部门或其他部门委托的项目评估、企业委托的项目评估、金融机构委托的项目评估、园区委托的项目评估等。

提示

项目评估的再评估也属于项目评估。

二、项目评估的任务

进行项目评估，是根据不同的评估目的、评估内容、评估要求对项目前期的咨询成果进行专业地、科学地评估，以回答不同委托方提出的疑问，并进一步提高项目前期决策的水平的过程。针对不同的委托方，项目评估的内容及目的也有所不同。

政府部门委托的政府投资项目评估应兼顾项目的外部影响、投资效果、经济性进行评估。

政府部门委托的企业投资项目评估侧重于对项目的宏观影响进行评估，项目不得损害公众利益、危害国家安全，或者对其产生不利影响。资源开发应具有合理性、项目应具有合法性。

企业委托的项目评估侧重于项目自身的内部条件以及产品的市场前景。

园区委托的项目评估侧重于园区和项目两者之间的符合性和兼容性。

金融机构委托的项目评估侧重于贷款资金的安全性。

典型例题

【单选题】关于项目评估的说法，正确的是(　　)。

A. 各类项目评估的内容与要求应符合统一要求

B. 项目评估是通过专家评估达到支持所评项目说法和结论的目的

C. 项目评估的再评估通常不属于项目评估范畴

D. 项目评估有利于提高工程项目前期决策水平

D。【解析】根据项目委托主体的不同，其项目评估的目的、内容与侧重点都是不同的，即不同的委托者对评估所关心的内容和重点有很大差别。故选项 A 错误。项目评估是根据有关政策、法律法规、方法与参数，从项目及国家的角度出发，由不同主体委托工程咨询机构对拟建投资项目的前期咨询成果进行全面的技术经济论证和再评估，以判断项目方案的可行性或比较不同投资方案的优劣，优化项目前期决策水平。故选项 B,C 错误。

【多选题】下列项目评估内容中，属于债权人重点关注内容的有(　　)。

A. 项目资源配置的合理性

B. 项目融资主体的清偿能力

C. 项目的生产经营风险

D. 项目的技术来源

E. 项目的社会影响

BC。【解析】债权人是指银行等金融机构借贷人和供应商，其委托的评估项目，主要侧重于对贷款资金的安全性的评估，重点关注的是评估项目本身的风险及融资主体的清偿能力等。

第二节　项目评估的目的与作用

一、项目评估的目的

项目评估的目的：全面审核项目前期咨询成果文件中反映的各项情况是否属实，分析其中各项指标的计算是否正确，包括各种参数、基础数据、定额费率的选择，从企业、国家和社会等方面综合分析判断项目的经济效益和社会效益，对项目做出取舍的最终投资建议。

项目评估的方法：项目评估应根据评估的具体要求选用恰当的评估方法和工具，如方案比选法、市场分析法、风险分析法、经济评价法等。

项目评估报告的内容与深度：应以被评估报告的基本内容为基础，独立自主、客观公正、论据充分地开展项目评估工作,编制项目评估报告;报告的内容即要全面完整,又要重点突出;报告的深度应满足评估委托方的需要和评估目的及要求。

链接

项目评估的工作成果是编制项目评估报告。评估工作周期一般是 4 ~6 个月,估算精度是 ±10% 。

二、项目评估的作用

项目评估的作用主要体现在以下方面:

(1)有利于减少决策的盲目性,提高工程咨询前期工作的质量和效率,增强决策的科学性。

(2)有利于避免错误的决策带来的失误,作为微观与宏观经济效益有机联系的纽带,从而提高投资效益。

(3)为投资主体提供决策依据。

(4)提高投资项目决策的水平。

第三节 规划评估的内容和要点

项目规划评估的主要分类见图 6-1。

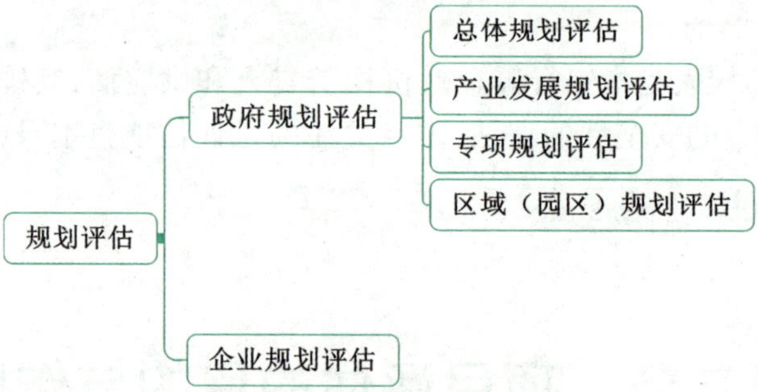

图 6-1 规划评估的分类

规划评估应对规划报告中的内容提出评估意见和建议,并对规划报告的质量提出评价意见。规划评估应包括以下主要内容及要点:

(1)规划基础。应从规划主体概况及地位、区位特点、资源条件、人力、资金、发展背景等方面对规划主体的发展现状、制约发展的因素、主要优势特征、问题与不足等进行评估。

(2)发展环境。应从城市化水平、政策符合性、技术先进成熟性、资源环境可持续性、市场竞争性等方面对规划主体的机遇与挑战进行评估。

(3)发展思路和规划目标。应从规划的宏观性、战略性、目标匹配性等方面对发展思路进行评估。从规划目标的指导性、现实性、延续性等方面对不同层次目标的适宜性进行评估。针对发展思路和规划目标的评估,应提出相应的意见及调整优化建议。

(4)规划方案。对于总体发展规划方案,应从全方面进行评估。对于区域规划方案,应从发展一体化、比较优势、行政界限、促进经济社会发展等方面对投资规模、空间布局、进度计划等进行评估。对于专项规划方案,应对内容的专业性、投资结构、措施方案、进度计划、关键指标等进行评估。对于产业发展规划方案,应从规划方案与目标的协调性、与产业政策及结构的衔接性等方面对产业的规模、结构与方向、主要任务、重点项目、进度计划的可行性、合理性进行评估。对于企业发展规划方案,应对企业发展路径、重点项目、区域布局、技术路线、市场策略、进度、人力、资金、保障措施等方面进行评估。

(5)规划实施保障措施。应从政策制定与改革、制度与技术创新、环境与安全、人力与资金等方面对规划方案的可行性、实施可靠性、实施保障措施等进行评估,提出相应的措施建议。

(6)主要结论和建议。应提出主要结论意见、对重大问题与不足的调整完善建议。

第四节 可行性研究报告评估的内容和要点

项目可行性研究报告评估应根据项目决策的需要进行,可进行全面评估,也可只进行针对性的评估。可行性研究报告评估的内容和要点见表6-1。

表6-1 可行性研究报告评估的内容和要点

项目		重点评估内容
总论	项目建设单位及项目概况	建设单位的能力
	项目建设必要性和意义	项目建设背景与相关政策的相符性,对市场、技术、企业发展、社会需要的意义
市场分析		产品的消费结构、供需情况、质量要求、进出口情况、价格变动、竞争力市场以及目标市场
建设规模和产品方案		建设规模和产品方案的可行性、合理性
生产工艺技术与设备方案研究		(1)生产工艺技术。评估物料、燃料、动力消耗,废弃物排放,关键技术指标。 (2)生产设备。对于关键设备,评估制作周期,性能参数,运行的可靠性和稳定性,运输条件以及安装条件,国产化水平等。对于进口设备,评估设备应用范围,引进理由,价格,风险等
原材料、辅助材料、燃料和动力供应		原材料、辅助材料、燃料和动力供应的品质,供应量、供应渠道、价格走势等
场(厂)址选择和建设条件		(1)长输管线等特殊项目。评估是否严格遵守行业规范和要求。 (2)人口迁移项目。评估迁移人口的态度、数量和补偿标准。 (3)普通的工业生产项目。评估是否符合相关产业政策,评估是否具备相应的环境条件,评估是否满足周边敏感单位的相关要求

（续表）

项目	重点评估内容
公用工程和辅助生产设施	(1)工业生产项目。评估总图布局，物料运输及配套工程方案的合理性、可行性。 (2)开发区、工业园区建设项目。评估供应条件、供应量、价格等。 (3)改扩建及技术改造项目。评估原有的设施情况，以及为正在建设的项目能提供资源的情况。 (4)服务设施项目。评估方案的适用性、合理性、可行性以及配套的必要性
节能和节水	节能、节水方案和效果，水资源、能量回收和再利用；与有明确标准的进行对比
环境保护	执行依据的合理性，主要污染源和污染物核算，环境保护措施的可行性等
安全、劳动卫生和消防	(1)安全。评估重大危险源，危险等级以及应对措施。 (2)职业卫生。评估防范措施是否符合相关标准的要求。 (3)消防。评估防范措施是否符合相关标准的要求
组织机构与人力资源配置	组织结构设置，人力资源配置，人员培训和安置
项目实施进度与计划	招标方式，项目实施进度与计划
投资估算	投资估算范围、方法的正确性，估算的内容和费用构成的合理性
项目融资	融资方案的可行性，权益资本金与国家要求的符合性，债务资金的可靠性，融资成本的合理性
财务分析	(1)财务效益和费用预测。 (2)境外项目。评估使用的法律，税收、价格、汇率政策等。 (3)外商投资项目。评估使用的法律，税收、价格政策等。 (4)改扩建项目。评估项目范围的合理性，财务分析指标、数据以及结论的准确性
风险分析	全面综合评估

链接

若项目采用资本金注入或直接投资的方式，则投资主管部门需委托相关工程咨询机构在决策前进行项目建议书评估和可行性研究报告评估。

第五节　项目申请报告评估的内容和要点

一、企业投资项目咨询评估报告的要求

企业投资项目咨询评估报告，是指符合资质要求的工程咨询评估机构，根据项目核准机

关的委托要求,对企业报送的项目申请报告进行评估论证后编写的作为项目核准时重要参考依据的咨询评估报告。

根据《国务院关于投资体制改革的决定》,企业投资建设《政府核准的投资项目目录》内的项目时,应按照有关要求编写项目申请报告,并报送项目核准机关申请核准。项目核准机关根据项目具体情况,决定是否需要委托工程咨询机构进行评估,并可根据需要,在委托评估时提出评估重点。

企业投资项目咨询评估报告应根据项目自身情况、行业特点和委托方的具体要求,有选择地确定咨询评估报告的内容和论述重点。通常重点评估以下内容:

(1)申报单位及项目概况。

(2)发展规划、产业政策和行业准入评估。

(3)资源开发及综合利用评估。

(4)节能方案评估。

(5)建设用地、征地拆迁及移民安置评估。

(6)环境和生态影响评估。

(7)经济影响评估。

(8)社会影响评估。

(9)主要风险及应对措施评估。

(10)主要结论和建议。

企业投资项目咨询评估报告的具体章节安排,应结合项目自身情况及行业特点进行设置。如果拟建项目不涉及其中有关内容,可以在说明情况后不再进行详细评估。对于行业需要特别关注的核准内容,可不受编写大纲的章节限制,根据需要设专门章节进行评估论证,以反映行业特殊性要求。

典型例题

【多选题】企业投资项目申请报告咨询评估的重点有(　　)。

A. 行业准入评估　　B. 社会影响评估

C. 经济影响评估　　D. 符合产业发展规划和产业政策

E. 有市场前景

ABC。【解析】企业投资项目的项目申请报告咨询评估的内容详见上文。

二、企业投资项目咨询评估报告的内容

(一)申报单位及项目概况

项目申报单位概况:通过对项目申报单位的主要经营范围、基本财务指标、股东构成、股权结构比例、以往投资相关项目情况、已有生产能力等的核查分析,提出申报单位的申报资格以及是否具备承担拟建项目投资建设的基本条件等评估意见。

项目概况:通过对项目建设背景、建设地点、建设年限、建设内容、建设规模、产品及工程技术方案、主要设备选型、上下游配套工程情况、投资规模、资金筹措方案等方面的阐述,为拟建项目的核准咨询评估相关章节编写提供项目背景基础。

（二）发展规划、产业政策和行业准入评估

发展规划评估：通过分析与拟建项目有关的国民经济和社会发展总体规划、区域规划和专项规划，以及城乡规划等各类规划的相关内容，评估拟建项目是否符合各类规划要求，提出拟建项目与有关规划内容的衔接性及目标的一致性等评估结论。

产业政策评估：分析有关产业结构调整、产业空间布局、产品发展方向、产业技术创新等政策对项目方案的要求，评估拟建项目的工程技术方案、产品方案等是否符合有关产业政策、法律法规等的要求。

行业准入评估：分析有关行业准入的法律、法规、规章和国家有关规定对拟建项目的要求，评估拟建项目和项目建设单位是否符合有关行业准入标准的规定。

自主创新和采用先进技术评估：对于采用先进技术和科技创新的企业投资项目，分析拟建项目产品技术方案的技术创新水平、先进技术的采用情况、技术路线的先进性、技术装备国产化或本土化程度，评估是否符合增强自主创新能力、建设创新型国家的发展战略要求，是否符合国家科技发展规划要求。

项目建设必要性评估：在发展规划、产业政策、行业准入等分析评估的基础上，评估拟建项目目标及功能定位是否合理，是否符合与项目相关的各类规划要求，是否符合相关法律法规、宏观调控政策、产业政策等规定，是否满足行业准入标准、重大布局优化、自主创新和采用先进技术等要求，对项目建设的必要性提出评估结论。

（三）资源开发及综合利用评估

资源开发方案评估：对于资源开发类项目，通过拟开发利用资源的可开发量、自然品质、赋存条件、开发价值等的分析评估，对开发方案是否符合资源开发利用的可持续发展战略要求、是否符合保护资源环境的政策规定、是否符合资源开发总体规划及综合利用的相关要求等提出评估意见。

资源利用方案评估：对于需要占用重要资源的拟建项目，从发展循环经济，建设资源节约型社会等角度，对主要资源占用品种、数量、来源情况、综合利用方案的合理性进行分析评估；通过对单位生产能力主要资源消耗量指标与国内外水平的对比分析，对资源利用效率的先进程度提出评估论证意见；评估拟建项目是否会对地下水等其他资源造成不利影响。

资源节约措施评估：对项目申请报告中提出的作为原材料的各类金属矿、非金属矿及水资源节约措施方案的合理性提出评估意见；对拟建项目采取资源节约措施后的资源消耗指标进行对比分析，评估项目方案是否符合国家有关资源节约及有效利用的相关政策要求；对于在提高资源利用效率、降低水资源消耗及主要金属矿、非金属矿等资源消耗方面所采取的措施是否可行提出咨询评估意见。

（四）节能方案评估

用能标准和节能规范评估：评估项目建设方案所遵循的国家和地方有关合理用能标准、节能设计规范的选择是否恰当，是否充分考虑到行业及项目所在地的特殊要求，内容是否全面、标准选择是否适宜。

能耗状况和能耗指标分析：根据项目所在地的能源供应状况，通过能耗指标与国际国内

先进水平的对比分析，评估项目建设方案所提出的能源消耗种类和数量是否可靠，分析项目方案所采用的能耗指标选择是否恰当。

节能措施和节能效果分析：对优化用能结构、满足相关技术政策、设计标准及节能减排政策要求等方面所采用的主要节能降耗措施是否可行提出评估论证意见。对项目方案的节能效果提出评估意见。

（五）建设用地、征地拆迁及移民安置评估

项目选址及用地方案评估：通过对项目建设地点、场址土地权属类别及占地面积、土地利用状况、占用耕地情况、取得土地方式等方面的分析，对项目选址和用地方案是否符合有关法律法规要求提出评估意见；对项目选址是否压覆矿床和文物、是否影响防洪、通航及军事设施安全等其他不利影响及其处理方案的合理性提出评估意见。

土地利用合理性评估：对项目用地是否符合有关土地管理的政策法规的要求，是否符合土地利用规划要求，占地规模是否合理，是否符合保护耕地要求，耕地占用补充方案是否可行、是否符合因地制宜、节约用地、少占耕地、减少拆迁移民等原则要求，提出评估论证意见。

征地拆迁和移民安置规划方案评估：对于涉及征地拆迁的项目，应结合项目选址和土地利用方案的评估情况，分析论证征地拆迁范围的确定是否合理；通过对生产生活安置方案、征地补偿原则、范围和方式的分析论证，评估安置补偿方案是否符合国家有关政策法规规定及当地的实际情况；从受影响人群原有收入水平，征地拆迁后对受影响人群收入的影响程度，采取的收入恢复措施是否切实可行，实施后的效果等方面进行分析，评估移民生产安置、生活安置、收入恢复和就业重建等措施方案的可行性；评估方案制定过程中的公众参与、申诉机制、实施组织机构及监督机制等规划方案是否完善，以及地方政府对移民安置规划、补偿标准的接受程度；对移民安置补偿费用估算结果、资金来源的可靠性及资金平衡状况提出评估意见。

（六）环境和生态影响评估

环境和生态影响程度评估：通过对项目场址的自然环境条件、现有污染情况、生态环境条件、特殊环境条件和环境容量状况以及拟建项目的排放污染物类型及排放情况分析，水土流失预测分析，评估项目对其所在地生态环境的影响程度，以及对整个流域及区域生态系统的综合影响后果。

生态环境保护措施评估：通过对生态环境保护及污染治理措施的可行性分析，评估拟建项目能否满足达标排放、保护环境和生态、水土保持等政策法规的要求，对生态环境保护措施是否合理和可行提出评估意见。

地质灾害影响评估：在地质灾害易发区建设的项目和易诱发地质灾害的建设项目，要结合有关部门提出的地质灾害、地震安全等方面的专题论证结论，评估项目是否可能诱发地质灾害、存在地震安全隐患，对所提出的防御措施和对策是否可行提出评估意见。

特殊环境影响评估：对于涉及历史文化遗产、自然遗产、风景名胜、自然景观和自然保护区等特殊环境保护的建设项目，评估拟建项目的环保措施是否符合相关政策法规规定，对所提出保护措施是否可行提出评估意见。

（七）经济影响评估

经济费用效益或费用效果分析的评估：对于产出物不具备实物形态，且明显涉及公众利益的无形产品项目，如水利水电、交通运输、市政建设、医疗卫生等公共基础设施项目，以及具有明显外部性影响的有形产品项目，如污染严重的工业产品项目，应从社会资源优化配置的角度，进行经济费用效益、费用效果分析或定性经济分析；要评估经济费用、效益的识别计算是否恰当，所采用的分析方法是否恰当；对拟建项目的经济合理性提出评估意见。

行业影响评估：对于在行业内具有重要地位、对行业未来发展方向具有重要影响的建设项目，应对拟建项目对行业发展可能产生的影响进行分析评估，论证拟建项目对所在行业及关联产业发展的影响，并对是否可能形成行业垄断进行分析，对如何发挥拟建项目对行业发展的正面影响效果提出评估意见。

区域经济影响评估：对区域经济可能产生重大影响的项目，应从拟建项目对区域经济发展、产业空间布局、当地财政收支、社会收入分配、市场竞争结构等方面影响的角度，评估拟建项目对区域经济所产生的影响，对如何协调项目与区域经济发展之间的关系，如何发挥项目对区域经济发展的正面影响效果，以及是否可能导致当地市场垄断等提出评估意见。

宏观经济影响评估：对于投资规模巨大的特大型项目，以及可能对国民经济产生重大影响的基础设施、科技创新、战略性资源开发等项目，应从国民经济整体发展角度，分析拟建项目对国家产业结构调整升级、重大产业优化布局、重要产业国际竞争力培育以及区域之间协调发展等方面的影响。对于涉及国家经济安全的重大项目，应结合资源、技术、资金、市场等方面的分析，评估项目建设和运营对国家产业技术安全、资源供应安全、资本控制安全、产业成长安全、市场环境安全等方面的影响，提出评估意见和建议。

（八）社会影响评估

社会影响评估：通过对有关社会经济调查及统计资料的分析，评估拟建项目对就业、减轻贫困、社区发展等方面的影响，包括正面和负面影响效果。

社会适应性评估：通过调查分析拟建项目利益相关者的需求，目标人群对项目建设内容的认可和接受程度，分析预测拟建项目能否为当地的社会环境、人文条件所接纳，当地居民支持拟建项目的程度，对拟建项目与当地社会环境的相互适应性提出评估意见。

社会风险及对策措施评估：在确认项目可能存在负面社会影响的情况下，提出协调项目与当地的社会关系，避免项目投资建设或运营管理过程中可能存在的冲突和各种潜在社会风险因素，对解决相关社会问题，减轻负面社会影响的措施方案提出评估意见。

（九）主要风险及应对措施评估

主要风险综述：在前述评估论证的基础上，总结论述项目在维护经济安全、合理开发利用资源、保护生态环境、优化重大布局、保护公共利益、防止出现垄断等方面可能存在的主要风险。

风险影响程度评估：对拟建项目可能存在的重要风险因素，对其性质特征、未来变化趋势及可能造成的影响后果进行分析评估。对于需要进行经济费用效益分析的项目，还应通过敏感性分析或风险概率分析，对拟建项目的风险因素进行定量分析评估。

风险应对措施评估:对于可能严重影响项目投资建设及运营效果的风险因素,提出风险应对措施,并对相关措施方案的合理性及可行性提出咨询评估意见。

(十)主要结论和建议

主要评估结论:在前述评估论证的基础上,提出核准咨询评估的主要结论,并对拟建项目是否符合核准条件提出明确的咨询评估意见。

主要措施建议:对评估中发现的拟建项目可能存在的各种问题,提出解决的对策措施建议。

(十一)外商投资项目评估

对于外商投资项目,按照《外商投资项目核准和备案管理办法》的规定,除论述以上内容外,还应在市场准入、资本项目管理等方面提出咨询评估意见,为核准机关对项目审核提供参考依据。

三、外商投资项目的投资申请报告评估

对于外商并购境内企业的投资建设项目,原则上应遵循企业投资项目核准评估的一般要求进行评估论证。对于不涉及扩大生产及投资规模,不新占用土地、能源和资源消耗,不形成对生态和环境新的影响,其核准评估内容可以适当简化,应重点对境内企业情况及是否符合外商准入政策规定,并购企业职工及债权债务安排情况,并购后企业的经营方式、范围和股权结构、融资方案,中方通过并购所得收入的使用方式及其合理性进行评估论证。在经济影响分析中,应强调分析论证外商并购对国家经济安全、行业及区域市场垄断等方面的影响,对所采取的对策措施及其可行性提出咨询评估意见。

借用国际金融组织和外国政府贷款项目的核准咨询评估,按照《国际金融组织和外国政府贷款投资项目管理暂行办法》的规定,除应遵循企业投资项目核准评估的一般要求外,还应阐述国外借款类别或国别、贷款规模、贷款用途、还款方案、申报情况等内容,对使用外债的必要性、可能面临的风险及规避措施提出咨询评估意见,为项目核准机关对外债管理等事项进行审核提供依据。

四、境外投资项目的项目申请报告评估

对于境外投资项目,原则上应遵循企业投资项目核准评估的一般要求进行评估论证。并对以下重点内容进行评估论证:

(1)是否符合我国法律法规。

(2)是否符合我国有关发展规划、宏观调控政策、产业政策和对外开放政策。

(3)是否符合我国缔结或参加的国际条约、协定。

(4)是否对我国国家利益和国家安全构成威胁和损害。

典型例题

【单选题】下列项目申请报告评估内容中,属于境外投资项目独有评估内容的是(　　)。

A. 是否违反我国缔结或参加的国际公约

B. 是否对公众利益产生重大不利影响

C. 是否符合国家资本项目管理要求

D. 是否符合节约用地政策

A。【解析】相比于企业投资项目的项目申请报告核准评估和外商投资项目的项目申请报告核准评估,“是否违反我国缔结或参加的国际条约”属于境外投资项目的项目申请报告评估所独有的内容。故选项 A 正确。

第六节　资金申请报告评估的内容和要点

资金申请报告评估分为中央预算内投资补助及贴息项目的资金申请报告评估,国外贷款投资项目的资金申请报告评估。资金申请报告评估具体内容和要点见表 6-2。

表 6-2　资金申请报告评估类型及其内容

项目	评估内容
中央预算内投资补助及贴息项目的资金申请报告评估	(1)是否符合中央预算内投资的使用方向。 (2)是否符合有关工作方案的要求。 (3)是否符合投资补助和贴息资金的安排原则。 (4)提交的相关文件是否齐备、有效。 (5)项目的主要建设条件是否基本落实
国外贷款投资项目的资金申请报告评估	(1)是否符合国家利用国外贷款的政策及使用规定。 (2)是否符合国外贷款备选项目规划。 (3)项目是否已按规定履行审批、核准或备案手续。 (4)国外贷款偿还和担保责任是否明确,还款资金来源及还款计划是否落实。 (5)国外贷款机构对项目贷款是否已初步承诺

提示

应根据具体情况和要求,对评估内容和要点进行调整。对于资金申请报告的评估重点,可参考《中央预算内投资补助和贴息项目管理办法》《国际金融组织和外国政府贷款投资项目管理暂行办法》中对于资金申请报告的审批条件进行。

典型例题

【单选题】对企业申请中央预算内投资补助的资金申请报告进行评估时，不需要评估的内容为(　　)。

A. 是否符合中央预算内投资使用的方向

B. 是否符合投资补助安排的原则

C. 是否基本落实主要建设条件

D. 政府补贴的资金数额

D。【解析】企业申请中央预算内投资补助的资金申请报告评估的重点及内容详见上文。

第七节　政府和社会资本合作(PPP)项目评估的内容和要点

对政府和社会资本合作PPP项目实施方案，应从必要性、合理性、可行性等方面进行评估。必要性即项目实施PPP模式的必要性，合理性包括项目规模的合理性、工程技术方案的合理性、项目运作模式的合理性、项目交易结构的合理性、社会资本方采购方案的合理性、风险分担的合理性。可行性即投融资方案的可行性。此外，物有所值评价和财政承受能力论证、PPP合同的内容和关键条款也是评估的主要内容。

政府和社会资本合作PPP项目实施过程中，应加强工程质量、运营标准的全程监督，确保公共产品和服务的质量、效率和延续性。鼓励推进第三方评价，对公共产品和服务的数量、质量以及资金使用效率等方面进行综合评价，评价结果向社会公示，作为价费标准、财政补贴以及合作期限等调整的参考依据。项目实施结束后，可对项目的成本效益、公众满意度、可持续性等进行后评价，评价结果作为完善PPP模式制度体系的参考依据。

典型例题

【多选题】PPP项目评估的重点包括(　　)。

A. 经济分析评估

B. 物有所值评估

C. 清偿能力评估

D. 财政承受能力论证评估

E. 政府承诺和风险分担机制是否合理评估

BDE。【解析】PPP项目实施方案可以从以下方面进行：项目规模与工程技术方案的合理性评估；项目实施PPP模式的必要性评估；项目运作模式与交易结构的合理性评估；物有所值评价和财政承受能力论证；投融资方案的可行性评估；社会资本方采购方案的合理性评估；政府承诺和风险分担机制的合理性评估；PPP合同内容和关键条款的评估。

第八节　项目评估质量管理与控制

一、项目评估质量控制的重要性

项目评估质量控制是咨询评估成果质量的保证，项目评估质量控制首先要规范评估机构的业务质量控制，从而明确评估机构及其人员的质量控制责任，维护社会公共利益和评估各方当事人的合法权益。

项目评估质量控制是项目前期工作的重要内容之一，它不仅是前期工作的延伸，还是进行科学决策的重要依据。

二、项目评估质量控制的程序

（一）业务承接

工程咨询机构接受委托，进行业务洽谈，指派项目经理进场开展前期工作。

（二）准备工作

准备工作阶段主要是选取项目经理，编制工作计划、准备前期材料等。

（三）组织评估

选取财务、市场、专业技术、土木工程（法律、环境、社会）等方面的人才构成评估小组，开展调研和咨询评估工作。

（四）编写报告

组织评估小组人员进行数据整理、意见归纳，编制咨询评估报告。

（五）质量评审

基于企业实际情况和需要，对评估报告的实质内容进行质量评审，并形成评审会议纪要。

（六）印刷与报送评估报告

咨询机构项目部根据委托方要求将评估报告印刷装订成册，并向委托方交付。

（七）总结并归档

工程咨询机构按照内控制度将该项评估工作各类资料整理归档，并予以妥善保存。

三、项目评估质量控制方法

（一）制定工作计划

项目工作计划是关于项目管理体系过程和资源的文件，工作计划需与施工组织设计、施工方案等文件相协调与匹配，体现项目从资源投入到完成工程最终检验试验的全过程管理与控制要求。

项目工作计划一般包括以下主要内容：

(1)项目综述。

(2)确定咨询工作重点以及各阶段进度安排。

(3)现场调查、评估资料收集和评定估算、要点确定。

(4)质量检查控制方法。

(5)专家组成及名单，项目组成员构成及名单。

(6)直接费用计划。

(7)工程咨询质量目标。

(8)其他内容。

(二)人力资源配置

1. 项目经理选用

评估机构在选用项目经理时，应有对应的任职资格评定机制，同时考虑以下内容：

(1)人力资源规划。

(2)岗位职责和任职要求。

(3)招聘与选拔。

(4)教育与培训。

(5)绩效考评。

(6)薪酬制度。

评估机构在制定项目团队成员配备的政策和程序时，应当要求项目团队成员具备下列条件：

(1)必要的职业道德素质，能够保持独立性。

(2)必要的专业知识、执业能力、专业经验。

(3)遵守评估机构业务质量控制政策和程序的意识。

2. 专家协助

评估机构在评估业务执行过程中，如果需要专家协助工作，项目经理应当与专家充分沟通，优先选用红名单专家，确保专家理解工作目标，履行评估程序。

(三)待评资料整理

根据业务现场情况制定可行的现场工作方案，组织项目团队成员进行现场调查，收集、整理相关资料，按评估计划完成现场工作，并有完整记录。

谨慎选择收集资料的渠道，对委托方及被评估单位(产权持有单位)提供的资料，现场调查收集的资料，直接从市场等渠道独立获取的资料，以及从政府部门、各类专业机构和其他相关部门获取的资料进行分析，并重点关注评估资料的相关性和可靠性。

根据评估对象、评估目的、价值类型、资料收集情况，分析、判断评估方法的恰当性，进行评定估算，对评估结论的合理性进行分析，记录评估方法、参数的选取及评估结论的确定过程。

(四)质量控制责任制

评估机构应当合理界定和细分质量控制体系中责任主体承担的质量控制责任，并建立责任落实和追究机制。责任主体通常包括:最高管理层;首席评估师;项目经理;项目审核人员;项目团队成员;评估机构其他人员。

就项目经理而言,项目经理是项目评估质量控制的领导者、直接负责人,承担以下职责:

(1)评估计划的制订和组织实施。

(2)确定咨询工作重点以及评估业务实施中的协调和沟通。

(3)按照程序报告与评估业务相关的重要信息。

(4)组织复核项目团队人员的工作。

(5)对专家的工作成果进行分析判断,确认其合理性。

(6)组织编制评估报告,并审核相关内容。

(7)在出具的评估报告上签字盖章。

(8)组织处理评估报告提交后的反馈意见,必要时参加评审会议、阅读评审报告、分析缺陷原因。

(9)组织评估业务工作底稿归档。

(五)质量评审制

工程咨询机构的质量评审一般分为部门级别评审和企业级别评审。质量评审一般是指对评估成果即评估报告的评审。

评估报告应当由项目经理(负责人)组织编制,在评估报告编制前应当对已经完成的工作底稿进行整理、分析、审核,对评估结论进行综合评价。

质量评审要求评估报告应当全面、客观反映评估过程和评估结论,内容完整,格式规范。

四、政府投资咨询评估业务要求

为进一步完善投资决策程序,提高投资决策的科学性和民主性,规范投资决策过程中的咨询评估工作,保障咨询评估质量,国家发展改革委制定了《国家发展改革委投资咨询评估管理办法》。

(一)咨询评估范围

国家发展改革委委托的投资咨询评估包括以下事项:

(1)投资审批咨询评估,具体包括:

①专项规划,指国家发展改革委审批或核报国务院审批的涉及重大建设项目和需安排政府投资的专项规划(含规划调整)。

②项目建议书,指国家发展改革委审批或核报国务院审批的政府投资项目建议书。

③可行性研究报告,指国家发展改革委审批或核报国务院审批的政府投资项目可行性研究报告。

④项目申请报告,指国家发展改革委核准或核报国务院核准的企业投资项目申请报告。

⑤资金申请报告,限于按具体项目安排中央预算内投资资金、确有必要对拟安排项目、资金额度进行评估的资金申请报告。

⑥党中央、国务院授权开展的项目其他前期工作审核评估。

(2)投资管理中期评估和后评价,具体包括:

①上文专项规划的中期评估和后评价。

②政府投资项目后评价。

③中央预算内投资专项实施情况的评估、专项的投资效益评价。

国家发展改革委审批政府投资项目初步设计和概算核定，原则上由国家投资项目评审中心实行专业评审。需要特殊专业技术服务的，经投资司同意后，主办司局可以委托投资咨询评估。安排中央预算内投资额度较大的地方政府投资项目资金申请报告，也可由国家投资项目评审中心实行专业评审。

（二）咨询评估机构管理

承担具体专业投资咨询评估任务的评估机构，应当具备以下条件：

（1）通过全国投资项目在线审批监管平台备案并列入公示名录的工程咨询单位。

（2）具有所申请专业的甲级资信等级，或具有甲级综合资信等级。

（3）近 3 年完成所申请专业总投资 3 亿元以上项目可行性研究报告、项目申请报告编制，项目建议书、可行性研究报告、项目申请报告、项目资金申请报告及规划的评估业绩共不少于 20 项（特殊行业除外）。

国家发展改革委可以确定具有相关能力的机构作为投资咨询评估机构，以备承担特殊行业或特殊复杂事项的咨询评估任务。

国家发展改革委对承担投资咨询评估任务的咨询机构实行“短名单”管理。确定“短名单”的程序是：

（1）根据各有关司局的需求，确定投资咨询评估专业。

（2）投资司根据确定的投资咨询评估专业，经过公开遴选程序，提出咨询评估机构建议名单。

（3）各专业司局对咨询评估机构建议名单研提意见。

（4）投资司根据各专业司局意见拟订“短名单”报请委领导审核。

（5）确定“短名单”并予以公告。

国家发展改革委根据投资管理需要，结合投资咨询评估机构管理情况，对“短名单”机构进行动态调整，原则上每 3 年调整一次。

其他部门委托国家发展改革委“短名单”机构承担咨询评估任务、发现存在服务质量问题的，可以告知国家发展改革委做出相应处理。

（三）委内工作程序

承担委托任务的咨询评估机构的排序和选取，按以下规则进行：

（1）分专业对评估机构进行初始随机排队。

（2）按照初始随机排队的先后顺序，确定承担评估任务的机构。

（3）评估机构接受任务后，随即排到该专业排队顺序的队尾；评估机构如果拒绝接受任务，应提交书面说明，排到排队顺序的队尾。

（4）选取咨询评估机构应当符合回避原则，承担某一事项编制任务的机构，不得承担同一事项的咨询评估任务；承担咨询评估任务的机构，与同一事项的编制单位、项目业主单位之间不得存在控股、管理关系或者负责人为同一人的重大关联关系。

对特别重要项目或特殊事项的咨询评估任务，可以通过招标或指定方式确定评估机构。

对国民经济和社会发展有重要影响的专项规划和重大项目的项目申请报告、项目建议书、项目可行性研究报告，可以委托多家评估机构承担咨询评估任务。

（四）咨询评估工作规范

在接受评估任务后，评估机构应当确定项目负责人，成立评估小组，制定评估工作计划，定期反馈评估工作进度，在规定时限内提交评估报告。项目负责人应当是经执业登记的咨询工程师（投资）。参加评估小组的人员应当熟悉国家和行业发展有关政策法规规划、技术标准规范，评估小组应当具有一定数量的本专业高级技术职称人员。

涉密项目的咨询评估任务应按照《中华人民共和国保守国家秘密法》及其实施条例规定，由国家发展改革委主办司局通过与评估机构签订保密协议并监督执行的方式进行保密管理。

评估报告的内容包括：标题及文号、目录、摘要、正文、附件。评估机构在评估工作中要求补充相关资料时，应当书面通知评估事项的项目单位。该书面通知及补充资料应当作为评估报告的附件报送国家发展改革委。评估报告应当附具项目负责人及评估小组成员名单，并加盖评估机构公章和项目负责人的咨询工程师（投资）执业专用章。

国家发展改革委委托咨询评估的完成时限一般不超过 30 个工作日。评估机构因特殊情况确实难以在规定时限内完成的，应在规定时限到期日的 5 个工作日之前向国家发展改革委主办司局书面报告有关情况，征得委托司局书面同意后，可以延长完成时限，但延长的期限不得超过 60 个工作日。

评估机构应不断改进内部管理机制、优化评估工作流程、完善评估专家库，保证独立、公正、客观、科学地开展评估工作，提高评估工作水平和质量。

（五）咨询评估质量管理

咨询评估任务完成后，国家发展改革委主办司局应当通过委托评估系统填写对评估报告质量的评价，评价情况分为较好、一般、较差。质量评价结果与服务费用和“短名单”动态管理挂钩。对评估报告首次评价为较差的咨询机构，由投资司进行约谈、警告；对累计两次评价为较差的咨询机构，由投资司暂停其“短名单”机构资格 1 年；对累计 3 次评价为较差的咨询机构，由投资司将其从“短名单”中删除。

评估机构应于每年 1 月底前向国家发展改革委投资司报送上一年度的评估工作总结报告。评估工作总结报告内容主要包括：上一年度承接、完成国家发展改革委委托咨询评估任务情况；评估工作中遇到的问题及有关意见建议等。

国家发展改革委受理对评估机构的举报、投诉，并组织或委托有关机构和专家进行检查核实，对查实的问题按照规定进行相应处理。

评估机构有下列情形之一的，国家发展改革委应当将其从“短名单”中删除：

（1）评估报告有重大失误。

（2）累计两次拒绝接受委托任务。

（3）未在规定时限或者经批准的延期时限内完成委托任务。

（4）违反《工程咨询行业管理办法》有关规定的。出现上述（1）所列情形的，对涉及的咨询工程师（投资），取消其执业登记。

国家发展改革委有关工作人员，在投资咨询评估管理工作过程中玩忽职守、滥用职权、徇私舞弊、索贿受贿的，对负有责任的领导人员和直接责任人员依法给予处分；构成犯罪的，依法追究刑事责任。

典型例题

【单选题】根据《国家发展改革委委托投资咨询评估管理办法》，关于咨询评估机构管理的说法，正确的是（　　）。

A. 国家发改委对咨询机构实行"短名单"管理，原则上每年调整1次

B. 对拒绝接受委托任务的咨询机构，国家发改委将从"短名单"中删除

C. 对评估报告首次评价为较差的评估机构，国家发改委将暂停其"短名单"资质1年

D. 对评估报告累计3次评价为较差的评估机构，国家发改委将从"短名单"中删除

D。**【解析】**国家发展改革委根据投资管理需要，结合投资咨询评估机构管理情况，对"短名单"机构进行动态调整，原则上每3年调整一次。故选项A错误。咨询评估任务完成后，国家发展改革委主办司局应当通过委托评估系统填写对评估报告质量的评价，评价情况分为较好、一般、较差。质量评价结果与服务费用、"短名单"动态管理挂钩。对评估报告首次评价为较差的咨询机构，由投资司进行约谈、警告；对累计2次评价为较差的咨询机构，由投资司暂停其"短名单"机构资格1年；对累计3次评价为较差的咨询机构，由投资司将其从"短名单"中删除。故选项B，C错误。

第七章　建设方案研究与比选

第一节　建设方案研究与比选的要求与指标体系

一、建设方案研究与比选的任务

建设方案的研究和比选是项目评估的重要组成部分。它是指通过对投资项目各项建设方案的分析、比较和优化，采用最佳方案或方案序列的全过程。目的是在技术、经济、环境和社会方面挑选出实现既定市场目标、功能目标和效益目标的更好解决方案。

建设方案研究与比选的任务就是，通过对建设规模与产品方案的论证，提出两个或两个以上方案进行比选，分别说明各方案的优缺点，并提出推荐方案。比选内容主要有：单位产品生产能力（或者使用效益）投资；投资效益（即投入产出比、劳动生产率等）；多产品项目资源综合利用方案与效益等。

进行项目建设方案研究与比选，应在满足国家及行业有关建设法规和技术政策的情况下，对已有的项目建设方案进行细化和优选，使最终决策的建设方案满足以下要求：

（1）符合项目决策分析与评价相应阶段的深度要求。

（2）符合节约投资和成本控制的要求。

（3）符合风险控制及安全性要求。

（4）符合项目投资者的发展战略、项目的功能和盈利目标等方面的要求。

（5）符合技术先进性和适用性，满足项目的前瞻性要求。

（6）符合技术的可得性和技术贸易的合理性要求。

（7）符合环境友好和可持续发展，资源节约的要求。

二、建设方案研究与比选的作用

建设方案研究和比选在项目决策阶段起着重要的作用，可为项目投资估算、经济评价、安全评价、社会评价、环境评价提供一定的参考依据，也是判断项目可行性的重要依据，其主要作用主要有：

（1）确定产品的方案设计以及建设规模。

（2）为投资估算、融资、财务效益、经济效益、社会效益和环境效益评估提供依据。

(3)在建设方案构造过程中反复进行比较,实现项目建设方案的优化。

(4)为项目的初步设计提供依据。

(5)为项目用地、选址、安全评价、环境影响评价等评估提供基础数据和信息。

(6)为建设资源节约型社会提供合理的节能、节水、节材、节地等资源型利用标准和设计技术,为项目能耗指标评价提供对比数据,为项目核准或者备案及节能验收提供依据。

(7)为编制项目申请报告、资金申请报告及相关评审工作提供依据。

典型例题

【单选题】下列选项中,属于建设方案研究与比选作用的是(　　)。

A. 为项目产品市场研究提供依据

B. 为企业战略选择提供依据

C. 提供节能、节水、节材的技术数据

D. 指导评估机构完成项目决策工作

C。【**解析**】建设方案研究与比选的作用详见上文。

三、建设方案研究与比选的内容

建设方案的内容与项目所处的行业有很大的相关性,因而在建设方案研究与比选的过程中,侧重点也有所不同。实际操作过程中,建设方案比选应结合各自行业的特点和具体要求,灵活调整比选方向。但一般情况下,建设方案研究与比选应当都具备图 7-1 所示内容。

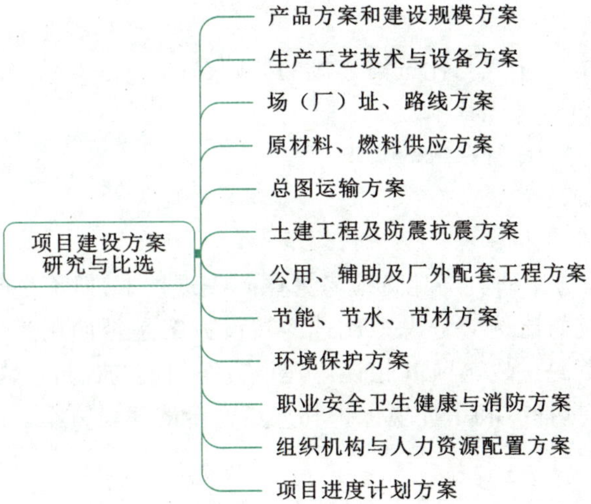

图 7-1　项目建设方案研究与比选

四、建设方案比选的原则

(一)技术比选原则

技术比选需遵循如下原则:

(1)先进性原则。应保持拟比选的建设方案所采用的技术具有一定的国际竞争力,但不是非要采用国外先进的技术，还要综合考虑其他因素。

(2)适用性原则。建设方案应能够结合项目所在地当地的资源情况并充分利用，降低不必要的资源消耗，同时起到保证产品质量，改善产品结构，高效发挥原有技术装备和技术力量的作用。

(3)可靠性原则。建设方案必须稳定成熟，可以保证产品质量和项目的生产能力，技术来源可靠，能够预防因项目建设造成的资源浪费、生态平衡破坏、人类安全受到威胁等风险的发生。

(4)安全性原则。对每一种技术方法都应从安全(包括设备、作业人员、环境和周围成品、第三方的安全)上进行技术可行性分析，论证。

(5)经济性原则。选择性价比较高的方案。

(6)技术、经济、社会和环境相结合原则。技术经济综合比选是在综合考虑方案的技术可行性和经济可行性下的综合比选。

(二)经济比选原则

经济比选需遵循如下原则：

(1)可比性原则。可比性是建设方案比选的前提条件，包括满足需求可比、消耗费用可比、价格指标可比、时间因素可比、方法可比五个方面。

(2)差异比较原则。指在进行投资方案比选时，将经济效益方面相同的因素略去，只比较各方案在经济效益方面不同的因素。例如，在投资方案的费用水平一致时，仅需要比较各自的产出水平；在投资方案的产出水平一致时，仅需要比较各自在费用上的差异。

典型例题

【单选题】建设方案研究与比选需遵循的原则是(　　)。

A. 项目应采用国际先进技术

B. 项目完全依靠项目所在地的资源

C. 备选方案应稳定成熟

D. 项目不能对人员和环境产生任何影响

C。【解析】建设方案研究与比选应考虑国际先进技术，但不是必须采用。故选项 A 错误。建设方案研究与比选应考虑拟比选的建设方案是否使用当地的资源，并非完全依靠项目所在地的资源。故选项 B 错误。建设方案研究与比选应考虑是否会对人员及环境等产生危害，应选择有利于环境保护和人员安全的建设方案。故选项 D 错误。

五、建设方案比选的指标体系及基础资料

(一)比选指标体系

建设方案比选主要有技术层面、经济层面、社会层面(包括环境层面)。市场竞争类项目的比选层面侧重于技术和经济层面。公共产品和基础设施项目的比选层面侧重于社会和技术层面。竞争类项目比选主要为经济和技术层面。

（二）基础资料和数据

建设方案比选的基础资料和数据主要包括以下内容：

(1)区域数据，地理、气象、水文、地质、经济、社会发展、交通和环境保护。

(2)工程规划材料，国家、行业及地区颁布的工程、技术和经济方面的规范、标准和定额。

(3)市场调研的数据，细分市场、目标市场和市场容量。

提示

基础资料和数据应具有可靠性和可比性。

第二节　建设方案研究与比选的范围和基本步骤

一、建设方案的比选范围

建设方案一般可分为建设项目整体方案、子项目（分项工程）建设方案、专业工程建设方案三个层级。各级项目建设方案比选的范围有所不同，分别如下：

(1)项目整体方案。比选范围基本包括：场（厂）址选择方案；建设规模与产品方案；环境保护方案；总体布局和主要运输方案；总体技术路线；其他总体性建设方案等。

(2)子项目（分项工程）建设方案。比选范围主要包括：各车间建设方案；各生产装置的建设方案；各专项建设项目（道路、管线、码头等）的建设方案；其他子项目建设项目的建设方案。

(3)专业工程建设方案。比选范围主要包括：公共建设项目配套设施建设和主要设备比选方案。

典型例题

【多选题】建设项目整体方案的比选内容一般包括（　　）。

A. 公用工程配套设施　　B. 场（厂）址选择

C. 建设规模与产品　　D. 各车间建设

E. 环境保护

BCE。【解析】建设项目整体方案的比选内容包括场（厂）址选择方案、建设规模与产品方案、环境保护方案、总体布局和主要运输方案、总体技术路线、其他总体性建设方案等。

二、建设方案比选步骤

建设方案的比选一般按照以下步骤进行：

(1)比选问题的命题方向和资料准备。明确每个比选问题具体的条件和要求，并作为比选专题方案的基础。

(2)确定比选的组织形式。

(3)搜集基础资料。

(4)进行建设方案的初步审查。

(5)确定比较方法。根据所选专题的特点,提出每个候选项的比较因子,并对定性和定量分析进行比选最佳方法。

(6)进行参选方案比选工作。专家评议组或咨询人员进行具体的分析和计算工作并提交报告。

第三节　建设方案的主要研究内容

一、建设规模与产品方案

建设规模和产品方案研究以市场预测和资源评价(资源开发项目)为基础,并论证比选拟建项目的建设规模及产品方案(包含主要和辅助产品及其组合),作为决定项目技术方案、设备方案、工程方案、原材料燃料供应方案和投资估算的依据。

(一)建设规模的方案选择

建设规模(生产规模)是指在项目规定的正常生产和运营年限内可以实现的生产能力或使用效益。对于生产多种产品的项目,通常根据主要产品的生产能力来表明项目的建设规模。而针对不同类型的项目,建设规模的表述也有所不同。如一般工业项目可以用成品年产量、装机容量、处理原材料数量等表示建设规模;交通运输项目可以用运输能力、吞吐量来表示建设规模;农业水利项目可以用灌溉面积、种植面积、防洪治涝面积等来表示建设规模。

建设规模的确定必须考虑到市场供需、资金筹措、企业经济效益和厂址建设条件等诸多因素。确定建设规模一般应研究以下主要因素和内容。

1. 合理的经济规模

合理的经济规模意味着在一定的技术经济条件下,项目投入产出比处于比较优异的状态,资源和资金得到充分利用,可以获得最佳经济效益的规模。通常用单位产品成本、单位投资利润、单位产品投资、劳动生产率来衡量经济规模的合理性。

2. 市场容量

根据市场需求预测市场容量、需求特征、社会需求时间紧迫性、目标市场和可能占据的市场份额,确定目标市场,进而确定项目建设规模。

3. 环境容量和自然资源

根据拟建项目所必需、又能够达到的自然环境条件,既要考虑当地环境的承受能力,还要考虑企业污染物总量控制的可能性,确定项目建设规模。

4. 资本、原材料和主要外部协作条件(水、能源、土地)

为确定不同行业和不同类型项目的建设规模,还应分别考虑以下因素:

(1)煤炭、金属、非金属矿山、石油、天然气等矿产资源开发项目,应根据资源的合理开发利用要求、资源的可采储量、储存条件等确定建设规模。

(2)水利水电工程应根据水资源量、可开发利用率、地质条件、建设条件、库区生态影响、占地和移民安置等确定建设规模。

(3)铁路和公路项目应根据拟建项目影响区域内一定时期内交通运输的需求预测,以及项目在综合交通运输系统和该运输系统中的作用确定线路等级、线路长度和运输能力。

(4)技术改造项目应充分研究拟建生产规模与企业现有生产规模的关系。拟建生产规模属于外延型还是外延内涵复合型,以及利用现有场地、公共工程和辅助设施等的可能性。

5. 技术经济的社会条件

建设规模的确定也需要考虑技术及设备的可靠性、先进性、可得性及适用性。

(二)确定建设规模的主要方法

1. 经验法

经验法是指根据国内外同类或类似企业的经验数据,考虑影响建设规模的相关因素,确定拟建项目生产规模的一种方法。在实践中,此法应用最为普遍。

2. 规模效果曲线法

规模效果曲线法是通过研究企业的销售收入与成本曲线的变化情况,来确定项目的最适宜的生产规模的一种方法。根据图 7-2,Q_{E1} 和 Q_{E2} 是盈亏平衡点,在选择拟建项目的建设规模时,应首先确定规模经济区,即 Q_{E1} 到 Q_{E2} 的区域;在该区域内,Q_R 的边际收入等于边际成本,理论上应以 Q_R 作为拟建项目的建设规模,但实际中,往往受到其他因素影响,选择靠近 Q_R 的建设规模,受政策与市场的影响,确定 Q_{E2} 比确定 Q_{E1} 更难一些,因此,Q_R 存在不确定性。

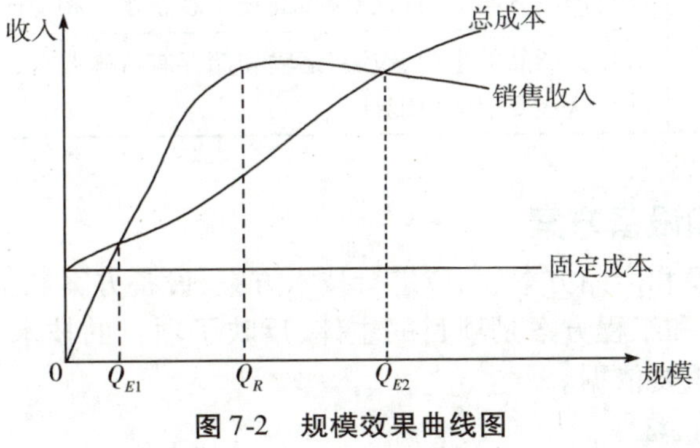

图 7-2　规模效果曲线图

3. 生存技术法

相比于经验法,生存技术法要更为严格。主要是根据规模分类计算出不同规模的企业在不同时期所占比例,从而判定其生存能力。

(三)建设规模的合理性分析

建设规模的合理性分析包括以下几个方面:

(1)项目建设条件的适应性、合理性、匹配性。

(2)与行业特点的符合性。

(3)与产业政策的符合性。

(4)资源利用的合理性。

(5)收益的经济性。

(四)产品方案选择

产品方案是研究拟建项目生产的产品品种及其组合的方案。生产多种产品的拟建项目,应研究其主要产品、辅助产品、副产品的种类及其生产能力的合理组合,以便为下一步研究技术、设备、原材料燃料供应等方案提供依据。要确定产品方案,通常应研究主要因素及其内容,见表7-1。

表7-1　产品方案选择应考虑的主要因素及其内容

因素	内容
市场需求	项目产品方案应根据市场需求确定产品的品种、数量、质量,并能较好适应市场变化
产业政策和技术政策	项目产品方案应符合政府发布的鼓励发展的产业和产品方向,以及技术政策和技术标准,使产品具有较高的技术含量和市场竞争力
专业化协作	项目产品方案应促进专业化协作,以及上游和下游产品链、产业链的融合
资源综合利用	共生型资源开发项目或者在生产过程中产有副产品的项目,在确定产品方案时,应考虑资源的综合利用,提出主要产品和副产品的组合方案
环境条件	确定项目产品方案,应考虑环境保护要求和可能获得的环境容量,以及环保治理设施投资等因素
原材料燃料供应	研究项目产品方案,应考虑项目所采用的原材料燃料的可得性,以及数量、品质、来源的稳定性
技术设备条件	项目产品方案应与可能获得的技术装备水平相适应
生产储运条件	对项目产品的生产、包装、运输和储存有特殊要求,在确定产品方案时应考虑满足这些要求的可能性

二、技术方案和设备方案

确定项目建设规模和产品方案后,应进行技术方案、设备方案和工程方案的具体研究和论证工作。技术、设备和工程方案是项目的主体,反映了项目的技术和工艺水平,也是确定项目是否经济合理的重要依据。

(一)技术方案的选择

技术方案主要涉及生产方法、工艺流程(工艺过程)等。技术方案的选择是技术先进程度,技术可靠程度,技术对产品质量和性能的保证程度,技术对原材料的适应性、工艺流程的合理性、自动控制水平,获得技术和环境的影响程度,比较和选择影响程度以及购买技术或专利费等技术和经济指标,并提出方案。

1. 技术方案的分类

生产工艺技术方案一般分为五类,见表7-2。

表 7-2　生产工艺技术方案的类型

序号	内容	
	条件	方案
1	技术复杂,且国内首次建设的项目	国外完成基础设施、工艺技术和工艺包;国内完成部分设备采购和详细设计
2	引用国外工艺包范围内的先进技术建设	国内工程公司完成基础设施、设备采购和详细设计(工程技术国产化)
3	国内外技术都成熟,技术路线不同;国内没有大规模运行业绩	国内、国外均招标,选取合适的技术
4	合作开发技术建设	国内外合作开发工业技术(部分工艺技术国产化)
5	国内工艺技术先进、可靠、成熟	采用国内成套技术建设(工艺技术国产化)

2. 技术方案的比选论证

技术方案的比选时应考虑技术的先进性、适用性、可靠性、安全性、经济合理性以及与清洁生产要求的符合性等因素。

先进性是指项目应尽可能采用先进技术和高新技术。衡量技术先进性的指标,主要有产品质量性能、产品使用寿命、单位产品物耗能耗、劳动生产率、自动化水平、装备水平等。项目采用的技术应尽可能接近国际先进水平或者居国内领先水平。

适用性是指项目所采用的技术应与建设规模、产品方案,以及管理水平相适应。技术的适用性体现在:

(1)采用的技术应与可能得到的原材料、辅助材料和燃料相适应。

(2)采用的技术应与可能得到的设备相适应,包括国内设备和国外设备、主要设备和辅助设备。

(3)采用的技术应与员工素质和管理水平相适应。

(4)采用的技术应与环境保护要求相适应,尽可能采用清洁生产技术。

可靠性是指技术方案应确定所生产的单个产品的技术参数是否合格,应确定方案的产品质量是否稳定,即正品率的高低。

安全性是指项目所采用的技术在正常使用中应确保安全生产运行。核电站、产生有毒有害和易燃易爆物质的项目,以及地下矿开采、水利水电枢纽等,尤其应注重技术的安全性研究。

经济合理性是指在注重所采用的技术设备先进适用、安全可靠的同时,应着重分析所采用的技术是否经济合理,是否有利于节约项目投资和降低产品成本,提高综合经济效益。

清洁生产工艺要求的符合性是指要选择低碳化、循环化、集约化的环境友好性技术。

3. 技术方案的比选内容

技术方案的比选内容主要有:

(1)技术的先进程度。

(2)技术的可靠程度。

(3)技术对产品质量性能的保证程度。

(4)技术对原材料的适应性。

(5)工艺流程的合理性。

(6)自动化控制水平。

(7)技术获得的难易程度。

(8)对环境的影响程度。

(9)购买技术或者专利费用等技术经济指标。

(10)技术改造项目技术方案的比选论证,还要与企业原有技术方案进行比较。

典型例题

【单选题】生产工艺技术选择考虑的主要因素中,说法正确的是(　　)。

A. 先进性要求项目应采用国际领先的工艺技术

B. 生产工艺技术经济合理性体现在消耗少、投资少、利润高等方面

C. 清洁生产意味着项目应做到杜绝污染物排放

D. 项目运行过程的安全是生产工艺技术可靠性的体现

B。【解析】先进性是指项目应尽可能采用先进技术和高新技术。故选项 A 错误。符合清洁生产工艺要求是指从源头上减少污染物的排放,而不是杜绝污染物排放。故选项 C 错误。安全性是指项目所采用的技术在正常使用中应确保安全生产运行。故选项 D 错误。

4. 技术方案比选方法

工艺技术方案比选通常采用定性分析和定量分析相结合的方法进行比选。比选步骤:

(1)利用定量指标进行比选,其中主要有原材料和辅助材料的物耗指标、能源消耗指标等指标的技术分析。

(2)进行经济分析,主要指标有单位产品成本、单位产品投资、技术使用权费用等。

(3)利用占地面积、定员等指标进行综合分析。

(4)对风险因素进行定量或定性分析,主要有影响技术先进性、适用性和可靠性的因素等。

典型例题

【单选题】关于生产工艺技术方案研究的说法,错误的是(　　)。

A. 选择生产工艺技术往往采用多方案比选

B. 需要对比的经济指标有单位产品成本

C. 选用技术设备通常只考虑其硬件费用

D. 技术改造项目还要与企业原有技术进行比较

C。【解析】对技术设备进行选择时,首先应通过调查掌握国内外同类技术设备的成交价格,然后分析比较设备硬件和软件在内的专利技术和专有技术,并重视设备结构以及材质的创新。故选项 C 错误。

（二）主要设备方案选择

设备方案选择基于研究技术方案，并比较所需主要设备的规格、型号、数量、来源、价格和运营成本、寿命周期成本和差额投资回收期，然后提出推荐方案，并编制主要设备表。

1. 设备方案的类型

设备方案的类型一般包括四种情况，见表 7-3。

表 7-3　设备方案的类型

序号	内容	
	条件	措施
1	无新设备	招标确定有关企业进行研发，论证后批量制作使用
2	国内无某些关键设备	引用技术、合作制造方式采购
3	设备已经进入市场，国内有能力进行制造	公开招标采购（国内优先）
4	国内有成熟制造经验，且该设备有显著业绩	国内采购

注：对上述方案 2 中，若为国内制造，则需进行技术论证，分析风险，提出应对措施。

2. 主要设备方案比选

主要设备选择时，应考虑的因素主要有：国内外同类技术设备的成交价格；工艺技术方案与建设规模的适应性；设备配置方案的风险；自动化方案的比选。

在实际操作中，主要设备选择应满足以下要求：

（1）所选设备技术性能先进，应达到目前国内先进水平，制造商已证明其运行稳定可靠，可满足生产高质量产品的要求。

（2）条件满足时，优先选用国内可以生产的设备，以求设备性价比合理。

（3）充分考虑引用设备和国产设备、主设备和其他设备之间的符合性。

（4）所选生产设备应节能、环保且安全。

（5）合理配置生产设备，充分发挥各种设备的最佳技术水平。

（6）考虑设备的管理和操作的适应性。

在调查研究国内外设备制造、供应，以及运行状况的基础上，对拟选的主要设备做多方案比选，提出推荐方案。

设备方案比选时，主要比选各设备方案对建设规模的满足程度，对产品质量和生产工艺要求的保证程度，设备使用寿命，物料消耗指标，备品备件保证程度，安装试车技术服务，以及所需设备投资等。

设备方案比选主要采用定性分析，辅之以定量分析的方法进行。定性分析是将各设备方案的内容进行分析对比。定量分析一般包括计算运营成本、寿命周期费用和差额投资回收期等指标。几种主要的定量分析方法如下：

（1）运营成本比较。这种比较方法是对设备方案的原材料、能源消耗和运转维修费等运营成本进行比较。在功能相同的条件下，设备运营成本低的方案为优。

(2)寿命周期费用比较。这种比较方法包括年费用比较和现值比较。年费用比较是将一次投入的设备费用,按使用寿命换算成每年的费用支出,加上年运营费用,进行比较,年费用少者为优。现值比较是将每年运营费用通过折现系数换算成一次投资费用,加上设备投资,进行比较,现值少者为优。

(3)差额投资回收期比较。这种比较方法是将两个设备方案的运营成本的差额与设备投资的差额相比,计算差额投资回收年限,少于预期投资回收期时,投资大的方案为优。

三、场(厂)址选择

可行性研究阶段的选址是选择建筑区域内的具体坐落位置以及确定初步可行性研究(或项目建议书)的位置,通常称为工程选址。它涉及投资的区域分配、区域社会经济发展、经济结构、自然生态环境、城市规划和产品生产要求、未来产品销售市场,甚至员工生活等诸多方面,是带有全局性、长远性的重要问题。

(一)项目选址中应考虑的因素

有些项目由业主单位已预先确定地址,这使得选址问题变得简单。对于大多数大型项目,选址过程涉及很多因素,问题更加复杂。有必要由专项工作组进行研究。

1. 自然因素

自然因素包括自然资源和自然条件。自然资源包括矿产资源、水资源、土地资源、海洋资源和气象资源。一些大中型建设项目的选址主要受一种或几种资源储存状况的影响。自然条件包括地形、地貌和占地面积、工程地质、水文地质等。有些项目没有不利的环境影响,但对环境影响的结果很敏感。

2. 运输因素

运输成本是生产成本的重要组成部分。应在原材料、燃料和产品销售地点之间的关系中全面研究选址,并寻求最低运输点。

3. 市场因素

市场因素是指项目建设的原材料供应、人力供应、动力供应市场以及产品的销售市场。项目位置距离市场的远近及运输的可运性会影响产品或原料的选择。

4. 社会和政策因素

建设项目对公众的安全健康、生活环境、生活质量带来的影响以及公众反对或支持的态度将影响项目选址,其中主要是政策因素。

5. 劳动力因素

劳动力因素直接影响到技术的应用效果,主要包括与劳动力有关的资源、市场、素质、费用等因素。

6. 人文因素

人文因素主要指不同地区,不同民族的文化习俗,人文理念等对项目建设的影响。

7. 集聚因素

地区产业的集中布置可以产生"集聚效应",从而带来资源共享,可以最大程度的降低成本,提高环境友好水平。

典型例题

【多选题】下列影响项目选址的区域因素中,属于集聚因素的有(　　)。

A. 有集中供热设施　　B. 工程地质设施良好

C. 当地民众支持　　D. 有区域污水处理厂

E. 上游企业就近供应原料

AD。【解析】集聚因素反映的是拟选地区内产业的布局形式,包括集中布局与分散布局。选项B属于自然因素;选项C属于社会和政策因素;选项E属于市场因素。

(二)场(厂)址选择的要求

1. 一般项目场(厂)址选择的基本要求

场(厂)址选择应符合所在地区的规划,符合国家产业布局政策和宏观规划战略等。

场(厂)址选择应有利于资源合理配置;有利于节约用地和少占耕地及减少拆迁量;有利于依托社会或依托现有设施;有利于建设和运行;有利于运输和原材料、动力供应;有利于环境保护、生态平衡、可持续发展;有利于劳动安全及卫生、消防等;有利于节省投资、降低成本、增强产品竞争力、提高经济效益。

场(厂)址选择应满足以下几点要求:

(1)节约用地,少占耕地。建设用地应因地制宜,优先考虑利用荒地、劣地、山地和空地,尽可能不占或少占耕地,并力求节约用地。

(2)减少拆迁移民。工程选址、选线应着眼于少拆迁、少移民,尽可能不靠近、不穿越人口密集的城镇或居民区。

(3)有利于场区合理布置和安全运行。场(厂)址选择应满足生产工艺要求,场区布置紧凑合理,有利于安全生产运行。

(4)有利于保护环境和生态,有利于保护风景区和文物古迹。

(5)有利于废弃物排放与处置。

(6)有丰富的产品销售与原材料采购市场,有比较齐全的水电供应。

(7)有利于与周边建立交通联系,并且实现上下游产业一体化,减少资源浪费。

(8)有可依托的生活服务设施,良好的工程和水文地质、气象、防灾害(地震、台风、洪涝)条件。

(9)厂址地形地貌与项目特点相适应。

(10)符合国家和地区规划,城乡总体规划、工业园区总体规划、土地利用总体规划等相关要求。

交通运输项目选线应有利于沿线地区的经济和社会发展。技术改造项目应充分利用原有场地。

典型例题

【多选题】关于场(厂)址方案选择基本要求的说法,正确的有(　　)。

A. 优先考虑从零开始建设的基本设施和生活服务设施的建设场地

B. 有良好的工程地质、水文地质、气象、防洪防涝等条件

C. 拥有(或靠近)丰富可靠的原料供应市场和产品销售市场

D. 重视节约用地和合理用地,优先利用包括农用地在内的闲置土地

E. 有可供选择利用的工业固体废弃物存放场地,有建设单位指定的危险废弃物处置场所

BC。【解析】场(厂)址地形地貌要选择适合项目特点的,不宜另选场(厂)址。故选项 A 错误。选择时应重视节约用地和合理用地,尽量少占农用地。故选项 D 错误。应选择有可供选择利用的工业固体废弃物存放场地,有省市指定的危险废弃物处置场所。故选项 E 错误。

2. 危险废物贮存和填埋场选择要求

有关危险废物集中贮存设施的选址内容包括:

(1)危险废物贮存设施可分为危险废物产生单位的贮存设施,从事危险废物收集经营活动单位的贮存设施以及从事危险废物收集、贮存、处置及资源化综合经营活动单位的贮存设施。

(2)应依据环境影响评价结论确定危险废物集中贮存设施的位置及其与周围人群的距离,并经具有审批权的生态环境行政主管部门批准,并可作为规划控制的依据。

(3)在对危险废物集中贮存设施场址进行环境影响评价时,应重点考虑危险废物集中贮存设施可能产生的有害物质泄漏、大气污染物(含恶臭物质)的产生与扩散以及可能的事故风险等因素,根据其所在地区的环境功能区类别,综合评价其对周围环境、居住人群的身体健康、日常生活和生产活动的影响,确定危险废物集中贮存设施与常住居民居住场所、农用地、地表水体以及其他敏感对象之间合理的位置关系。

(4)建设在危险废物产生单位和从事危险废物收集、贮存、处置及资源化综合经营活动单位内部的贮存设施,应根据原厂区的总平面布置和消防等相关要求确定贮存设施建设地点。

根据有关标准,危险废物集中贮存设施的选址应满足:

(1)填埋场选址应符合环境保护法律法规及相关法定规划要求。

(2)填埋场场址的位置及与周围人群的距离应依据环境影响评价结论确定。在对危险废物填埋场场址进行环境影响评价时,应重点考虑危险废物填埋场渗滤液可能产生的风险、填埋场结构及防渗层长期安全性及其由此造成的渗漏风险等因素,根据其所在地区的环境功能区类别,结合该地区的长期发展规划和填埋场设计寿命期,重点评价其对周围地下水环境、居住人群的身体健康、日常生活和生产活动的长期影响,确定其与常住居民居住场所、农

用地、地表水体以及其他敏感对象之间合理的位置关系。

(3)填埋场场址不应选在国务院和国务院有关主管部门及省、自治区、直辖市人民政府划定的生态保护红线区域、永久基本农田和其他需要特别保护的区域内。

(4)填埋场场址不得选在以下区域:破坏性地震及活动构造区,海啸及涌浪影响区;湿地;地应力高度集中,地面抬升或沉降速率快的地区;石灰熔洞发育带;废弃矿区、塌陷区;崩塌、岩堆、滑坡区;山洪、泥石流影响地区;活动沙丘区;尚未稳定的冲积扇、冲沟地区及其他可能危及填埋场安全的区域。

(5)填埋场选址的标高应位于重现期不小于100年一遇的洪水位之上,并在长远规划中的水库等人工蓄水设施淹没和保护区之外。

(6)填埋场场址地质条件应符合下列要求,刚性填埋场除外:①场区的区域稳定性和岩土体稳定性良好,渗透性低,没有泉水出露。②填埋场防渗结构底部应与地下水有记录以来的最高水位保持3 m以上的距离。

(7)填埋场场址不应选在高压缩性淤泥、泥炭及软土区域,刚性填埋场选址除外。

(8)填埋场场址天然基础层的饱和渗透系数不应大于1.0×10^{-5} cm/s,且其厚度不应小于2 m,刚性填埋场除外。

(9)填埋场场址不能满足(6)、(7)及(8)的要求时,必须按照刚性填埋场要求建设。

3. 固体废弃物处置场(厂)址选择要求

根据《一般工业固体废物贮存、处置场污染控制标准》,一般工业固体废物贮存、处置场的环境保护要求如下。

堆放第Ⅰ类一般工业固体废物的贮存、处置场为第一类,简称Ⅰ类场。堆放第Ⅱ类一般工业固体废物的贮存、处置场为第二类,简称Ⅱ类场。

对于Ⅰ类场和Ⅱ类场的共同要求:

(1)所选场址应符合当地城乡建设总体规划要求。

(2)应依据环境影响评价结论确定场址的位置及其与周围人群的距离,并经具有审批权的生态环境行政主管部门批准,并可作为规划控制的依据。在对一般工业固体废物贮存、处置场场址进行环境影响评价时,应重点考虑一般工业固体废物贮存、处置场产生的渗滤液以及粉尘等大气污染物等因素,根据其所在地区的环境功能区类别,综合评价其对周围环境、居住人群的身体健康、日常生活和生产活动的影响,确定其与常住居民居住场所、农用地、地表水体、高速公路、交通主干道(国道或省道)、铁路、飞机场、军事基地等敏感对象之间合理的位置关系。

(3)应选在满足承载力要求的地基上,以避免地基下沉的影响,特别是不均匀或局部下沉的影响。

(4)应避开断层、断层破碎带、溶洞区,以及天然滑坡或泥石流影响区。

(5)禁止选在江河、湖泊、水库最高水位线以下的滩地和洪泛区。

(6)禁止选在自然保护区、风景名胜区和其他需要特别保护的区域。

Ⅰ类场的其他要求:应优先选用废弃的采矿坑、塌陷区。

Ⅱ类场的其他要求:

(1)应避开地下水主要补给区和饮用水源含水层。

(2)应选在防渗性能好的地基上。天然基础层地表距地下水位的距离不得小于1.5 m。

典型例题

【多选题】关于固体废弃物填埋场场地要求的说法,正确的有(　　)。

A. Ⅰ类场地应优先选用废弃的采矿坑、塌陷区

B. Ⅱ类场地应避开地下水主要补给区和饮用水源含水层

C. 地震烈度不超过7度的区域内

D. 应位于居民中心区常年最大风频的下风向

E. 建成后具有10年或更长的使用期

AB。【解析】固体废弃物填埋场场地选址要求详见上文。

4. 场(厂)址方案选择的注意事项

场(厂)址方案选择应注意的事项主要有:

(1)场(厂)址选择须遵守国家相关规定,听取地方政府有关部门的意见。

(2)场(厂)址应有利于同邻近企业和依托城镇,在生产、废料加工、交通运输、动力公用、维修服务、综合利用和生活设施等方面的协作。

(3)场(厂)址选择应避开对工厂劳动安全卫生和环境保护有害的地区。

(4)场(厂)址应具有满足建设需要的工程地质条件和水文地质条件。

(5)场(厂)址附近应避开重要水源和电源。

(6)场(厂)址附近应避开历史文物古迹保护区。

(7)场(厂)址附近应避开对军事设施和通信有影响的地区。

(8)场(厂)址选择应充分考虑投资主体的意见。

(9)场(厂)址选择应结合工程地质条件,避开地质特殊地段。

(三)场(厂)址比选内容

进行场(厂)址比选,应当明确以下目标,以便为相关主管部门和项目法人审批:

(1)形成最终报告,并提出场(厂)址推荐意见。

(2)对推荐场(厂)址的情况进行论述,分析其优缺点及推荐理由。

(3)明确推荐场(厂)址附近的相关路线、管线、生活区、水源地等位置。

(4)描述项目建设对周围自然环境、公共设施、交通、社会环境等的影响。

链接

对于可能导致地质灾害发生的项目,比选时应考虑与地质灾害相关的因素,申请建设用地之前必须进行地质灾害危险性评估。

场(厂)址比选内容见图7-3。

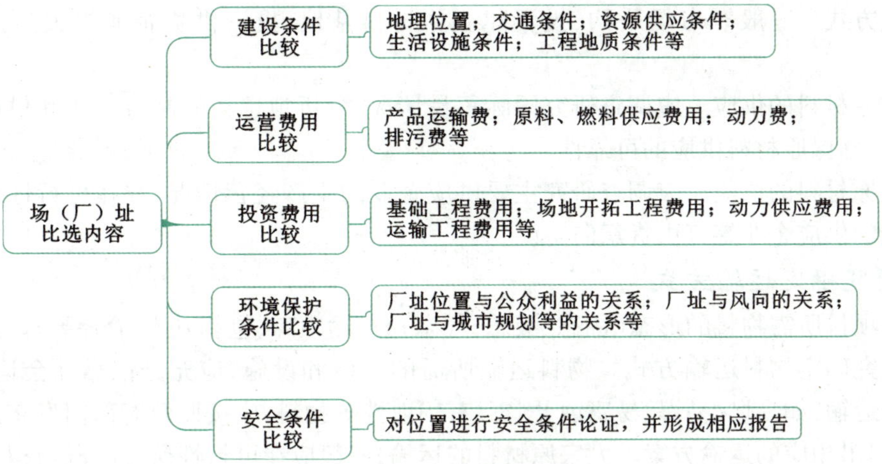

图 7-3　场(厂)址比选内容

四、原材料及燃料供应

在研究确定项目建设规模、产品方案、技术方案和设备方案的同时，还应对项目所需的原材料、辅助材料和燃料的品种、规格、成分、数量、价格、来源及供应方式，进行研究论证，以确保项目建成后正常生产运营，并为计算生产运营成本提供依据。

（一）主要原材料供应方案

主要原材料供应方案是研究所需主要原材料的品种、规格、成分、数量、价格、来源、供应方式和运输方式。原材料供应条件是项目在建成投产后生产经营过程中所需的各种原材料、主要材料、辅助材料和半成品的供应数量、质量、价格、供应来源、运输距离和仓储设施的条件，是工业生产所必需的基本条件。

1. 研究确定品种、质量和数量

根据项目产品方案详细研究并提出所需各种物料的品种、规格，根据项目建设规模和物料消耗定额计算各种物料的年消耗量。为了保证正常生产，根据生产周期、生产批量、采购运输条件等计算物料的经常储备量，同时还要考虑保险储备量和季节储备量。保险储备量是指为预防物料延滞到货风险增加的储备量；季节储备量是指为预防由于季节变化可能导致的物料供应量、供应价格变化增加的储备量。经常储备量、保险储备量和季节储备量三者之和为物料储备总量（即最高储备量），作为生产物流方案（包括运输、仓库等设施）研究的依据。

根据产品方案和技术方案，研究确定所需原材料的质量性能（包括物理性能和化学成分）。为确保采购的原材料、辅助材料的质量符合生产工艺要求，应研究提出建立必要的检验、化验和试验设施。

2. 研究确定供应来源与方式

供应企业和地区研究。对可以从市场采购的原材料和辅助材料，应确定采购的地区。有特殊要求的原材料，应提出拟选择的供货企业及供货方案。

供应方式。一般有市场采购、投资建立原材料基地、投资供货企业扩大生产能力等方式。

进口原材料的供应。应调查研究国际贸易情况，分析拟选择的制造企业和供应企业的资信情况，确保原材料供应的可靠性。

大宗原材料的供应。应调查研究主要供应企业的生产经营情况，并在可行性研究阶段与拟选择的供应企业签订供货意向协议。

3. 研究确定运输方式

根据项目所需物料的形态（固态、液态、气态）、运输距离、包装方式、仓储要求、运输费用等因素研究确定物料运输方式。物料运输所需的设备和设施，应充分依靠社会运输解决。特殊物料运输，如易燃、易爆、易腐蚀、剧毒、有辐射性等物料，应按照政府部门发布的安全规范要求，提出相应的运输方案。大宗原材料的运输，一般应在可行性研究阶段与拟选择的运输企业签订运输意向协议。

4. 研究选取原材料价格

在市场预测的基础上，对主要原材料的出厂价、到厂价，以及进口物料的到岸价和有关税费等做进一步计算，并进行比选。

（二）燃料供应方案

项目所需燃料包括生产工艺用燃料、公用和辅助设施用燃料、其他设施用燃料。

1. 燃料品种、质量和数量

根据拟建项目生产能力和燃料消耗定额，计算分析所需燃料的品种、数量和质量。生产工艺有特殊要求的，应分析论证确保燃料的品种、质量和性能满足生产工艺要求的方案。

2. 燃料运输方式和来源

在选择燃料来源时，还要研究运输条件，包括运输距离、接卸方式和运输设备等。大宗燃料的来源和运输，在可行性研究阶段，应与拟选择的供应企业、运输企业签订燃料供应和运输意向协议。

3. 燃料价格

在市场预测的基础上，对燃料价格（包括运输费用）进一步测算，并进行比选。

（三）主要原材料和燃料供应方案比选

主要原材料和燃料供应方案应进行多方案比选。主要内容包括：

（1）满足生产要求的程度，即原材料和燃料在品种、质量、性能、数量上能否满足项目建设规模、生产工艺的要求。

（2）采购来源的可靠程度、稳定性、安全性，包括原材料、燃料供应的稳定程度（包括数量、质量）和大宗原材料、燃料运输的保证程度。

（3）价格的经济性以及可能带来的风险。价格比选一般采用定性比较，必要时可采用定量分析，如单位产品边际利润法、盈亏平衡法和原材料最低成本法。

（4）通过比选，选出最佳方案。

五、总图运输方案

(一)总体布置方案

项目总体布置应根据项目的生产工艺流程或者使用功能的需要及其相互关系,结合场地和外部环境条件,对项目各个组成部分的位置进行合成,使整个项目形成布置紧凑、流程顺畅、经济合理、使用方便的格局。

1.总图布置基本要求

总图布置基本要求包括:

(1)功能分区,系统分明,布置整齐,在适用、经济的前提下注意美观。

(2)生产系统、辅助生产系统和运输系统的布置科学合理,物流和人流路径短捷,方便作业,尽量避免物流与人流相互交叉、往复、迂回。

(3)结合自然条件,并符合城镇和工业园区发展规划。

技术改造项目的总图布置方案应与企业现有的总图布置统一协调。

2.厂区总平面布置

厂区总平面布置应在总图布置的基础上,根据工厂的性质、规模和生产流程,并结合交通运输、环境保护、防火、安全、卫生、施工、检修、生产、经营管理、厂容厂貌及发展等要求,考虑自然环境的影响,最终经过比选确定。

厂区总平面布置应符合国家有关用地控制指标的规定,并应符合下列要求:

(1)工艺装置在生产流程、操作和环境条件许可时,建筑物等设施应联合多层布置。

(2)厂区平面应按功能集中布置。

(3)建筑物应具有良好的通风、采光、朝向条件。

(4)对于分期建设的工业企业,应统一规划在近远期工程中。

(5)总平面布置要与厂外运输连接点、各种管道和线路相适应。

(6)应合理划分街区和确定通道宽度,街区、装置区和建筑物、构筑物的外形宜规整。

(7)工厂改建或扩建时应结合原有总平面布置,以及生产运行管理的特点,相互协调、合理布置。

(8)厂区布置应结合地形、地势、工程地质条件以及水文条件等,充分利用地形资源,合理布置建筑物及设施。

3.厂区竖向布置

竖向布置方式的选择,应根据场地地形和工程地质、水文地质条件、厂区用地面积、总平面布置特点、生产运输和消防的要求、建筑物、构筑物密集程度、管线敷设,以及施工方法和条件等选择,可选择平坡式、阶梯式或混合式。

竖向布置应符合当地城镇规划中有关竖向规划和园区总体布置的要求,并应满足厂区总平面布置对竖向设计的要求。当工厂分期建设时,尚应符合分期建设的要求。

竖向布置应结合场地地形、工程地质和水文地质条件,合理确定各类设施、运输线路和场地的标高，并应与厂区外部现有和规划的有关设施、运输线路、排水系统及周围场地的标高相协调。

竖向布置应根据生产工艺、运输、防洪、排水、管线敷设及厂区总平面布置等要求，结合土（石）方工程、护坡和挡土墙等工程量，以及场地平整后对建筑物、构筑物、设备等基础工程的影响，经技术经济比较后择优确定。

竖向布置应保证场（厂）区排水畅通，避免洪涝、潮水集聚的发生。

4. 厂区道路布置

厂内道路布置在符合厂区总平面布置的前提下，尚应符合下列要求：

（1）应满足生产、交通运输、消防、安全、施工、安装及检修的要求。

（2）全厂道路网的布置应与厂区总平面布置功能分区和街区划分相结合，并与场地竖向布置和主要管线带的走向相协调，且宜与主要建筑物、构筑物轴线平行或垂直布置。

（3）主、次干道布置和人、货流向应合理。

（4）厂内道路不宜中断，当出现尽头时，其终端应设置回车场，回车场面积应根据所通行的车辆最小转弯半径和路面宽度确定。

（5）厂内道路与厂外公路的衔接应短捷、通畅。

（6）洁净厂房周围宜设置环形消防车道，环形消防车道可利用交通道路，如有困难时，可沿厂房的两个长边设置消防车道。

5. 厂内外运输方案

厂内运输方案是指生产物流的运输方案，其运输方式需要根据运输的距离和要求、生产的特点和规模等进行确定。

厂外运输方案是指原料供应物流和销售物流的运输方案，其运输方式需根据厂内外运输的量、运输距离、原料物态、装包形式等进行确定。进行场外运输方案比选时，应考虑的因素有运输距离、包装方式、线路能力、运输工具、运费、运输可靠程度、承运公司资质、运输工具来源等。

链接

对于厂内运输需要理解的是，标准轨距铁路运输适用于有特殊要求的原材料和大批量成品运输的企业，也适用于年运输量达到一定运输规模的企业；无轨运输是目前应用较广泛的方式。对于厂外运输需要注意的是，铁路、水路运输大体积、大规模货物时，必须获得“承运意见函”。

6. 绿化方案

化工企业绿化设计应符合化工区总体布置要求，应与工厂总平面布置、竖向设计及管线布置统一进行，并应合理安排绿化用地。

典型例题

【单选题】关于总图运输方案研究的说法，正确的是(　　)。

A. 建筑物、构筑物等应联合单层设置

B. 分期建设的项目应统一征地，先征待用

C. 厂区道路一般采用正交和环形式布置

D. 工业企业内部一般不得安排绿地，但因特殊要求时，绿地率不得超过10%

C。【解析】总平面布置时应节约集约用地，提高土地利用率。在符合生产流程、操作要求和使用功能的前提下，建筑物、构筑物等设施应采用集中、联合、多层布置。故选项A错误。工业企业总体规划应贯彻节约集约的原则，并应严格执行国家规定的土地使用审批程序，应利用荒地、劣地及非耕地，不应占用基本农田。分期建设时，总体规划应正确处理近期和远期的关系，近期应集中布置，远期应预留发展，应分期征地，严禁先征待用，并应合理、有效地利用土地。故选项B错误。工业企业内部一般不得安排绿地。但因生产工艺等特殊要求需要安排一定比例绿地的，绿地率不得超过20%。故选项D错误。

(二)总图运输方案比选

1. 总图运输方案的技术经济指标

根据《工业项目建设用地控制指标》，工业项目建设用地控制指标是对一个工业项目(或单项工程)及其配套工程在土地利用上进行控制的标准，是核定工业项目用地规模的重要标准，是编制工业项目用地有关法律文书、工业项目初步设计文件和可行性研究报告等的重要依据，是对工业项目建设情况进行检查验收和违约责任追究的重要尺度。工业项目所属行业已有国家颁布的有关工程项目建设用地指标的，应同时满足工业项目建设用地控制指标和有关工程项目建设用地指标的要求。

项目的总图运输方案技术经济指标应包括：

(1)投资强度，指项目用地范围内单位面积固定资产投资额。

(2)容积率，指项目用地范围内总建筑面积与项目总用地面积的比值。

(3)行政办公及生活服务设施用地所占比重，指项目用地范围内行政办公、生活服务设施占用土地面积(或分摊土地面积)占总用地面积的比例。工业项目所需行政办公及生活服务设施用地面积不得超过工业项目总用地面积的7%。严禁在工业项目用地范围内建造成套住宅、专家楼、宾馆、招待所和培训中心等非生产性配套设施。

(4)建筑系数，指项目用地范围内各种建筑物、用于生产和直接为生产服务的构筑物占地面积总和占总用地面积的比例。工业项目的建筑系数应不低于30%。

(5)绿地率，指规划建设用地范围内的绿地面积与规划建设用地面积之比。绿地率所指绿地面积包括厂区内公共绿地、建(构)筑物周边绿地等。工业企业内部一般不得安排绿地。但因生产工艺等特殊要求需要安排一定比例绿地的，绿地率不得超过20%。

(6)场地利用系数，指厂区内场地利用面积与厂区占地面积之比。场地利用系数也是衡

量项目总平面布置水平的重要指标，该指标不在国土资源部现行工业项目建设用地控制指标之内。建筑系数和场地利用系数因各行业生产性质和条件的不同而不同，工业项目的建筑系数应不低于30%。

上述各类指标的计算方式见表7-4。

表7-4　总图运输方案主要技术经济指标的计算方式

指标	计算公式	备注
投资强度	投资强度＝项目固定资产总投资/项目总用地面积	(1)项目固定资产总投资包括厂房、设备和地价款等。 (2)建筑物层高超过8 m的，在计算容积率时该层建筑面积加倍计算。 (3)当无法单独计算行政办公和生活服务设施占用土地面积时，可以采用行政办公和生活服务设施建筑面积占总建筑面积的比重计算得出的分摊土地面积代替
容积率	容积率＝总建筑面积/总用地面积×100%	
行政办公及生活服务设施用地所占比重	行政办公及生活服务设施用地所占比重＝行政办公、生活服务设施占用土地面积/项目总用地面积×100%	
建筑系数	建筑系数＝(建筑物占地面积＋构筑物占地面积＋堆场用地面积)/项目总用地面积×100%	
绿地率	绿地率＝规划建设用地范围内的绿地面积/项目总用地面积×100%	
场地利用系数	场地利用系数＝建筑系数＋[(道路、广场及人行道占地面积＋铁路占地面积＋管线及管廊占地面积)/项目总用地面积×100%]	

典型例题

【单选题】关于厂区总平面布置技术经济指标的说法，正确的是(　　)。

A. 工业企业内部绿地率应不低于30%

B. 一般工业项目建筑系数应不低于30%

C. 建筑物层高超过7 m，计算容积率时该层建筑面积加倍计算

D. 工业项目行政办公及生活服务设施用地所占比重不得超过8%

B。【解析】工业企业内部一般不得安排绿地，但因生产工艺等特殊要求需要安排一定比例绿地的，绿地率不得超过20%。故选项A错误。建筑物层高超过8 m的，在计算容积率时该层建筑面积加倍计算。故选项C错误。工业项目所需行政办公及生活服务设施用地面积不得超过工业项目总用地面积的7%。严禁在工业项目用地范围内建造成套住宅、专家楼、宾馆、招待所和培训中心等非生产性配套设施。故选项D错误。

2. 总图布置研究内容

总图布置研究内容主要有：

(1)研究项目的建设内容，确定各个单项工程建筑物、构筑物的平面尺寸和占地面积。

(2)研究功能区(包括生产系统、辅助生产系统和非生产系统)的合理划分。技术改造

项目还要研究如何与企业现有的功能分区相协调。

(3)研究各功能区和各单项工程的总图布置(平面布置和竖向布置)。各功能区应合理布置各系统的单项工程位置,主要生产车间和生产装置应尽量避开不良地质地段。有地形高差的,竖向布置应充分利用地形,合理确定各功能区的标高,力求减少挖填土石方工程量,预防水涝灾害。

(4)合理布置场内外运输、消防道路、火车专用线走向,以及码头和堆场的位置。

(5)合理确定土地利用系数、建筑系数和绿化系数。

3. 总图布置方案比选

总图布置方案应从技术经济指标和功能方面进行比选,择优确定推荐方案。

技术经济指标比选,主要包括场区占地面积、建筑物和构筑物占地面积、道路和铁路占地面积、土地利用系数、建筑系数、绿化系数、土石方挖填工程量、地上和地下管线工程量、防洪治涝措施工程量、不良地质处理工程量,以及总图布置费用(土石方费用、地基处理费用、地上地下管线费用、防洪抗震设施费用)等。

功能比选,主要比选生产流程的短捷、流畅、连续程度,内部运输的便捷程度,以及满足安全生产程度。

总图布置各种方案经比选论证后,提出推荐方案,并绘制总平面图,标明总平面边界、建筑物构筑物平面位置、风玫瑰图、场内外道路(铁路)的衔接关系,并说明主要技术经济指标等。技术改造项目总平面布置图,应注明新建建筑物构筑物、原有建筑物构筑物,以及拆除建筑物构筑物的平面位置。

典型例题

【多选题】工业项目建设用地控制指标有(　　)。

A. 投资强度　　B. 容积率

C. 场地利用系数　　D. 建筑系数

E. 公用设施用地所占比重

ABD。【解析】根据《工业项目建设用地控制指标》,工业项目建设用地控制指标由投资强度、容积率、建筑系数、行政办公及生活服务设施用地所占比重、绿地率五项指标构成。

六、土建工程方案

(一)工程方案选择的基本要求和研究内容

项目计划的选择基于选定的项目建设规模、工艺技术方案和设备方案,并研究论证主要建筑物、构筑物的建造方案和辅助设施的布置方案。工程方案直接影响建设项目的外观或外部形式。

1. 工程方案选择的基本要求

工程方案选择的基本要求主要有:

(1)严格执行相关工程标准和规范的要求。建筑所采用的材料、设计应符合政府部门或者专门机构发布的技术标准规范要求。

(2)可以保证项目的生产和使用功能。工程建设的最终目的是为了实现预期的生产和使用功能,在建设方案中应坚持满足生产和使用的要求的底线。对于分期建设的项目,应留有适当的发展余地。

(3)与选定的场(厂)址(线路走向)相适应。在已选定的场(厂)址(线路走向)的范围内,合理布置建筑物、构筑物,以及地上、地下管网的位置。

(4)保持项目方案的经济合理。在满足使用功能、确保质量的前提下,适当选用造价较低,经济合理的方案。

技术改造项目的工程方案,应合理利用现有场地、设施,并力求新增的设施与原有设施相协调。

2. 工程方案研究内容

一般工业项目的厂房、工业窑炉、生产装置等建筑物、构筑物的工程方案,主要研究其建筑物、构筑物的建筑特征(面积、层数、高度、跨度)和结构形式,以及特殊建筑要求(防火、防爆、防腐蚀、隔音、隔热等),基础工程方案,抗震设防等。

矿产开采项目的工程方案主要研究开拓方式。

铁路项目工程方案,主要包括线路、路基、轨道、桥涵、隧道、站场以及通信信号等方案。

水利水电项目工程方案,主要包括防洪、治涝、灌溉、供水、发电等工程方案。水利水电枢纽和水库工程主要研究坝址、坝型、坝体建筑结构、坝基处理以及各种建筑物、构筑物的工程方案。同时,还应研究提出库区移民安置的工程方案。

(二)防震抗震与地震安全性评价

2017 年 3 月 1 日国务院令第 676 号公布的《国务院关于修改和废止部分行政法规的决定》对《地震安全性评价管理条例》进行修正,《地震安全性评价管理条例》的规定,新建、扩建、改建建设工程,依照《中华人民共和国防震减灾法》和《地震安全性评价管理条例》(2017 年修)的规定,需要进行地震安全性评价的,必须严格执行国家地震安全性评价的技术规范,确保地震安全性评价的质量。

下列建设工程必须进行地震安全性评价:

(1)国家重大建设工程。

(2)受地震破坏后可能引发水灾、火灾、爆炸、剧毒或者强腐蚀性物质大量泄露或者其他严重次生灾害的建设工程,包括水库大坝、堤防和贮油、贮气、贮存易燃易爆、剧毒或者强腐蚀性物质的设施以及其他可能发生严重次生灾害的建设工程。

(3)受地震破坏后可能引发放射性污染的核电站和核设施建设工程。

(4)省、自治区、直辖市认为对本行政区域有重大价值或者有重大影响的其他建设工程。

地震安全性评价单位对建设工程进行地震安全性评价后,应当编制该建设工程的地震安全性评价报告。地震安全性评价报告应当包括下列内容:

(1)工程概况和地震安全性评价的技术要求。

(2)地震活动环境评价。

(3)地震地质构造评价。

(4)设防烈度或者设计地震动参数。

(5)地震地质灾害评价。

(6)其他有关技术资料。

第四节　建设方案的比选方法

一、按模型工具划分

建设方案比选方法按模型工具划分,可分为定量分析法和定性分析法。特殊情况下可用专家评议法。

(一)定量分析法

定量分析法首先提出能使建设方案优化的数学模型,然后根据数学模型客观地评价该方案的经济、社会、环境、生态等效益。一般与定性分析法配套使用在较为复杂的方案比选工作中,其步骤为:定性分析法分析因素直观、表面的优劣→定量分析直观很难判断的优劣的因素→经济效益大小的比对→判断出方案的优劣,并选出最佳方案。

(二)定性分析法

定性的基础是基于人的主观感受以及多年的实践经验。定性分析法首先根据人的主观判断和丰富的经验分析出各种影响建设方案的因素以及影响程度,然后根据项目要求把建设方案的各个方面进行比对,从而得出影响最小、满意度最高、离项目目标最近的最佳方案。一般适用于能直观看出因素优劣的初级阶段。

(三)专家评议法

专家评议法是指基于定量分析和定性分析的结果,组织专家组采用加权(不加劝)的计分方法进行评议和比选。一般适用于个别因素(如人文因素、社会因素、稳定性、可靠性、合理性等)不能表达或分析出来的情况。

链接

大多数情况是三种方法结合使用,先定性分析直观因素,再定量分析深度因素,最后专家评议特殊因素。

二、按比选范围划分

建设方案比选方法按比选范围划分,可分为专项方案比选法和整体方案比选法。

(一)专项方案比选法

专项是指个别、部分或不同因素。专项方案比选法是指针对方案中个别、部分或者重要因素进行对比,选出最佳方案。其操作相对容易、简单,能突出比选结果的差异。

（二）整体方案比选法

整体对立于专项，也就是所有因素，包括相同因素。整体方案比选法把方案中所有的因素进行全面的对比，从而选出最佳方案。一般适用于专项方案结果无法判断、难以决策的情况或者应用专项方案工作量复杂的情况。

链接

常用的建设方案技术比选方法包括简单评分法和加权评分法两种。

第五节　建设方案的经济比选

一、建设方案类型

一般来讲，根据多方案之间的经济关系类型，一组备选方案之间存在着各种关系类型。在进行比选前，应对多种方案之间的关系进行分析，最终确定实际的比选方法。方案之间的关系主要有以下几种。

（一）独立型方案

独立方案是指一组互相独立、互不排斥的方案。在独立方案中，选择某一方案并不排斥选择另一方案。独立型的特点是项目（方案）之间具有兼容性，只要条件允许，就可以任意选择项目群中的有利项目（如选所有的项目）。独立解决方案按约束条件可分为：

（1）无约束的独立方案。

（2）有约束的独立方案，大多数方案可能遇到资源（资金、人力、原材料等）的约束。此时，方案之间的关系不是纯粹的独立关系，而是具有约束的独立方案。

（二）互斥型方案

互斥方案是相互关联的、相互排斥的方案。也就是说，一组方案中的每个方案可以相互代替。当采用方案组中的一个方案时，同组方案中的其他方案被自动排斥。因此，互斥方案是有排他性的。在方案比选时，只能选择多个替代方案中的一个，其余的必须放弃，不能同时存在。这种多方案在实际工作中最常见。互斥方案可以指同一项目的不同备选方案或不同投资项目。互斥方案可根据以下因素进行分类。

根据寿命的长短，互斥型方案可以分为：

（1）具有相同寿命的互斥方案，指参与比较的所有方案具有相同的寿命。

（2）具有不同寿命的互斥方案，指参与比较的所有方案的寿命期不全相同。

（3）寿命无限的互斥方案，指参与比较的方案中有永久性工程，或者长寿命期可以被视为具有寿命无限的工程，例如大型水坝和运河。

根据模型不同，互斥型方案可分为：

(1)相同规模的方案，指参与比选的方案具有相同的产出量或容量，并且在满足相同的功能方面和数量要求方面是一致性和可比性的。

(2)不同规模的方案，指参与比较方案具有不同的产出量或容量，并且在满足相同的功能方面和数量要求方面没有一致性和可比性。对于具有这种关系的互斥方案，通过适当地改变评估指标，在满足功能和定量要求方面具有可比性。

(三)条件型方案(从属型多方案)

条件型方案也称为从属型多方案，意味着接受某个方案的前提是接受另一个方案。例如，如果要建设煤矿，就必须同时建设铁路来完成煤炭运输。因此，铁路和煤矿项目在施工时间和施工规模上应相互适应，相辅相成，缺乏其中一个，另一个不能运行。他们之间存在条件关系。互补关系和条件关系的多个方案可以组合成一个方案用于经济分析。

(四)互补型方案

互补型方案是执行一个方案将提高另一个方案的效益，并且方案之间存在相互利用和互补的关系。如在大型购物中心设置餐饮和儿童娱乐将增加购物中心的收益，但餐饮和儿童娱乐设施不是购物中心的必备条件。

(五)相关型方案

相关型方案是指在一组备选方案中，若采纳或放弃某一方案，会影响其他方案的现金流量；或者会影响其他方案的采纳或放弃；或者采纳某一方案必须以先采纳其他方案为前提等等。

(六)混合型方案

在一组方案中，方案之间有些具有互斥关系，有些具有独立关系，有些具有互补关系等，则称这一组合方案为混合方案。

二、建设方案经济比选

(一)独立建设方案比选—绝对经济效果分析

常用的经济评价指标包括静态评价指标和动态评价指标。静态评价指标包括总投资收益率、资本金净利润率、静态投资回收期、借款偿还期、利息备付率、偿债备付率、流动比率和速动比率等。动态评价指标包括动态投资回收期、净现值、内部收益率、净现值率、净年值、费用现值等。

常用的经济评价方法有：

(1)应用投资收益率进行评价。

(2)应用投资回收期进行评价。

(3)应用净现值进行评价。

(4)应用净年值进行评价。

(5)应用内部收益率进行评价。

1. 投资收益率

投资收益率是指投资方案在达到设计生产能力后的一个正常年份的年净收益或年均净收益与方案总投资的比率。其计算公式为：

$$投资收益率\ R = 年净收益或年均净收益/总投资 \times 100\%$$

2. 总投资收益率（ROI）

总投资收益率（ROI）表示总投资的盈利水平，指项目达到设计生产能力后正常年份的年息税前利润或运营期内年平均息税前利润（$EBIT$）与项目总投资（TI）的比率，又称投资报酬率。其计算公式为：

$$ROI = EBIT/TI \times 100\%$$

式中 ROI——总投资收益率。

$EBIT$——项目正常年份的年息税前利润或运营期内年平均息税前利润（包括年利润总额和计入年总成本费用的利息费用）；息税前利润即未扣除利息和所得税的利润，利润总额即扣除利息但还没扣除所得税的利润，净利润即扣除利息和所得税的利润。

TI——项目总投资（包括建设投资、建设期贷款利息和全部流动资金）。

评价标准：$ROI \geq ROI_c$时，方案在经济上是可接受的；$ROI < ROI_c$时，方案在经济上不可接受。其中ROI_c为基准总投资收益率。

总投资收益率法的优缺点：

(1)优点。总投资收益率的经济意义明确、直观，计算简便。

(2)缺点。总投资收益率忽视了资金的时间价值，不能正确反映建设期长短及投资方式和回收额有无等条件对项目的影响，分子、分母的计算口径的可比性较差，无法直接利用净现金流量信息。

总投资收益率主要用于计算期较短，不具备综合分析所需详细资料的项目盈利能力分析，尤其适用于项目方案制定的早期阶段，或工艺简单而生产变化不大的项目的投资经济效果评价。

3. 资本金净利润率（ROE）

资本金净利润率（ROE）表示项目资本金的盈利水平，指项目达到设计生产能力后正常年份的年净利润或运营期内年平均净利润（NP）与项目资本金（EC）的比率。其计算公式为：

$$ROE = NP/EC \times 100\%$$

式中 ROE——资本金净利润率。

NP——项目正常年份的年净利润或运营期内年平均净利润。

EC——项目资本金。

评价标准：$ROE \geq ROE_c$时，方案在经济上是可接受的；$ROE < ROE_c$时，方案在经济上是不可接受。其中ROE_c为基准资本金净利润率。

资本金净利润率法的优缺点包括：

(1)优点。资本金净利润率的经济意义明确、直观，计算简便。

(2)缺点。资本金净利润率忽视了资金的时间价值，指标的计算主观随意性太强，正常生产年份的选择比较困难，带有一定的不确定性和人为因素。

资本金利润率可以衡量拟建项目的获利能力，可以作为项目筹资决策参考依据。

4. 静态投资回收期（P_t）

项目静态投资回收期（P_t）是在不考虑资金时间价值的条件下，以项目的净收益回收其总投资（包括建设投资和流动资金）所需要的时间，一般以年为单位。静态投资回收期一般从项目建设开始年算起，如果从项目投产开始年计算，应予以特别注明。

当项目建成投产后各年的净收益（即净现金流量）均相同时，静态投资回收期的计算公式如下：

$$P_t = I/A$$

式中 P_t——静态投资回收期。

I——总投资。

A——每年的净收益，即 $A = (CI - CO)$，其中，CI 为现金流入量，CO 为现金流出量。一般情况的计算式（累计法）。

当项目建成投产后各年的净收益不相同时，静态投资回收期可根据累计净现金流量求得，也就是在项目投资现金流量表中累计净现金流量由负值变为零的时点。其计算公式为：

$$P_t = (T-1) + 第(T-1)年的累计净现金流量的绝对值/第\ T\ 年的净现金流量$$

式中 T——累计净现金流量首次为正值或零的年数。

评价标准：静态投资回收期是反映项目财务上投资回收能力的主要指标。静态投资回收期越短，表明项目投资回收越快，抗风险的能力越强。通常情况下，$P_t \leqslant P_c$，表明方案可行；反之，表明方案不可行。其中 P_c 为基准投资回收期。

静态回收期法的优缺点包括：

(1)优点。静态投资回收期概念清晰，简单易用。该指标不仅在一定程度上反映项目的经济性，而且反映项目风险大小（未收回投资以前承担风险的时间），同时在一定程度上反映了投入资金的周转速度。

(2)缺点。静态投资回收期没有反映资金的时间价值。它不能提供回收期以后企业收益的变化情况，对于寿命较长的工程项目来说，这是一个不完整的评价结论。它反映了项目的偿还能力，但反映不出项目投资的营利性。基准回收期难以确定。项目基准回收期无法综合考虑技术、市场需求、经济效益等因素。各行业基准回收期不同，不利于资金在企业流通和产业调整。

静态回收期一般只在项目初选时使用。

典型例题

【单选题】某投资项目现金流量如下图所示（单位：万元），基准收益率为 12%，下列说法中，正确的是（　　）。

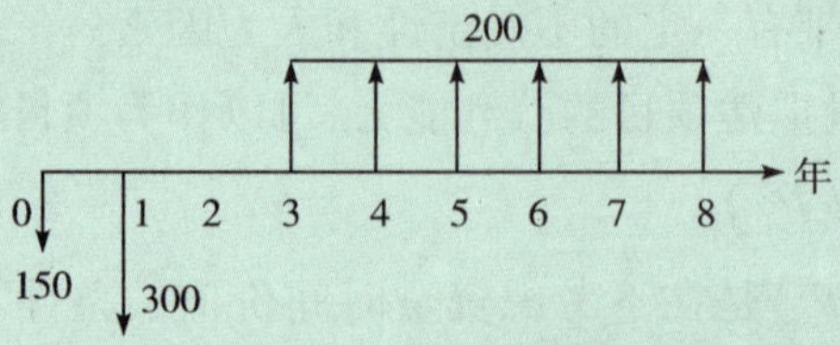

A. 净现值小于零　　B. 内部收益率大于 25%

C. 静态投资回收期高于 5 年　　D. 动态投资回收期短于 8 年

D。【解析】财务净现值是指拟建项目按部门或行业的基准收益率或设定的折现率，将计算期内各年的净现金流量折现到建设起点年份（基准年）的现值累计数，是企业经济评价的辅助指标。内部收益率就是资金流入现值总额与资金流出现值总额相等、净现值等于零时的折现率。动态投资回收期也称现值投资回收期，指按现值计算的投资回收期。静态投资回收期是指以投资项目经营净现金流量抵偿原始总投资所需要的全部时间。静态投资回收期计算公式：P_t =（累计净现金流量出现正值的年份数 - 1）+ 上一年累计净现金流量的绝对值/出现正值年份的净现金流量。本题中，净现值 = -150 - 300/1.12 + 200 ×（P/A，12%，6）×（P/F，12%，2）= -150 - 300/1.12 + 200 × 4.111 4 × 0.797 2 = 237.66（万元）> 0，所以内部收益率高于 12%，动态投资回收期短于 8 年。静态投资回收期 = 4 + 50/200 = 4.25（年）。

【单选题】某项目建设期 1 年，全部资金投入 1 000 万元，项目投资净现金流量如下表所示，若折现率为 10%。则下列说法中，正确的是（　　）。

年份	1	2	3	4	5	6
净现金流量/万元	-1 000	260	260	260	260	260
折现净现金流量（i_c = 10%）/万元	-909	215	195	178	161	147

A. 财务净现值为 13 万元　　B. 财务内部收益率为 9.43% 左右

C. 静态投资回收期为 2.85 年　　D. 动态投资回收期为 5.1 年

B。【解析】静态投资回收期计算公式：P_t =（累计净现金流量出现正值的年份数 - 1）+ 上一年累计净现金流量的绝对值/出现正值年份的净现金流量。动态投资回收期计算公式：P_t' =（累计净现金流量折现值开始出现正值的年份 - 1）+ 上一年累计净现金流量折现值的绝对值/出现正值年份的净现金流量折现值。本题中，该项目的财务净现值 = 215 + 195 + 178 + 161 + 147 - 909 = -13（万元）；静态投资回收期 = 4 +（1 000 - 260 × 3）/260 = 4.85（年）；第 6 年累计净现金流量折现值仍为负值。故选项 A，C，D 错误。

5. 净现值（*NPV*）

净现值是指按一定的折现率，例如行业的基准收益率，将方案寿命期内各年的净现金流量折现到计算基准年（通常是期初）的现值之和。用于财务分析的净现值称为财务净现值，

即 *FNPV*;用于经济分析的净现值称为经济净现值,即 *ENPV*。其计算公式为:

$$NPV = \sum_{t=0}^{n} (CI - CO)_t (P/F, i_c, t)$$
$$= \sum_{t=0}^{n} (CI - CO)_t (1 + i_c)^{-t}$$

式中　*NPV*——净现值。

$(CI - CO)_t$——第 t 年的净现金流量。

n——项目的计算期。

i_c——项目的基准收益率或设定的折现率。

评价标准:当 $NPV > 0$ 时,说明项目的投资收益率高于计算现值所用的折现率(即行业基准收益率),该方案能够满足基准收益率要求的盈利水平,因此方案可行。当 $NPV = 0$ 时,说明项目的投资报酬率刚好等于所采用的折现率,该方案能够满足基准收益率要求的盈利水平,因此方案在财务上是可行的。当 $NPV < 0$ 时,说明项目的投资报酬率低于所采用的折现率,该方案不能满足基准收益率要求的盈利要求,因此该项目方案不可行。

采用净现值来评价项目的可行性的优点:

(1)考虑了资金的时间价值,并考虑了整个计算期的现金流量,能够直接以货币额表示项目的盈利水平。

(2)与投资回收期相比,净现值全面考虑了项目在整个计算期内现金流量的时间分布的状况。

(3)既能作单一方案费用与效益的比较,又能进行多方案的优劣比较。

(4)经济意义明确、直观,能够直接以货币额表示项目的盈利水平。

采用净现值来评价项目的可行性的缺点:

(1)只反映资金的总量使用效果,而不反映资金的使用效率。在一些类别的项目评价时,比如金融资产投资项目,可能更需要关注资金的报酬率。此时,净现值无法评定可接受的备选项目的报酬率高低。

(2)必须预先设定一个较符合经济现实的基准收益率。而基准收益率的确定是一个比较复杂困难的问题。

6. 净年值(*NAV*)

净年值的概念是方案在寿命期内的年净现金流量按给定的折现率折算的年均值。其计算公式为:

$$NAV = NPV(A/P, i_c, n)$$

式中　*NAV*——净年值。

NPV——净现值。

$(A/P, i_c, n)$——等额支付资本回收系数。

评价标准:$NPV \geqslant 0$ 时,$NAV \geqslant 0$,则该方案可行;$NPV < 0$ 时,$NAV < 0$,则该方案不可行。

在某些特别情况下,净年值有其特别的优越性。用净年值法进行寿命不等的互斥方案比选,实际上隐含着这样一种假定:各备选方案在其寿命结束时均可按原方案重复实施或以与原方案经济效果水平相同的方案接续。通过分别计算各备选方案净现金流量的等额年值

(NAV)并进行比较,以 $NAV \geq 0$ 且 NAV 最大者为最优方案。在对寿命不等的互斥方案进行比选时,净年值是最为简便的方法。

典型例题

【多选题】基准收益率为10%,某独立项目的净现值指标计算结果大于零,下列说法正确的有(　　)。

A. 净现值率大于零　　B. 净年值大于零

C. 内部收益率大于零　　D. 静态投资回收期满足要求

E. 动态投资回收期大于项目计算期

ABC。【解析】用净现值和净年值对一个项目进行评价,结论是一致的。故选项B正确。若净现值大于零,则意味着该项目可以获得比基准收益率更高的收益。故选项C正确。根据净现值率的计算公式可得,净现值大于零,则净现值率也大于零。故选项A正确。静态投资回收期和动态投资回收期与净现值没有关系。故选项D,E错误。

7. 内部收益率(IRR)

内部收益率是使投资方案在计算期内各年净现金流量的现值累计等于零时的折现率。即在该折现率时,项目的现金流入现值和等于其现金流出的现值和。用于财务分析的内部收益率为财务内部收益率,即 $FIRR$(又称财务内部报酬率)。IRR 的计算公式为:

$$NPV = \sum_{t=0}^{n} (CI - CO)_t (1 + IRR)^{-t} = 0$$

式中　IRR——内部收益率。

CI——现金流入量。

CO——现金流出量。

$(CI - CO)_t$——第 t 期的净现金流量。

n——项目计算期。

与基准收益率 i_c 相比,采用内部收益率 IRR 进行评价的标准如下:当 $IRR \geq i_c$ 时,说明项目的收益率已达到或超过基准收益率水平,项目可行;当 $IRR < i_c$ 时,说明项目不可行。

由于 IRR 值可达到的项目净现值等于零,则项目的净年值也必为零。用试算法计算内部收益率(IRR)的步骤如下:

(1)初估 IRR 的试算初值。

(2)试算,找出 i_1 和 i_2 及其相对应的 NPV_1 和 NPV_2。因为利用线性内插法计算出来的 IRR 是一个近似值,所以必须考虑近似精度。为保证 IRR 的精度,i_2 与 i_1 之间的差距一般以不超过2%为宜,最大不超过5%。

(3)用线性内插法计算 IRR 的近似值:

$$IRR \approx i_1 + (i_2 - i_1) NPV_1 / (NPV_1 + |NPV_2|)$$

具体见图7-4。

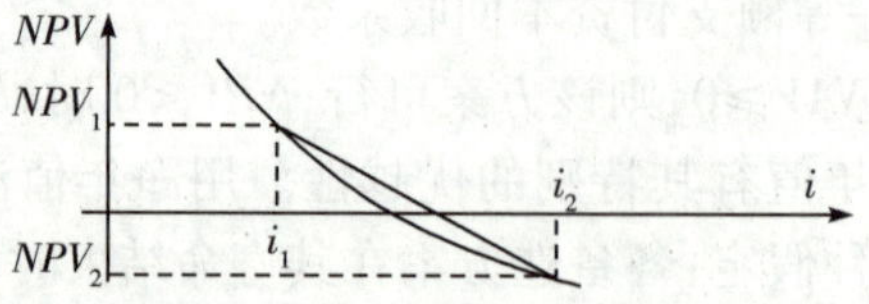

图7-4　线性内插法计算 IRR

采用内部收益率 *IRR* 进行项目经济评价具有以下优点：

(1)考虑了资金的时间价值，并考察了项目在整个计算期内的全部收支情况，且内部收益率完全取决于项目本身净现金流量的情况，不需要事先设定折现率，因而我国进行项目经济评价时往往把内部收益率作为主要的经济评价指标之一。

(2)*IRR* 的大小不受外部参数影响，完全取决于项目投资过程净现金流量系列的情况，这种项目内部决定性，使它在应用中具有一个显著的优点，即避免了像财务净现值之类的指标那样需事先确定基准收益率，而只需要知道基准收益率的大致范围即可。

采用内部收益率 *IRR* 进行项目经济评价具有以下缺点：

(1)计算繁琐。

(2)只适用于独立方案的经济评价和可行性判断，一般不能直接用于互斥方案和相关方案的比较和选择，也不能对独立方案进行优劣排序。另外，内部收益率也不适用于只有现金流入或现金流出项目的经济评价。

(3)对于具有非常规现金流量的项目来讲，其内部收益率在某些情况下甚至不存在或存在多个内部收益率。

典型例题

【多选题】关于内部收益率指标特点的说法，正确的有(　　)。

A. 反映项目整个寿命期内的现金流情况

B. 用于评价项目投资的回收速度

C. 内部收益率指标有时会出现多解

D. 可直接用于互斥方案的比选

E. 适用于所有类型的项目

AC。**【解析】**内部收益率是投资方案占用的尚未回收资金的获利能力，用于评价项目对占用资金的恢复能力。故选项 B 错误。内部收益率适用于独立方案的经济评价和可行性判断，但不能直接用于互斥方案之间的比选。故选项 D 错误。内部收益率不适用于只有现金流入或现金流出的项目。故选项 E 错误。

【单选题】当折现率分别取 12%、14% 和 16% 时，某项目对应的净现值为 221.45 万元、81.75 万元和 −30.15 万元。则该项目的内部收益率为(　　)。

A. 13.46%　　　　B. 15.17%

C. 15.46%　　　　D. 15.52%

C。**【解析】**内部收益率是指投资方案在计算期内各年净现金流量的现值累计等于零时的折现率，通常采用内插法计算。本题中，该项目的内部收益率 = 14% + (16% − 14%) × 81.75/(81.75 + 30.15) = 15.46%。

(二)互斥建设方案比选—相对经济效果分析

互斥方案经济比选分为静态方法和动态方法。静态方法包括增量投资收益率法、增量投资回收期法、年折算费用法。动态方法包括净现值比较法、净年值比较法、差额投资内部收益率法、费用现值比较法、费用年值比较法、最低价格比较法、效益/费用比较法、净现值率比较法。方案比选一般以动态分析方法为主。在方案初选阶段，可采用静态分析方法。

1. 计算期相等的互斥方案的经济比选

(1)增量投资收益率法。增量投资收益率指增量投资所带来的经营成本的节约额与增量投资之比。增量投资收益率法是通过计算互斥方案增量投资收益率,判断互斥方案相对经济效果,据此选择最优方案的评价方法。其计算公式为:

$$R_{2-1}=(C_1-C_2)/(I_2-I_1)\times 100\%$$

式中 R_{2-1}——增量投资收益率。

I_1——投资额小的方案(设为方案 1)的投资额。

I_2——投资额大的方案(设为方案 2)的投资额。

C_1——方案 1 的经营成本。

C_2——方案 2 的经营成本。

评价准则:将计算出的增量投资收益率与基准投资收益率进行比较,若增量投资收益率大于基准投资收益率,则投资额大的方案为优选方案;反之,投资小的方案为优选方案。

(2)增量投资回收期法。增量投资回收期是指互斥方案经营成本的节约额或增量净收益来补偿其增量投资的年限。其计算公式为:

$$P_{t(2-1)}=(I_2-I_1)/(C_1-C_2)\times 100\%$$

式中 $P_{t(2-1)}$——增量投资回收期。

评判标准:将计算出来的增量投资回收期与基准投资回收期进行比较,若增量投资回收期小于基准投资回收期,则投资大的方案为优选方案;反之,投资小的方案为优选方案。

链接

应用增量投资收益率法和增量投资回收期法时,若对比方案的产出量不同,则先要做产出量同化处理,然后再计算增量投资回收期。

(3)年折算费用法。年折算费用指将投资方案的投资额用基准投资回收期分摊到各年,再与年经营成本相加的费用之和。其计算公式为:

$$Z_j=I_j/P_c+C_j$$

式中 Z_j——第 j 个方案的年折算费用。

I_j——第 j 个方案的总投资。

P_c——基准投资回收期。

C_j——第 j 个方案的年经营成本。

评判准则:在多方案比选时,年折算费用最小的方案为最优方案。

(4)净现值比较法。净现值比较法是根据各方案经济费用效益表或现金流量表计算结果,比较各方案的净现值,首先剔除净现值小于零的方案,然后比较各方案的净现值,以净现值大的方案为优。这种方法往往仅对项目进行初步的比选,没有考虑不同投资、不同收益、不同计算期对项目产生的影响。

(5)净年值比较法。净年值比较法是以社会折现率或财务基准收益率分别计算各方案的净流量等额年值(简称净年值 NAV),并进行比较,以净年值大的方案为优。

(6)差额投资内部收益率法(增量投资内部收益率法)。差额投资内部收益率(ΔIRR)是相比较的两个方案的各年净流量差额的现值之和等于零时的折现率,其表达式为:

$$\sum_{t=1}^{n}[(CI-CO)_2-(CI-CO)_1]_t(1+\Delta FIRR)^{-t}=0$$

进行方案比选时，可按上述公式计算 $\Delta FIRR$，然后将 $\Delta FIRR$ 与财务基准收益率（i_c）进行比较，当 $\Delta FIRR$ 大于或等于 i_c 时，以投资额大的方案为优，当 $\Delta FIRR$ 小于 i_c 时，以投资小的方案为优。在进行多方案比较时，要先按投资额大小，由小到大排序，再依次就相邻方案两两比较，从中选出较优方案。

（7）费用现值比较法。费用现值比较法是以社会折现率或财务基准收益率分别计算各方案的费用现值（PC），并进行比较，以费用现值较低的方案为优。费用现值的计算公式为：

$$PC=\sum_{t=1}^{n}(I+C-S_v-W)^t(P/F,i_c,t)$$
$$=\sum_{t=1}^{n}CO_t(P/F,i_c,t)$$

式中　I——全投资，包括固定资产投资和流动资金。

C——年经营总成本。

S_v——计算期末回收固定资产残值。

W——计算期末回收流动资金。

CO_t——各年净现金流出额。

n——计算期。

i_c——表示财务评价时是基准折现率，国民经济评价时是社会折现率。

（8）费用年值比较法。费用年值比较法是以社会折现率或财务基准收益率分别计算各方案的等额年费用（AC），并进行比较，以年费用较低的方案为优。等额年费用的计算公式为：

$$AC=\left[\sum_{t=1}^{n}(I+C-S_v-W)_t(P/F,i_c,t)\right](A/F,i,n)\text{ 或 }AC=PC(A/P,i,n)$$

提示

对效益相同或基本相同但难以具体估算的方案进行比较时，可采用费用现值比较法或费用年值比较法。

（9）最低价格比较法。对于产品产量不同、产品价格又难以确定的比选方案，当其产品为单一产品或能折合为单一产品时，可采用最低价格比较法，分别计算各比选方案净现值等于零时的产品价格并进行比较，以产品价格较低的方案为优。

2. 计算期不等的互斥方案的经济比选

对于计算期不等的互斥方案，要合理选用评价指标或计算期，使之在时间上具有可比性。主要有净年值法和费用年值法、净现值法和费用现值法。

（1）净年值法和费用年值法。在计算期不等的互斥方案比选时，净年值法和费用年值法是最为简便的方法，可以直接使用，其计算方法和评判准则与计算期相同方案的要求一样。

（2）净现值法和费用现值法。净现值法和费用现值法用于计算期不同的互斥方案的经济比选时，必须运用合理的方法把各方案换算为相同的计算期，在此基础上各方案就有了可比性,然后运用上述计算方法和评判准则进行经济比选。常用的换算方法为最小公倍数法和研究期法。

3. 计算期无限的互斥方案的经济比选

当某建设项目的计算期大于50年时,可以把此项目近似当作计算期无限的建设项目进行经济比选。如桥梁、铁路、机场等具有很长寿命期的项目,可对其计算期视为无穷大而进行简化处理。

链接

一般采用真值表的形式处理互斥方案组合的构建,互斥方案之间的关系有独立型关系、互补型关系、从属型关系以及混合型关系。

(三)万加特纳整数规划法—相对经济效果分析

有约束条件的投资项目群优化问题通常称之为罗瑞－萨维奇问题,通用解法是所谓的万加特纳解法。1963年,万加特纳提出了解决该问题的万加特纳整数规划法,该问题及其解法最初是面向资金约束问题,但实际应用中可以被扩展到其他可量化的约束类型问题。

1. 目标函数

传统的万加特纳优化选择模型以净现值(NPV)最大为目标函数,假设各项目拥有相同的寿命期,在此我们将对其进行改进。考虑寿命期不等的情况后,本模型将以净年值(NAV)最大为目标函数,具体表达式如下:

$$\max \sum_{j=1}^{m} \sum_{t=0}^{n_j} (CI_{tj} - CO_{tj})(1+i_c)^{-t} x_j = \max \sum_{j=1}^{m} NPV_j x_j$$

式中 m——备选方案的数目。

n_j——第j个方案的寿命期或计算期。

$(CI_{tj}-CO_{tj})$——第j个方案在第t年的净现金流量。

x_j——决策变量,取值为0或1,取值1表示接受对应的j方案,取值0表示拒绝对应的j方案。

该目标函数表示从m个待选方案中选择若干个以使项目最终的NAV最大。

2. 需要满足的约束方程

(1)资金、人力、物力等资源约束方程。

$$\sum_{i=1}^{m} x_i \cdot C_{ti} \leqslant C_t \qquad i=0,1,\ldots,m$$

式中 C_{ti}——方案在第t年消耗的资源C的数量。

C_t——资源C在第t年的可用量。

(2)互斥方案约束方程。

$$x_A + x_B + \cdots + x_K \leqslant 1$$

式中 $x_A, x_B, \cdots, x_K$——待选中的互斥方案A,B,…,K的决策变量。各互斥方案中,最多只能选一个。

(3)从属型关系约束方程。

$$x_A \leq x_B$$

式中,A 为依存于 B 的项目或方案。如果 B 不选取($x_B=0$),则 A 肯定也不选取($x_A=0$);如果 B 被选取($x_B=1$),才可以考虑 A 的选取($x_A=0$ 或 $x_A=1$)。

(4)互补型关系约束方程。

$$x_C = x_D$$

式中,接受 C($x_C=1$)意味着也接受 D($x_D=1$),不接受 C($x_C=0$),则 D 也被拒绝($x_D=0$)。

3. 模型求解及其经济解释

将目标函数及上述约束方程连列,利用数学中的线性规划方法即可求相应的 x_i 及 NAV 的值。

其中 $x_i=0$,表示该方案被拒绝;$x_i=1$,则表示该方案被接受。最终项目将由所有被接受的方案($x_i=1$)组成,且项目整体的净年值即为所求的 NAV 值。

典型例题

【多选题】现有 A,B,C,D,E、F 六个投资方案,其中 C 和 D 是互补关系,D 从属于 A,E 从属于 B,F 从属于 D,A 与 B 是互斥关系。根据万加特纳整数规划法,下面列出的对应各方案的决策变量 X_A,X_B,X_C,X_D,X_E,X_F之间的关系,正确的有(　　)。

A. $X_A+X_B \geq 0$　　B. $X_A=X_D$

C. $X_E \geq X_B$　　D. $X_C \times X_D \leq 1$

E. $X_F \leq X_D$

DE。【解析】根据题干,方案 A 与方案 B 是互斥关系,即 $X_A+X_B \leq 1$。故选项 A 错误。方案 D 从属于方案 A,即 $X_A \geq X_D$。故选项 B 错误。方案 E 从属于方案 B,即 $X_B \geq X_E$。故选项 C 错误。方案 C 与方案 D 是互补关系,即 $X_C=X_D$,接受 C 方案($X_C=1$)的同时也接受 D 方案($X_D=1$),不接受 C 方案($X_C=0$)的同时也不接受 D 方案($X_D=0$)。故选项 D 正确。方案 F 从属于方案 D,即 $X_D \geq X_F$。故选项 E 正确。

第八章 社会评价

第一节 社会评价的特点、目的、作用和适用范围

对投资项目而言，其建设效果不仅要体现在经济效益上，而且还应体现在社会效果上，也就是说，项目的社会效果是项目总效果的一个重要组成部分，项目的社会评价是项目评价中的一个必不可少的工作阶段和环节，其社会可行性是项目可行性的必要组成部分。

一、社会评价的概念

目前，项目社会评价在我国还处于起步和逐步规范阶段，其理论和方法有待进一步完善与发展。但就投资项目评价理论的完整性和投资项目评价工作的实际应用来看，项目的社会评价应是项目评价和项目方案比选中的一个重要环节。

一般来说，任何一个投资项目的建设和运营，不仅可以形成一定的经济效益，还可以形成一定的社会效益和环境效益。作为项目评价方法体系的重要组成部分，社会评价与投资项目的财务分析、经济分析、环境影响分析等相比，存在较大差别。

项目社会评价是指识别、监测和评价投资项目的各种社会影响，分析当地社会条件对拟建项目的适应性和可接受程度。评价投资项目的社会可行性，其目的是促进利益相关者对项目投资活动的有效参与，优化项目建设实施方案。项目社会评价是规避投资项目社会风险的重要工具和手段，在国际组织援助项目及市场经济国家公共投资项目的投资决策、方案规划和项目实施中广泛应用。

社会评价主要是指应用社会学、人类学的一些理论和方法，通过参与式工具使项目涉及的各利益相关者，特别是利益相关者中经常会被忽略的群体，如贫困群体、妇女、少数民族等参与项目设计以及决策的过程；识别与分析项目的社会风险与社会影响；提出完善项目设计以及促进项目可持续运营的建议，以实现项目设计目标。

社会评价是项目设计中用以分析社会问题和构建利益相关者参与框架的一种评价方法。社会评价作为一种分析工具，提供了一个研究框架，将社会问题分析和利益相关者参与结合到项目设计中。社会评价试图解决不可“货币化”的问题，体现了“以人为中心”的可持续发展理念。

对项目的经济效益进行考察和评价，是项目的经济评价；对项目的环境影响进行考察，则是环境评价；而对项目的社会影响的考察即形成社会评价。社会评价旨在系统调查和预测拟建项目的建设、运营产生的社会影响与社会效益，分析项目所在地区的社会环境对项目的适应性和可接受程度。通过分析项目涉及的各种社会因素，评价项目的社会可行性，提出项目与当地社会协调关系、促进项目顺利实施、保持社会稳定的方案。因此，社会评价的概念可以表述为：社会评价是分析拟建项目对当地社会（或全社会）的影响和当地社会条件对项目的适应性和可接受程度，评价项目的社会可行性。

二、社会评价的特点

社会评价相对于财务评价和国民经济评价而言，具有以下几个特点。

（一）宏观性和长期性

宏观性包括经济增长目标、国家安全目标、人口控制目标、减少失业和贫困目标、环境保护目标；长期性一般只考察投资项目 20 年间的经济效果，而社会评价考察的时间跨度是几十年、上百年。

对投资项目进行社会评价所依据的是社会发展目标，考察投资项目建设和运营对实现社会发展目标的作用和影响及对社会发展目标的促进作用。而社会发展目标本身是依据国家和地区的宏观经济与社会发展需要来制定的，包括经济增长目标、国家安全目标、人口控制目标、就业目标、减少贫困目标、环境保护目标等，涉及社会生活的各个方面。

虽然不是每一个投资项目的社会效益都覆盖了以上社会目标的所有领域，但在进行投资项目的社会评价时却要认真考察与项目建设相关的各种可能的影响因素，无论是正面影响还是负面影响，是直接影响还是间接影响。这种分析和考察是全面的，是全社会性质的，因而比财务评价和国民经济评价更具广泛性和宏观性。

（二）评价目标的多样性和复杂性

财务评价的目标通常比较单一，主要是衡量财务盈利能力高低和对国民经济净贡献值的大小；而社会评价的目标则是多样和复杂的。社会评价的目标分析首先是多层次的，是针对国家、地方和当地社区各层次的发展目标，以及各层次的社会政策为基础所展开的。通常较低层次的社会目标是依据较高层次的社会目标制定的，但各层次在就业、扶贫、妇女的参与程度以及地位、文化、教育、卫生保健等方面可能存在不同情况，要求和侧重点也不尽相同。综合考察项目的社会可行性，通常要采用多目标综合评价法。

（三）评价指标和评价标准的差异性

在投资项目的经济评价中，每个行业和不同投资者都有自己的评价指标和相应的评价标准。如财务评价通常采用同行业平均投资收益率、基准投资回收期、加权平均资金成本或行业部门基准收益率等作为财务评价指标的评价标准；国民经济评价通常采用社会折现率作为经济内部收益率的评价标准。社会评价由于涉及的社会因素多种多样，比较复杂，社会目标多元化和社会效益本身的多样性使得难以使用统一的评价指标和标准来计算和比较社会效益，因而在不同行业和不同地区的项目评价中差异明显，评价指标的设定往往因项目而异。同时,社会评价中的各个影响因素,有的可以定量计算,但更多的社会因素是难以定量计算的,如项目对项目所在地文化的影响,对当地社会稳定的影响,以及当地居民对项目的支持程度等。对于这些难以量化的影响因素,通常要使用定性分析的方法来进行。因此,社会评价中,通用评价指标少,专用指标多;定量指标少,定性指标多。这就要求在具体项目的社会评价中必须充分调动社会评价人员的主观能动性。

典型例题

【单选题】关于社会评价特点的说法,正确的是(　　)。

A. 社会评价通常要考虑国家或地区的中、远期发展要求

B. 社会评价应着眼具体的项目评价指标

C. 社会评价适合使用统一的量纲和指标计算

D. 社会评价目标通常较为单一

A。【解析】社会评价具有宏观性和长期性的特点,所以社会评价一般需要考虑国家或地区的中、远期发展要求的说法是正确的。社会评价的标准具有差异性,即进行社会评价时,涉及的环境和影响因素比较复杂,难以使用统一的量纲、指标或标准进行定量计算。故选项 B,C 错误。社会评价具有目标的多重性和复杂性的特点,一般需要综合考察项目的社会可行性。故选项 D 错误。

三、社会评价的目的

进行社会评价,可以判断投资项目的社会目标是否实现以及项目的建设和运营对社会产生的有利或不利影响,为项目决策提供依据。

进行项目社会评价,其目的大致可以分为项目层面和宏观层面两个方面。对于项目本身而言,进行社会评价应实现以下目的:

(1)增强社会公众在项目建设过程中的参与度,实现项目建设效果的可持续性。

(2)预测潜在的社会风险并提出相应的应对措施,降低项目建设造成的负面影响。

(3)可以制定一个能够切实完成项目目标的机制和组织模式。

(4)保证项目收益在项目所在地各利益相关者之间的平均分配。

(5)为实现项目的社会目标而提出设计方案的改进建议。

此外,在宏观层面进行社会评价的目的主要有:通过社会公众参与,实现满足人们基本社会需求;充分利用地方资源;减少项目建设可能存在的社会风险和项目可能引发的社会问题;实现经济和社会的稳定、持续健康的发展;促进不同区域协调发展。

典型例题

【多选题】社会评价的目的包括(　　)。

A. 了解项目运行可能带来的社会问题

B. 保证不同地区的协调发展

C. 满足人们较高的物质需求

D. 预测项目的潜在风险并制定对策措施

E. 评估项目的负面影响

BD。【解析】社会评价的目的不单是要了解项目运行可能带来的社会问题及负面影响,还要尽量提出预防措施来避免此类问题。选项 A,E 只是手段,目的是提出预防措施。社会评价只为满足人们基本的物质要求。故选项 C 错误。

四、社会评价的作用与范围

社会评价旨在系统调查和预测拟建项目在建设、运营阶段产生的社会影响与社会效益,分析项目所在地区的社会条件对项目的适应性和可接受程度。通过分析项目设计的各种社会因素,评价项目的社会可行性,提出项目与当地社会协调关系,规避社会风险,促进项目顺利实施,保持社会稳定的方案。

进行社会评价,有利于国民经济发展目标与社会发展目标协调一致,防止单纯追求项目的财务效益;有利于项目与所在地区利益协调一致,减少社会矛盾和纠纷,防止可能产生不利的社会影响和后果,促进社会稳定;有利于避免或减少项目建设和运营的社会风险,提高投资效益。

社会评价适用于那些社会因素较为复杂,社会影响较为久远,社会效益较为显著,社会矛盾较为突出,社会风险较大的投资项目。其中主要包括需要大量移民搬迁或者占用农田较多的水利枢纽项目、交通运输项目、矿产和油气田开发项目、扶贫项目、农村区域开发项目,以及文化教育、卫生等公益性项目。另外,存在重要环境影响的项目也应进行社会评价。

典型例题

【单选题】关于社会评价的说法,正确的是(　　)。

A. 社会评价适用于项目周期的各个阶段

B. 需要审批的项目,项目审批后必须完成社会评价

C. 社会评价侧重于分析项目的负面影响

D. 社会评价侧重于分析已完成工程的影响分析,并预测未来的影响

A。【解析】对于需要审批的项目,社会评价是项目审批的重要依据,因此需要在项目审批前完成社会评价。故选项 B 错误。社会影响分析包括正面影响和负面影响,通过对影响(包括正面影响和负面影响)大小的分析,判断影响在项目投资效果的分布情况,从而判断项目的好坏。故选项 C 错误。项目后评价侧重于分析已完成工程的影响分析,并预测对未来的影响。故选项 D 错误。

第二节　社会评价的主要内容

一、社会评价的框架体系

项目社会评价的框架体系主要分为三个方面来构建：对社会的影响、项目互适性、社会风险，具体见表 8-1。

表 8-1　项目社会评价的框架体系

一级指标	二级指标	三级指标
对社会的影响	就业效果	安排直接就业；吸收间接就业
	对收入分配的影响	—
	对社区发展和城市建设的影响	—
	对群众身心健康的影响	—
	对社会环境的影响 对社区福利和社会保障的影响 对社区组织机构和地方管理结构的影响	增加社区服务设施；改善城市基础设施；扩大社区住宅面积
项目互适性	当地政府对项目的态度	地方政府财政支持；地方政府加强宣传力度
	当地群众对项目的态度 当地社会组织对项目的态度 当地的基础设施支持条件 当地的技术支持条件	—
	当地的文化教育水平	当地科研院所众多；科技人员素质较高
	群众的参与积极性	—
社会风险	对弱势群体的影响	对妇女的影响；对儿童的影响；对老年人的影响
	对人们风俗习惯、宗教信仰、民族团结和文化多样性的影响 对受损群体的安置和补偿的影响	—

二、社会评价的主要内容

（一）社会调查

1. 社会信息收集的基本程序和步骤

确定调查对象。调查对象的选定是否恰当，对社会评价工作的成效具有至关重要的影响。

设计调查方案。调查方案的设计一般包括拟定调查提纲、设计调查表、选择调查研究的方式和方法、制订调查计划等步骤。

收集整理资料。收集资料是一项十分艰苦复杂的工作，同时必须通过收集资料发现新问题，为进一步深入调查做好准备。

分析总结。对收集整理的资料进行分析研究。

2. 识别社会因素

分析社会调查获得的资料，对项目涉及的各种社会因素进行分类，一般将其分为三类：影响人类生活和行为的因素；影响社会环境变迁的因素；影响社会稳定和发展的因素。

3. 信息分类与运用

参照世界银行项目管理，可以将社会信息分为四个类别：

A 类：项目方案设计所需的一般统计信息。

B 类：为制订项目目标及实施方案所需的有关因果关系和动态趋势的信息。

C 类：项目社会影响评价所需的基线信息（摸底调查信息，也称为断面调查信息）。

D 类：项目监督与评价所需的受项目影响人群信息。

在进行项目社会评价时，应根据不同阶段的需要来收集不同类别的信息。按照世界银行的项目管理模式，项目周期中不同阶段的社会评价投入及所需的信息对应关系见表 8-2。

表 8-2 项目周期不同阶段社会评价投入及所需信息

项目周期不同阶段	社会评价投入	所需主要信息
项目立项	识别项目目标群体、确定项目影响范围	A 类、B 类
项目方案制订与评估阶段	设计参与机制、进行社会可行性分析	A 类、B 类
项目实施及监测评价阶段	受益者分析、社区参与	C 类
项目后评价	与社会影响评价	D 类

链接

社会评价需要搜集的信息主要包括宗教信仰、收入分配、人口资料、社会服务等信息。

（二）社会分析

社会评价应从以人为本的原则出发，从项目的社会影响、项目与所在地区的互相适应性（互适性）、社会风险和可持续等方面进行分析。

1. 社会影响分析

项目的社会影响分析旨在分析预测项目可能产生的正面影响和负面影响。

项目的社会影响分析在内容上可分为三个层次四个方面的分析，即分析在国家、地区、项目（社会）三个层次上展开，包括项目对社会环境方面、社会经济方面、自然与生态环境方面和自然资源方面的影响，本部分旨在分析预测项目可能产生的正面影响（通常称为社会效益）和负面影响。

社会影响分析的主要内容：所在地区弱势群体利益的影响；所在地区文化、教育、卫生的影响；当地基础设施、社会服务容量和城市化进程等的影响；所在地区居民就业的影响；所在地区居民生活水平和生活质量的影响；所在地区不同利益群体的影响；所在地区居民收入的影响；所在地区少数民族风俗习惯和宗教的影响；所在地区文化遗产的影响等。

2. 互相适应性（互适性）分析

互适性分析主要是确定项目的主要利益相关者，分析利益相关者的需求，研究目标人群对项目建设内容的认可和接受程度，评价各利益相关者的重要性和影响力，阐述各利益相关者参与项目方案确定、实施管理和监测评价的措施方案，以提高当地居民等利益相关者对项目的支持程度，确保拟建项目能够与当地社会环境相互适应。

3. 社会风险分析

社会风险分析是针对项目建设所涉及的各种社会因素进行风险分析，提出协调项目与当地社会关系、规避社会风险、促进项目顺利实施的措施方案。

社会风险及对策分析，应在确认项目有负面社会影响的情况下，提出协调项目与当地的社会关系，避免项目投资建设或运营管理过程中可能存在的冲突和各种潜在社会风险，解决相关社会问题，减轻负面社会影响的措施方案。那些可能诱发民族矛盾、宗教矛盾、移民安置问题、弱势群体支持性问题、受损补偿问题的项目要注重这方面的分析，并提出防范措施。

4. 社会可持续性分析

社会评价是以可持续发展为目标的项目评价方法；是实现可持续发展的有效工具，因此社会评价应该在可持续发展的战略下进行。

可持续性分析的主要内容见表8-3。

表8-3　可持续性分析的主要内容

项目	内容
受益者对社会可持续性的影响分析	（1）分析受益者支付能力的变化趋势。 （2）分析受益者对项目可持续性的影响
受损者对社会可持续性的影响分析	（1）分析受损者的损害程度。 （2）分析受损者对项目可持续性的影响
社会效果可持续性分析	（1）分析社会效果的可持续程度。 （2）分析社会效果可持续的条件

提示

社会效果包括促进社会公平、性别公平、少数民族发展以及提高弱势群体的社会保障等。

（三）项目社会管理方案

制定项目管理方案的目的是在以上众多分析的基础上，保证项目的社会可持续性，防控和化解社会风险。

项目社会管理方案一般应包括利益加强计划（积极鼓励以加强项目的正面效果）、负面影响减缓计划（控制风险，减少负面影响）、利益相关者参与计划（明确利益相关者之间的关系）、社会监测评估计划（实现项目目标）等。

为了保证社会管理方案能有效地实施，因此需要对社会管理方案制定一个监管计划即社会监测评估计划。社会监测评估计划应包括监测与评估的流程、监测和评估的指标、监测方案、应急预案以及报告制度等内容。

在应急预案方面，应研究制定专门的应对突发事件维稳应急预案，成立领导小组，设立维稳工作办公室，定期组织相关培训，开展应急演练。

典型例题

【单选题】下列社会分析中，属于社会互适性分析的是(　　)。

A. 文化教育的变化　　B. 对基础建设的影响

C. 所在地对项目的态度　　D. 促进社会发展经济效益

C。【解析】社会互适性分析主要是确定项目的主要利益相关者，分析利益相关者的需求，研究目标人群对项目建设内容的认可和接受程度，评价利益相关者的重要性和影响力，阐述各利益相关者参与项目方案确定、实施管理和监测评价的措施方案，以提高当地居民等利益相关者对项目的支持程度，确保拟建项目能够与当地社会环境相互适应。故选项 C 正确。

三、社会评价的重点内容

在项目的不同阶段，其社会评价的内容和要求也不相同。对此，以下分别从项目前期阶段、准备阶段、实施阶段、运营阶段进行社会评价重点内容阐述，见表 8-4。

表 8-4　社会评价各阶段的重点内容

项目阶段		重要内容
前期阶段	项目建议书阶段	(1)了解项目所在地的社会环境的基本情况。 (2)识别主要的负面社会影响因素。 (3)判断可能带来的社会风险
	可行性研究阶段	(1)在项目建议书阶段社会评价的基础上深入分析项目的社会效益与影响。 (2)分析项目与社会的互适性
准备阶段		在前期阶段评价内容的基础上进一步修正和完善
实施阶段		(1)对已经出现的影响进行分析。 (2)预测未来的变化
运营阶段		(1)了解实际发生的影响及发展趋势。 (2)判断受影响的社区、人口、主要利益相关者的真实反应

注：可行性研究阶段采用定量和定性相结合的方法。

项目可行性研究阶段的社会评价是否进行，取决于项目建议书阶段的社会评价结论。若在项目建议书阶段发现项目所在地存在比较严重的社会、经济不公平现象和社会问题，如项目所在地可能引发大规模的人口失业，项目地区群众难以从以往的项目中受益，项目可能对社会产生重大负面影响，项目建设可能改变人口行为方式的变化，公众参与对于项目的可持续性关联较大等问题，应进一步在项目可行性研究阶段进行社会评价。

四、社会评价中的弱势群体分析

弱势群体一般是指在物质条件、权利和权力、社会声望、发展机会等方面处于弱势地位，依靠自身的能力无法保持个人及其家庭成员最基本的生活水平，需要国家和社会给予适当支持和帮助的社会群体。贫困人口、妇女（性别）、少数民族及非自愿移民等群体是社会评价中需要予以特别关注的群体，属于弱势群体。

其中，对于贫困人口，应做到有效识别贫困群体以及其需求，建立参与协商机制，尽可能减少项目给其带来的不利影响，保持有效的沟通和对话，给予其申诉抱怨的机会。

对这些群体的利益相关者分析要有不同的侧重。弱势群体分析应充分关联社会管理方案，降低项目社会风险，提高社会效益。

典型例题

【多选题】社会评价中关注的弱势群体有（　　）。

A. 贫困人口　　B. 少数民族

C. 非自愿移民　　D. 女性领导者

E. 老弱多病人

ABC。【解析】弱势群体分析实际上是利益相关者分析的延伸。贫困人口、妇女（性别）、少数民族及非自愿移民等群体是社会评价中需要予以特别关注的群体，属于弱势群体，对这些群体的利益相关者分析要有不同的侧重。弱势群体分析应充分关联社会管理方案，降低项目社会风险，提高社会效益。

五、不同类型项目的社会评价

不同类型项目的社会评价内容见表 8-5。

表 8-5　不同类型项目的社会评价内容

项目		内容
城市交通项目	正面效益	(1)提供便捷的通行服务。 (2)促进人员就业以及经济的增长。 (3)拓宽进入市场的渠道。 (4)改善居民生活环境及区域。 (5)获取社会服务的路径增多
	负面问题	(1)贫困人口因租金上涨生活更困难。 (2)经济有关活动萎缩。 (3)收入受损。 (4)造成公共健康方面的不利影响
自然资源项目	项目实施的影响	(1)对贫困人口及其经济和食物来源的影响。 (2)建立保护区会导致居民迁移
	社会评价报告内容	(1)有机结合资源保护与经济发展。 (2)建设项目和当地居民冲突、矛盾之处以及应对措施

（续表）

项目		内容
能源项目		(1)引发的社会风险及应对措施。 (2)基于受损居民的情况，制定可以达到的社会目标。 (3)提供参与及效益分享的机会给受影响的居民。 (4)与受影响的人群合理协商，最大化减少项目的影响
水利项目	征地占地	减少征地占地的影响
	农村水利项目	(1)改善灌溉系统。农民愿承担成本的能力和愿望。 (2)参与式灌溉与排水的完善对策。 (3)制定农民参与式管理的发展目标
	贫困弱势群体	(1)贫困弱势群体参加活动的机会。 (2)相关群体受项目的影响以及应对措施。 (3)合理制定灌溉系统的布局和水渠走向
农村发展项目		农民受项目的不利影响及应对措施
城市环境项目		主要关注环境、机构、就业、拆迁影响以及政策调整

典型例题

【多选题】社会评价重点关注的内容，正确的有（　）。

A. 城市交通项目重点关注贫困和弱势群体

B. 城市环境项目关注环境问题对目标人群生活质量的影响

C. 能源项目关注能源结构变化对社会资源配置的影响

D. 水利项目关注征地对当地居民节水的效益

E. 农村发展项目关注可能对农民造成的负面影响

ABE。【解析】能源项目的社会评价应重点关注能源开发为社会所带来的潜在风险。故选项C错误。水利项目的社会评价应重点关注由于征地引起的负面影响。故选项D错误。

第三节　社会评价的主要方法

一、社会评价方法分类

项目设计的社会因素、社会影响和社会风险不可能用统一的指标、量纲和判据进行评价，因此社会评价应根据项目的具体情况采用灵活的评价方法。在项目决策分析与评价的不同阶段，根据工作深度要求和受时间限制的不同，可以采用不同的工作方式和方法。

（一）通用方法和专用方法

1. 通用方法

通用方法是指社会评价及其他评价都能应用的方法，如逻辑框架法、对比分析法、问卷调查法等。

2. 专用方法

相比于通用方法，专项方法主要应用在社会评价中，如利益相关者分析法。

（二）定性分析方法和定量分析方法

项目影响的社会因素通常多而繁杂。有的社会因素可以采用一定的计算公式定量计算，如就业效益、收入分配效益、节约资源效益等，而更多的社会因素则难以计量，更难以以一定的量纲用统一的计算公式进行计算。因此，社会评价通常采用定性分析与定量分析相结合、参数评价与经验判断相结合，并以定性分析和经验判断为主的方法。

1. 定性分析方法

定性分析法就是在进行项目社会评价时，基本上采用文字描述为主的形式，详细说明事物的情况、性质、程度、优劣，并据此做出判断或得出结论的分析方法。

进行定性分析，首先要合理确定所分析指标的标准；然后在可比的基础上按照有无分析法的原则对该指标进行对比分析，注意在调查时要制定定性分析的调查提纲，以利于调查和分析工作的有序和深入；最后在衡量影响重要程度的基础上，对各指标进行权重的确定和排序，为项目的综合评价做好准备。

定性分析在需要和可能的情况下，应该尽量引用直接或间接的数据，以便更准确地说明问题的性质和影响程度。如分析项目对所在地区的文化教育的影响，就可以采用一些统计数据。如项目建设前后所在地区的小学生入学率，人均拥有的大学毕业生人数，大专院校科研人员人数，人均科技图书拥有量等。

项目社会评价中定性分析的指标可随行业和项目有所不同。如先进技术的引进、社会基础设施、生态平衡、资源利用、时间节约、地区开发和经济发展、人口结构的改变，以及人民科学文化水平的提高等方面的社会效果指标。

2. 定量分析方法

定量分析方法就是依据既定的数学公式或模型，在调查分析得到的原始数据的基础上，通过一定的数学模型计算得出结果并结合一定的标准进行分析的评价方法。定量分析一般要有统一的量纲，一定的计算公式和一定的判别标准。一般认为，用数据和公式说话，比较客观、科学。但是对于项目评价来说，大量的、复杂的社会因素都要进行定量计算，显然难度很大。通常这种情况下，往往需要通过一些假设、权重和各种参数设定等方法以达到定量分析的目的，必要时常常借助计算机程序来进行辅助计算。

典型例题

【多选题】定量分析方法主要是采用频数法,分为群体划分法、风险概率-影响矩阵法、指标体系法等。关于社会评价方法的说法,正确的有( )。

A. 定性分析强调对事件结果的描述和分析

B. 采用定性分析方法时应尽量引用直接或间接数据

C. 社会评价通常在定性分析和定量分析中选择使用一种方法

D. 逻辑框架法、利益相关者分析、参与式评价是社会评价的专用方法

E. 对比分析法可以用于社会评价

BE。【解析】定性分析强调的是对事物发展变化过程的描述和分析,并不是对事件的结果。故选项A错误。有些情况单纯依靠一种方法无法完成社会评价,此时需要共同运用定量分析与定性分析两种方法。故选项C错误。逻辑框架法属于社会评价的通用方法。故选项D错误。

二、参与式评价方法

在进行项目详细社会评价时一般采用参与式评价,即吸收公众参与到项目的评价当中来。这种方式有利于提高项目方案的透明度;有助于取得项目所在地有关利益群体的理解、支持与合作;有利于提高项目的成功率,预防不良社会后果。一般来说,公众参与程度越高,项目的社会风险越小。

(一)参与式评价和参与式行动

参与式方法是通过一系列的方法或措施,促使项目的相关群体积极地、全面地介入项目决策、实施、管理和利益分享等过程的一种方法。使用参与式方法,可以使当地人(农村的和城市的)和外来者(专家、政府工作人员等)协同工作,对当地的社会、经济、文化、自然资源进行分析评价,从而做出计划、制定行动方案并使方案付诸实施,对计划和行动做出监测评价,最终使当地人从项目的实施中得到收益。参与式方法在社会评价中的具体运用包括参与式评价和参与式行动两个方面。

参与式评价,如参与式贫困评估、参与式规划、参与式监测评价等,主要强调项目所在地居民的乡土知识对专家知识的补充和完善,侧重于应用参与式的工具来进行数据的收集、分析,参与评价的利益相关者的主要作用在于提供乡土知识供专家进行分析。参与式评价包括通过参与式方法来收集主要利益相关者的信息,特别是那些受项目消极影响的人的信息,从而根据充分的信息资料制定出能够为他们所接受的项目方案,以便最大程度地优化项目实施方案,扩大项目的实施效果。

参与式行动更加注重的是从发展的角度来认识参与方法,让受影响的利益相关者参与到项目建设过程的实际过程当中来,如参与设计、参与各方协调等,这也是该方式与参与式评价最主要的区别。当某个项目的受益群体(即受项目积极影响的群体或者机构)的积极参与和贡献对该项目的成败起关键作用时,参与式行动发挥的作用就更加明显。

链接

相比于参与式评价，参与式行动更加注重于让项目的利益相关者在决策和项目实施上发挥作用。

（二）利益相关者参与的主要形式

利益相关者参与的主要形式见表 8-6。

表 8-6 参与的主要形式

参与形式		特征
自主性参与和动员性参与	自主性参与	主动的、自发的参与
	动员性参与	在其他参与者的动员下被动的参与
组织化参与和个体化参与	组织化参与	以组织的形式进行参与
	个体化参与	以个人的方式进行参与
支持性参与和非理性参与	支持性参与	对项目支持而参与
	非理性参与	对项目不满而参与
目标性参与和手段性参与	目标性参与	为实现群体性目标的参与
	手段性参与	为实现个人性目标的参与
制度化参与和非制度化参与	制度化参与	根据制度规定而参与
	非制度化参与	不按规定或要求而参与

（三）参与机制的三个层次

1. 信息分享

信息分享指项目实施者对项目相关信息的单方面的信息输出或输入，包括向各有关方面披露有关项目的信息，或者收集项目受益者或受项目影响群体的数据。信息分享在促使项目各利益相关方进行有意义的磋商以及使利益相关者真正参与项目方面具有十分重要的作用。

2. 磋商

磋商是指项目实施者与利益相关者之间的信息双向交流，接收项目利益相关者的反馈。例如在政府和受益者或者受项目影响群体之间的信息交流，利益相关者可以对政府决策或者规划的项目提出意见。通过磋商收集到的信息和反馈意见必须在项目的规划和实施过程中有所体现，从而使磋商更加真实有效。磋商机制对于公众参与有着很重要的作用，当磋商中包含着减轻项目的负面影响的建议，则该方式的作用就得到了极大的发挥。

3. 参与过程

参与实际上是分享决策控制权的一个途径。共同进行评价、共同做出决策并在项目的规划和实施过程中通力合作都是参与的不同形式。制定项目参与机制可以促进利益相关者之间的互动，因此有利于项目的规划和实施。向受到项目不利影响的人及时发布信息非常重要,信息流动可以进行方向性的引导,信息发布有助于项目获得当地受益群体的理解、支持和合作。使用参与式评价方法收集主要利益相关者(受益者和受到项目不利影响的人)的信息可以使项目更加符合当地的需求。

三、利益相关者分析评价方法

(一)利益相关者定义

利益相关者是指对组织行为、决策、政策、活动或目标有影响(直接或间接)的人和群体或受影响的人和群体。

社会评价重点关注关键利益相关者,他们既可以是主要利益相关者,也可以是次要利益相关者。利益相关者分析在社会评价中用于辨认项目利益相关群体,并分析他们对项目的实施及实现目标的影响。

利益相关者的概念由斯坦福大学研究院于 1963 年首次提出,其被定义为"利益相关者是这样一些团体,没有其支持,组织就不可能生存"。

随后,美国项目管理协会将利益相关者定义为项目干系人,即积极参与项目或其利益可能受实施或完成的积极的或消极的影响的个人或组织(如客户、发起人、执行组织或公众)。项目干系人也可能对项目及其可交付成果和项目团队成员施加影响。为明确项目的要求和所有相关方的期望,项目管理团队必须识别所有内部和外部干系人。此外,为保证项目成功,项目经理必须针对项目要求来管理各种干系人对项目的影响。

利益相关者环理论:利益相关者环理论是一种有效的项目管理工具,该方法是在综合利益相关者研究成果的基础上运用可视化的分析软件,识别项目中的具体利益相关者,对具体利益相关者进行分类,提供互动管理的技术方法,进而针对性地开发出沟通和管理策略。利益相关者环由两个部分组成,一是同心圆,同心圆的中心代表项目,同心圆代表每个利益相关者与项目的距离,每个利益相关者的圆形表示具有同质性;二是楔子形状,其尺寸和面积代表各利益相关者的规模,其径向深度代表对项目的影响程度。

利益相关者环的使用步骤为:识别需求;利益相关者排序(根据影响力、邻近性、紧迫性等);可视化处理;参与策略,消除反对倾向;监控项目与利益相关者的动态关系。

利益相关者理论的关键点就是弱化股东利益至上的传统观念,强调利益相关者的利益最大化诉求。

利益相关者理论在项目管理中的应用,成为近年来国内外项目管理的一个重要动向,在管理过程中协调各方利益以实现项目整体利益的最大化,是项目管理的最终目标。

(二)利益相关者的分类

识别项目的利益相关者是进行利益相关者分析的第一步。通常,利益相关者可以分为项目受影响的人、项目受益的人、项目受害的人以及其他利益相关者四类。正确识别利益相关者对进行后续分析起着十分重要的作用。

（三）利益相关者分析步骤

利益相关者分析一般按照以下四个步骤进行：

(1)识别利益相关者。

(2)分析利益相关者的利益所在以及项目对他们的利益所产生的影响。

(3)对每一个利益相关者的重要性和影响力进行分析。

(4)为各个利益相关群体制定参与项目建设的方式，尤其要为重要的利益相关者制定出相应的参与方案。

确定主要的利益相关者。在社会评价中对主要利益相关者进行确认，可以为参与式社会评价提供参与的群体和评价对象。受到项目影响的对象可能是个人、群体或者机构。他们可能会对项目产生重大的影响，或者对项目能否达到预定目标起着十分重要的作用。这些个人、群体或者机构包括政府、实施机构、目标人群、其他个人或者诸如社区组织、当地政府、捐赠者等相关群体，其中主要利益相关者是指那些直接受到项目的积极（受益者）或者消极（例如那些非自愿的搬迁移民）影响的人、群体或者机构等。

分析利益相关者的利益构成。在对项目的主要利益相关者进行识别之后，还需要对他们从项目实施中可能获得的利益以及可能对项目产生的影响进行分析。为了评估主要利益相关者的影响力，对每个群体需要提出下列主要问题：

(1)利益相关者对项目的期望。

(2)项目将为他们带来的益处（或损害）。

(3)利益相关者拥有哪些可以支持项目建设的资源。

(4)利益相关者是否愿意和能够动员来支持项目的建设。

(5)利益相关者与项目预期目标之间是否相冲突。

分析利益相关者的影响力。获得所需信息之后，应对利益相关者的影响力及其重要程度进行评估。主要可以通过权利和地位的拥有程度、组织机构的级别、对战略资源的控制力、与其他利益相关者的权利关系、对项目取得成功的重要程度、其他非正式的影响力等方面进行。

利益相关者分析包括确认将受到项目正面或负面影响的所有群体，并评估项目成功与否给不同群体带来的影响程度。

制定参与方案。当已获得了利益相关者的信息、明晰了不同群体之间的关系，并且明确了参与方案时，利益相关者分析也就基本结束。如果在项目地区的其他地方已经进行过类似的项目，并且当地的状况和人口数量也类似，在这种情况下，利益相关者分析可以很简略，而且不需要进行广泛的实地调查。调查者可以使用已有的知识，通过与利益相关群体的座谈、组织研讨会，来了解他们新的认识和观点，进而完善和完成对利益相关者的分析。

典型例题

【单选题】关于社会评价中利益相关者的说法，错误的是（ ）。

A. 利益相关者是指对项目成功实施有直接影响的个人、群体或组织机构

B. 通过识别利益相关者，确定社会调查的主要对象

C. 利益相关者是社会影响分析的主要对象

D. 不同利益相关者平等参与项目是社会管理方案的目标之一

A。【解析】与项目有利害关系（包括直接和间接利害关系），且对项目成功有影响（包含直接影响和间接影响）的个人、群体或组织机构称为利益相关者。

四、逻辑框架法

逻辑框架法是由美国国际开发署（USAID）在1970年开发并使用的一种项目设计、计划和评价的方法。目前国际上已广泛用于规划、项目、活动的策划、分析、管理、评价。

逻辑框架法在项目研究中通常分为分析阶段和计划阶段，通过利益相关者分析、问题分析、目标分析和对策分析，分清了项目逻辑产出、直接目的和总目标的层次和相应的内容，再把需要投入的内容和指标确定下来，就可以形成项目的逻辑框架。

在使用逻辑框架法时，要重点分析外部条件，进而确定影响项目目标的主要因果关系，运用水平逻辑关系和垂直逻辑关系全面判断项目需要面对的社会风险。

第四节 社会评价的组织实施

社会评价工作一般由项目实施者委托工程咨询机构或其他专业团体进行，一般程序为接受委托、实施评价、编制并提交评价报告、进行报告审查等。

一、社会评价工作的实施

工程咨询机构或者其他专业机构接收社会评价委托后，一般从按照以下几个步骤实施。

（一）调查社会资料

调查了解项目所在地区的社会环境等方面的资料，调查的内容包括项目所在地区的人口统计资料，基础设施与服务设施状况，当地的风俗习惯、人际关系，各利益群体对项目的反应、要求与接受程度，各利益群体参与项目活动的可能性（如项目所在地区干部、群众对参与项目活动的态度和积极性），可能参与的形式、时间，妇女在参与项目活动方面有无特殊情况等。社会调查可采用多种调查方法，如查阅历史文献、统计资料，问卷调查，现场访问，观察，开座谈会等。

（二）识别社会因素

分析社会调查获得的资料，对项目涉及的各种社会因素进行分类。一般可分为三类：影

响人类生活和行为的因素；影响社会环境变迁的因素；影响社会稳定与发展的因素。从以上因素中识别与选择影响项目实施和项目成功的主要社会因素，作为社会评价的重点和论证比选方案的内容之一。

（三）进行社会分析

进行社会分析，即前文所述的社会影响分析、互适性分析、社会风险分析和可持续性分析。具体可分为以下三个步骤：

（1）对有关指标进行计算。

（2）进行定量分析，判断指标的优劣性。

（3）定性分析不能量化的因素，并判断影响程度。

（四）社会管理方案的制定

在社会分析的基础上，根据扩大正面效应，减小负面影响的原则，制定可以使社会效果可持续性的社会管理方案。

（五）编制社会评价报告

在上述工作结束后，对相关信息和结论进行汇总，并编制社会评价报告。社会评价报告的编写内容应当包括：评价目标；评价方法；评价内容；评价结论；主要建议；社会管理方案等。

链接

若社会评价报告是针对实施阶段的，还需编制检测评估建议。

二、社会评价报告的内容及基本要求

（一）社会评价报告的内容

社会评价作为有关建设项目评价体系中重要的一环，其工作产生的报告可作为政府主管部门进行项目审批的依据。根据要求，社会评价报告的整体框架见图 8-1。

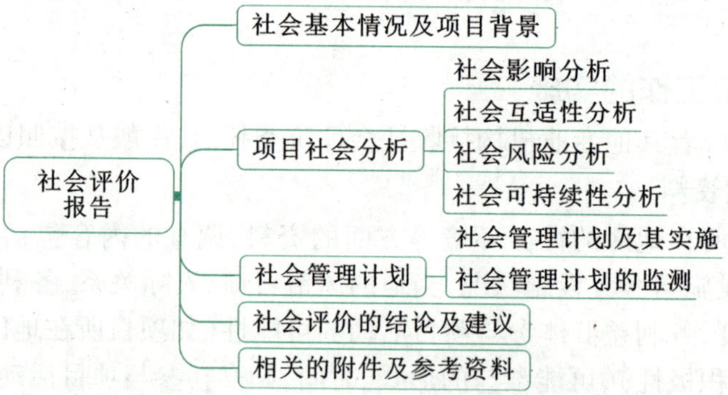

图 8-1　社会评价报告的整体框架

（二）社会评价报告的编制要求

编制社会评价报告，应遵循以下要求：

（1）社会评价所用的基础信息和数据必须真实可靠。

(2)社会评价所采用的分析方法应当科学合理。

(3)社会评价所得出的结论应当详尽明确,客观公正,具有说服力。

(4)社会评价报告文本应当具有逻辑性、可读性,报告格式应当规范,文字描述应当简洁,图表穿插应当合理。

第五节　社会稳定风险分析报告的编写

社会稳定风险评估主体一般由当地人民政府或有关部门制定。社会稳定风险分析由项目单位或项目所在地人民政府或其有关部门委托具有相应资信的工程咨询机构具体实施,通常按照制定工作方案→调查研究→分析研究→编制社会稳定风险分析报告(篇章)的程序具体开展工作。

一、编制说明

(一)总体说明

为切实规范和全面推进重大固定资产投资项目社会稳定风险分析和评估工作。根据《国家发展改革委重大固定资产投资项目社会稳定风险评估暂行办法》和国家、地方相关规定,对于需要开展稳评的重大固定资产投资项目,项目单位在组织编制项目可行性研究报告、项目申请报告时,应当同时进行社会稳定风险分析,并作为项目可行性研究报告、项目申请报告中的独立篇章。

社会稳定风险分析篇章的编制工作,应当立足国情,实事求是,从拟建项目直接关系人民群众切身利益且涉及面广、容易引发的社会稳定问题出发,在合法性、合理性、可行性和可控性等方面进行重点分析,做到客观公正、方法适用、分析全面、措施可行、结论可信,确保取得实效。

社会稳定风险分析篇章的编制,应当遵循社会稳定风险分析的程序,开展风险调查、风险因素识别和风险估计,研究提出风险防范和化解的措施,估计落实措施后的风险等级,明确提出能作为开展拟建项目社会稳定风险评估工作重要依据的分析结论。情况较简单、外部性影响非常小、社会稳定风险非常低的项目可以从简分析,特别重大和敏感的项目,可形成单独的社会稳定风险分析报告。

各地方政府或其有关部门,可根据《国家发展改革委重大固定资产投资项目社会稳定风险评估暂行办法》及相关法律法规要求,结合地方经济社会发展的状况,编制适合本地区固定资产投资项目社会稳定风险分析的指标体系、评判标准等。各行业管理部门可结合行业特点,参照《重大固定资产项目社会稳定风险分析篇章编制大纲及说明(试行)》中的编制大纲制定适合本行业的社会稳定风险分析篇章编制大纲。

(二)关于风险调查

风险调查是风险分析的基础工作,风险调查的成果不仅是分析篇章的重要组成部分,同时也是风险识别、风险估计、风险等级判断和制定风险防范、化解措施的基础。

1. 调查内容

风险调查应根据拟建项目的实际，结合建设方案，运用适用的方法，深入开展风险调查。

拟建项目的合法性。包括与国家和当地经济社会发展规划、行业规划、产业政策、标准规范的符合性，与土地利用总体规划、城乡规划的符合性，分析项目达到合法性要求还需依法取得的相关前置审批文件等。

拟建项目所在地周边的自然环境现状和社会环境状况，以及项目实施可能对当地经济社会的影响。包括可能对行业发展和区域经济的影响，对上下游已建或拟建关联项目的影响，对当地总体发展规划、经济发展、关联行业发展、就业机会的影响等；包括拟建项目占用地方资源（土地、能源、水资源、岸线、交通、污染物排放指标、自然和生态环境等）带来的影响，拟建项目的建设和运行活动对项目所在地文化、生活方式、宗教信仰、社会习俗等非物质性因素的影响，能否被当地的社会环境、人文条件所接纳等。

利益相关者（包括受拟建项目建设和运行影响的公民、法人和其他社会组织）对拟建项目建设实施的意见和诉求。深入细致地向利益相关者了解情况，对受项目影响较大者、有特殊困难的家庭重点走访，当面听取意见。听取意见要注意对象的广泛性和代表性，注意方式方法，以便群众了解真实情况、表达真实意见。对于听取的意见和诉求，要通过分析利益相关者的主要特征、背景和同质性等，鉴别出主要利益相关者。

拟建项目所在地政府及其有关部门、基层政府和基层组织、社会团体的态度。在规划选址、土地房屋征收补偿、移民安置、环境保护等方面，征求项目所在地政府、有关部门及基层组织、社会团体等对拟建项目的支持态度，了解项目所在地存在的社会历史矛盾和社会背景等。

媒体对拟建项目建设实施的态度。调查大众媒体包括网络媒体及移动媒体等新兴媒体对拟建项目的意见、诉求和舆论导向等。

同类项目曾引发的社会稳定风险。调查公开报道的同类项目曾经引发的社会稳定风险，同类项目的后评价报告，风险的原因、后果和处置措施等。

2. 调查范围

凡项目涉及利益相关者切身利益、容易引发社会稳定风险的因素，都应纳入调查范围，应当涵盖拟建项目建设和运行可能产生负面影响的范围。

3. 调查的方式和方法

风险调查的方式有全面调查、抽样调查、个案调查和典型调查。调查的方法有观察法、访谈法、文献法、问卷法、实验法等。可根据项目的特点及项目所在地的实际情况，选择适用的方式方法进行调查。实际工作中可采取公告公示、实地踏勘、走访群众、召开座谈会、网上调查以及舆情分析等多种方式和方法，以达到广泛调查、充分收集各方意见和诉求的目的。

（三）关于风险识别

围绕拟建项目的建设和运行是否可能使群众的合法权益遭受侵害，从拟建项目各阶段可能对外产生的负面影响，项目与当地经济社会的相互适应性等方面，全面、动态、全程识别拟建项目建设和运行可能诱发的社会矛盾和社会稳定风险事件(包括对社会稳定可能造成重大负面影响的各种群体性或个体极端事件),识别影响拟建项目总体目标顺利实现的各种社会稳定风险因素。

风险识别一般可选用对照表法、专家调查法以及访谈法、实地观察法、案例参照法、项目类比法等方法。

(四)关于风险估计

1. 估计内容

风险因素的风险估计,通过采用定性与定量相结合的方法,找出主要风险因素,并对每个主要风险因素的风险程度进行分析、预测和估计,层层剖析引发风险的直接和间接原因,预测和估计可能引发的风险事件,分析其引发风险事件的可能性,估计发生的概率,分析影响程度(后果),判断其风险程度。一般项目可根据实际涉及的主要风险因素,编制拟建项目的主要风险因素程度表,见表8-7。

表8-7 主要风险因素及其风险程度表

序号	风险类型	发生阶段	风险因素	风险概率	影响程度	风险程度	备注
1	—	—	—	—	—	—	—
2	—	—	—	—	—	—	—
3	—	—	—	—	—	—	—
…	—	—	—	—	—	—	—

注:a. 风险类型包括工程风险因素和项目与社会互适性风险因素。其中:工程风险因素可按政策、规划和审批程序,土地房屋征收及补偿,技术经济,环境影响,项目管理,安全和治安等方面分类。项目与社会互适性风险因素指项目能否为当地的社会环境、人文条件所接纳,以及当地政府、组织、社会团体、群众支持项目的程度,项目与当地社会环境的相互适应关系方面所面临的风险因素。

b. 风险发生阶段可包括项目决策、准备、实施、运行四个阶段。备注可标注风险的特征(例如长期影响还是短期影响、持久性影响还是间断影响等)和其他需要说明的情况。

c. 该表式样仅供参考。下同。

2. 估计方法

风险估计一般采用定性分析与定量分析相结合的方法,逐一对风险因素进行多维度分析,估计其发生的概率和影响程度。选取维度通常包括:可能产生的风险项目阶段、地域、群体,以及风险的成因、影响表现、风险分布、影响程度等特性。

主要风险因素的估计,可对风险概率、影响程度和风险程度进行定性和定量的分析评判,也可根据专家经验确定。根据风险程度进行排序,以揭示主要因素的风险程度。

(五)关于风险防范、化解措施

为了从源头上防范、化解拟建项目实施可能引发的风险,应根据拟建项目的特点,针对主要风险因素,阐述采用的风险防范、化解措施策略;阐述提出的综合性和专项性的风险防范、化解措施,明确风险防范、化解的目标,提出落实措施的责任主体、协助单位、防范责任和具体工作内容,明确风险控制的节点和时间,真正把项目社会稳定风险化解在萌芽状态,最大限度减少不和谐因素。编制并形成风险防范、化解措施汇总表,具体见表8-8。

表 8-8 风险防范和化解措施汇总表

序号	风险发生阶段	风险因素	主要防范、化解措施	实施时间和要求	责任主体	协助单位
1	—	—	—	—	—	—
2	—	—	—	—	—	—
3	—	—	—	—	—	—
…	—	—	—	—	—	—

(六)关于项目风险等级

对研究提出的风险防范、化解措施的合法性、可行性、有效性和可控性进行分析,根据分析结果预测各主要风险因素可能变化的趋势和结果,结合预期可能引发的风险事件和造成负面影响的程度等,综合判断项目落实风险防范、化解措施后的风险等级。

项目风险等级综合判断一般采用定性与定量相结合的方法进行判断。在定量分析方面,可选用专家打分法等方法,并说明确定措施后每个主要因素风险权重的方法。按照《国家发展改革委重大固定资产投资项目社会稳定风险评估暂行办法》的要求,对照本地区社会稳定风险等级评判标准,对拟建项目的社会稳定风险做出客观、公正的判断,确定高、中、低等级。

二、社会稳定分析编制内容

(一)编制依据

重大固定资产投资项目社会稳定风险分析及其篇章编制,应依据法律法规规章和规范性文件、拟建项目所在地区的社会稳定风险评估要求,以及拟建项目建设方案等相关资料开展工作。

编制依据主要包括:

(1)相关法律、法规、规章、规范性文件以及其他政策性文件。

(2)项目单位的委托合同。

(3)项目单位提供的拟建项目基本情况和风险分析所需的必要资料。

(4)国家出台的区域经济社会发展规划、国务院及有关部门批准的相关规划。

(5)其他依据。

(二)风险调查

社会稳定风险调查重点围绕拟建项目建设实施的合法性、合理性、可行性和可控性等方面开展。调查范围应覆盖所涉及地区的利益相关者,充分听取、全面收集群众和各利益相关者的意见,包括合理和不合理、现实和潜在的诉求等。

结合拟建项目的特点,重点阐述以下部分或全部方面:调查的内容和范围、方式和方法;拟建项目的合法性;拟建项目自然和社会环境状况;利益相关者的意见和诉求、公众参与情况;基层组织态度、媒体舆情导向,以及公开报道过的同类项目风险情况。

（三）风险识别

在风险调查的基础上，针对利益相关者不理解、不认同、不满意、不支持的方面，或在日后可能引发不稳定事件的情形，全面、全程查找并分析可能引发社会稳定风险的各种风险因素。

重点阐述：在政策规划和审批程序、土地房屋征收方案、技术和经济方案、生态环境影响、项目建设管理、当地经济社会影响、质量安全和社会治安、媒体舆论导向等方面重点分析查找各风险因素。

（四）风险估计

风险估计应从合法性、合理性、可行性和可控性来分类，每一项风险因素都存在是否合法、合理、可行、可控四个方面的问题。

根据各项风险因素的成因、影响表现、风险分布、影响程度、发生可能性，找出主要风险因素。采用定性与定量相结合的风险分析方法，估计主要风险因素的风险程度；分析主要因素之间是否相互影响。

重点阐述：按照风险可能发生的项目阶段（决策、准备、实施、运行），结合当地经济社会与拟建项目的相互适应性，从初步识别的各类风险因素中筛选、归纳出主要风险因素。对每一个主要风险因素进行分析、估计，两个或多个风险因素相互作用的影响，包括可能引发风险事件的原因、时间和形式，风险事件的发生概率、影响程度和风险程度。

（五）风险防范和化解措施

根据风险识别和风险估计的结果，研究提出风险防范化解措施。

重点阐述：针对主要风险因素研究提出各项综合和专项的风险防范、化解措施，提出落实各项措施的责任主体和协助单位、防范责任、具体工作内容、风险控制节点、实施时间和要求的建议。

（六）风险等级

分析各项风险防范、化解措施落实的可行性和有效性，预测落实措施后每一个主要风险因素可能引发风险的变化趋势，包括发生概率、影响程度、风险程度等，综合判断拟建项目落实风险防范、化解措施后的风险等级。

重点阐述：预测各主要风险因素变化趋势及结果，综合判断落实措施后风险等级。

（七）风险分析结论

阐述拟建项目社会稳定风险分析的主要结论，包括：

（1）拟建项目主要的风险因素。

（2）主要的风险防范、化解措施。

（3）拟建项目风险等级。

（4）落实风险防范、化解措施的有关建议。

（5）应急预案等建议。

三、社会稳定风险评估和社会评估的关系

社会稳定风险评估和社会评估的关系具体见表8-9。

表8-9 社会稳定风险评估和社会评估的关系

关系		社会稳定风险评估	社会评估
不同点	报告内容	基本完善	不完善
	社会分析的角度	只分析负面影响	分析正面影响和负面影响
	社会管理功能	强调	无强制要求
相同点	工作过程	进行调查、分析、管理方案制定等	
	工作内容	进行风险因素及产生原因等分析	
	分析方法	参与式方式	
	理论体系	社会学、人类学、项目学等	

典型例题

【多选题】关于社会评价和社会稳定风险分析二者关系的说法，正确的有(　　)。

A. 理论体系相同　　B. 分析角度一致

C. 分析方法一致　　D. 社会管理功能一致

E. 工作过程和内容相似

ACE。【解析】社会评价是对项目建设和运营对社会变动的正面以及负面影响进行分析评价，社会稳定风险分析是从项目实施可能产生的负面影响的角度，根据社会稳定风险因素负面清单进行社会影响分析评价，故分析角度不同。故选项B错误。社会评价进行社会风险分析是作为项目可行性研究以及项目申请书中评价体系的一个组成部分，对项目管理功能无强制性要求，而社会稳定风险分析更加强调社会管理功能，满足了项目管理和社会管理功能的需要，故二者的功能管理存在差异。故选项D错误。

四、社会稳定风险评估报告编制大纲

本部分以重大固定资产投资项目为例，对社会稳定风险评估报告的编制的内容进行具体的说明。

第一部分　评估报告编制大纲

(一)基本情况

项目概况：简述项目基本情况，主要包括：项目单位、拟建地点、建设必要性、建设方案、建设期、主要技术经济指标、环境影响、资源利用、征地搬迁及移民安置、社会环境概况(含当地经济发展及社会治安、群体性事件、信访等情况)、投资及资金筹措等内容。

评估依据：社会稳定风险评估工作所依据的相关法律、法规和规范性文件等；国家出台的区域经济社会发展意见、国务院及有关部门批准的相关规划、采用的项目所在地人民政府确定的社会稳定风险评判标准或指标体系。

评估主体：拟建项目的评估主体指定方、评估主体的组成及职责分工，并具体说明其相关部门、社会组织、专业机构、专家学者、群众代表等参与评估工作情况。

评估过程和方法：简述评估工作的程序、步骤和主要过程；说明评估工作所采用的主要方法。

（二）评估内容

风险调查评估及各方意见采纳情况：阐述对社会稳定风险分析篇章中风险调查的广泛性、代表性、真实性等进行评估的过程和结果。说明评估主体根据实际需要直接开展或者要求项目单位开展补充风险调查的情况。对收集的拟建项目各方面意见进行梳理和比较分析，形成能够反映实际情况的信息资料，并阐述其采纳情况。

风险识别和估计的评估：

（1）风险识别评估。对风险分析篇章中风险识别的完整性和准确性提出评估意见；根据风险调查评估结果，对拟建项目可能引发的主要社会稳定风险因素进行补充完善，并汇总。

（2）风险估计评估。对风险分析篇章中风险估计的客观性、分析内容的完备性、分析方法的适用性提出评估意见；预测估计主要风险因素发生概率、影响程度和风险程度。

风险防范和化解措施的评估：对社会稳定风险分析篇章中提出的风险防范、化解措施进行评估，并补充完善。针对拟建项目可能引发的社会稳定风险，进一步补充完善和明确落实各项防范、化解措施的责任主体和协助单位、具体负责内容、风险控制节点、实施时间和要求。

落实措施后的风险等级确定：对风险分析篇章中风险等级判断方法、评判标准的选择运用是否恰当、风险等级判断结果是否客观合理提出评估意见；结合补充的重要风险因素，综合以上评估结果，确定项目落实防范、化解风险措施后的项目风险等级。

（三）评估结论

评估结论包括以下内容：

（1）拟建项目存在的主要风险因素。

（2）拟建项目合法性、合理性、可行性、可控性评估结论。

（3）拟建项目的风险等级。

（4）拟建项目主要风险防范、化解措施。

（5）根据需要提出应急预案和建议。

第二部分 评估报告编制说明

（一）关于评估主体

评估主体由项目所在地人民政府或其有关部门指定。

评估主体组织对拟建项目的社会稳定风险开展评估论证，对项目单位组织编制的社会稳定风险分析篇章进行评估，根据实际情况，采取多种方式听取各方面意见，分析判断并确定风险等级，提出社会稳定风险评估报告。

评估主体要按规定程序和要求进行评估，遵守工作纪律和保密规定，对评估报告负责。

(二)关于评估程序

1. 制定评估工作方案

评估主体应首先制定评估工作方案。评估工作方案应明确风险评估的组织机构、职责分工、工作进度、工作方法与要求、拟征询意见对象及方法、风险评估报告大纲等事项。

2. 收集和审阅相关资料

评估主体应全面收集并认真审阅社会稳定风险评估相关资料,主要包括但不限于以下文件:项目可行性研究报告、项目申请报告及其社会稳定风险分析篇章;国家和地方相关法律、法规和政策;拟建项目前期审批相关文件,包括城乡规划、国土资源、环境保护等部门出具的规划选址、用地预审、环境影响评价文件等;相关规划与标准规范;同类或类似项目决策风险评估资料等。

3. 充分听取意见

根据对拟建项目社会稳定风险分析篇章的审阅结果,结合项目所在地的实际情况,根据需要补充开展民意调查,向受拟建项目影响的相关群众了解情况,对受拟建项目影响较大的群众、有特殊困难的家庭要重点走访,当面听取意见。听取意见要注意对象的广泛性和代表性,注意方式方法,确保收集意见的真实性和全面性;讲清项目相关的法律和政策依据、项目方案、项目建设和运行全过程可能产生的影响,以便群众了解真实情况、表达真实意见。

4. 全面评估论证

分门别类梳理各方意见,参考相同或类似项目引发社会稳定风险的情况,重点围绕拟建项目建设实施的合法性、合理性、可行性、可控性进行客观、全面地评估论证;对拟建项目所涉及的风险调查、风险识别、风险估计、风险防范和化解措施、风险等级评判等内容逐项进行评估论证,特别是对风险因素、风险发生概率、可能引发矛盾纠纷的激烈程度和持续时间、涉及人员数量、可能产生的各种负面影响以及相关风险的可控程度进行评估论证。

5. 确定风险等级

根据项目所在地人民政府确定的社会稳定风险评估指标或评判标准,在综合考虑各方意见和全面分析论证的基础上,按照《国家发展改革委重大固定资产投资项目社会稳定风险评估暂行办法》的风险等级划分标准,对拟建项目的社会稳定风险等级做出客观、公正的评判,确定项目社会稳定风险的高、中、低等级。

6. 编制评估报告

拟建项目社会稳定风险评估报告应包括以下内容:

(1)基本情况。

(2)评估内容。

(3)评估结论。

(三)关于评估要点

评估主体应在对社会稳定风险分析篇章整体把握的基础上,根据拟建项目的实际情况,重点围绕拟建项目建设实施的合法性、合理性、可行性、可控性进行评估论证。

1. 合法性

主要评估拟建项目建设实施是否符合现行相关法律、法规、规范以及国家有关政策;是否符合国家与地区国民经济和社会发展规划、产业政策等;拟建项目相关审批部门是否有相应的项目审批权并在权限范围内进行审批;决策程序是否符合国家法律、法规、规章等有关规定。

2. 合理性

主要评估拟建项目的实施是否符合科学发展观要求,是否符合经济社会发展规律,是否符合社会公共利益、人民群众的现实利益和长远利益,是否兼顾了不同利益群体的诉求,是否可能引发地区、行业、群体之间的相互盲目攀比;依法应给予相关群众的补偿和其他救济是否充分、合理、公平、公正;拟采取的措施和手段是否必要、适当,是否维护了相关群众的合法权益等。

3. 可行性

主要评估拟建项目的建设时机和条件是否成熟,是否有具体、详细的方案和完善的配套措施;拟建项目实施是否与本地区经济社会发展水平相适应,是否超越本地区财力,是否超越大多数群众的承受能力,是否能得到大多数群众的支持和认可等。

4. 可控性

主要评估拟建项目的建设实施是否存在公共安全隐患,是否会引发群众性事件、集体上访,是否会引发社会负面舆论、恶意炒作以及其他影响社会稳定的问题;对拟建项目可能引发的社会稳定风险是否可控;对可能出现的社会稳定风险是否有相应的防范、化解措施,措施是否可行、有效;宣传解释和舆论引导措施是否充分等。

(四)关于风险调查评估

对风险调查的全面性进行评估,包括风险调查的内容和范围、调查的形式和方法是否恰当、合理、科学,是否达到广泛性和深入性的要求。

对公众参与的完备性进行评估,包括拟建项目是否按照有关规定履行了公众参与、专家咨询、信息公开等程序性的要求。

对风险调查结果的真实性和可信性进行评估,包括是否广泛听取了各方面意见,是否全面、真实反映了利益相关者合理和不合理、现实和潜在的诉求。

在对社会稳定风险分析篇章评估的基础上,根据实际情况,可采取公式、问卷调查、实地走访和召开座谈会、听证会等方式进行补充调查,完善风险调查相关内容。

(五)关于风险识别评估

结合风险调查评估结果,对社会稳定风险分析篇章中各风险因素识别的全面性和准确性进行评估。

通过对有关社会经济调查及统计资料的分析,结合对项目经济影响评价、社会影响评价、环境影响评价、资源利用、土地房屋征收补偿和移民安置影响评价等相关评估结论,以及公众参与的完备性程度等的评估,判断拟建项目是否存在被遗漏的重要风险因素,并补充识别被遗漏的重要风险因素。

(六)关于风险估计评估

对分析篇章中选用的风险估计方法、对每一个主要风险因素所进行的分析推理过程、对预测估计的主要风险因素的风险发生概率、影响程度和风险程度是否恰当进行评估。

补充分析篇章风险识别中遗漏的重要风险因素，对拟建项目可能存在的重要风险因素的性质特征、未来变化趋势及可能造成的影响后果进行分析评估、形成评估后主要风险因素的风险程度汇总表。

（七）关于风险防范、化解措施评估

对分析篇章中提出的风险防范、化解措施是否与现行的相关政策和法规相符，进行合法性的评估。

对分析篇章中提出的风险防范、化解措施是否有遗漏，进行系统性、完整性的评估。

对分析篇章中提出的风险防范、化解措施是否具有明确的责任主体，职责分工以及时间进度安排，是否全面、合理、可行、有效进行评估。

结合风险识别和风险估计评估结论，补充、优化和完善风险防范、化解措施，进一步明确责任主体等内容，编制经评估的风险防范、化解措施汇总表，并提出综合评估意见。

（八）关于落实措施后的风险等级评估

在风险防范、化解措施评估的基础上，对分析篇章中采取措施后各主要风险因素变化的分析是否得当进行评估，提出评估意见。

对分析篇章中采用的风险等级评判方法、评判标准的选择运用是否恰当，评判的结果是否合理提出评估意见。

结合补充的主要风险因素，和上述评估论证的结果，预测各主要因素风险可能变化的趋势和结果；通过分析变化情况，对落实措施后的风险等级进行综合判断，提出项目风险等级的评判结论。

（九）其他说明

稳评报告应当在项目审批（核准）所需的各前置文件具备之后完成。该项目规划、土地、环评等已完成社会稳定风险专项评估的，在社会稳定情况未发生较大变化的前提下，其结论可以直接引用。

本大纲适用的项目范围是按照国家和地方有关规定需要开展稳评的重大固定资产投资项目。

各地方、各部门可根据大纲，结合自身特点制定相应的评估大纲，以指导本地方、本行业项目的评估工作。

第九章 不确定性分析与风险分析

第一节 不确定性与风险的基本特征、性质与分类

一、不确定性和风险的概述

（一）不确定性和风险的概念

不确定性就是指事先不能准确知道某个事件或其种决策的结果，或者知道结果但无法测定其发生的概率。不确定性是相对于确定性的一个概念。

对于投资项目而言，不确定性是所有项目固有的内在特性，只是对不同的项目，这种不确定性的程度有大有小。一般来说，产生不确定性或风险的主要原因如下：

(1)项目数据的统计偏差或不足。

(2)预测方法的局限性和预测假设的偏差性。

(3)通货膨胀和物价变动。

(4)技术进步引起的变动。

(5)市场供求结构的变化。

(6)建设资金和工期的变化。

(7)国家经济政策和法规、规定的变化。

此外，还有一些造成建设项目不稳定的原因：国民收入和人均收入的增长率的变化；有力竞争者的出现或消失；家庭消费结构的变化；需求弹性的变化；运费、税收因素的变化等。

风险是指某种事件发生的概率以及所带来的后果。此处的风险可能是对项目不利的，也可能是可以利用并转化成有利条件的。工程项目一般投资大、周期长、技术要求高，在建设过程中不确定性因素较多，参与建设的各方将不可避免地面临各种风险。工程风险概括来说，就是在工程建设过程中可能发生、并影响工程项目目标(费用、进度、质量和安全)实现的事件。要控制工程风险的发生，就应对产生工程风险的原因及其导致的后果有清晰的认识。

（二）基本特征

不确定性与风险的基本特征主要体现在两方面：发生概率是否可预测；发生后的影响程度是否可以量化。

项目的不确定性，即指项目缺少足够信息来估计其变化的因素对项目实际值与预期值所造成的偏差，其结果无法用概率分布规律来描述，其影响程度相对更大。

项目的风险，则是指由于随机原因所引起的项目总体实际值与预期值之间的差异，其结果可用概率分布来描述，其影响可以防范或有效降低。

二、风险的性质与分类

（一）风险的性质

工程建设项目所面临的风险具有自身的性质特点，概括起来包含以下几点：

（1）客观性。工程项目实施过程中的自然界的各种突变，社会生活的各种矛盾都是客观存在的，不以人的意志为转移的。

（2）多样性。工程项目所处行业的不同会导致项目所面临的风险类型也有所差别。

（3）可变性。工程项目的可变性主要表现在风险性质的变化、后果的变化、出现新的风险或风险因素已消除。

（4）相对性。工程项目风险的大小是相对于风险主体而言的，同样的风险对于不同的风险主体，其影响是不同的。

（5）阶段性。工程项目风险阶段性表现在投资项目所处的不同阶段，风险的类型有所不同。

典型例题

【单选题】不同的行业和不同的项目具有不同的风险，结合行业特征和不同项目的情况来识别风险，这体现了风险的（　　）。

A. 特殊性　　B. 可变性

C. 多样性　　D. 相对性

C。【解析】项目风险具有多样性、可变性、客观性、阶段性、相对性等性质。其中，多样性是指不同的行业和不同的项目具有的风险类型不同。如基础设施行业面对的主要风险可能是工程风险；技术行业面对的主要风险可能是技术风险。

（二）风险的分类

工程项目风险的分类根据不同的划分方法，划分的种类也不同。

按照风险来源不同，可分为自然风险和人为风险。

按照风险性质不同，可分为纯风险和投机风险。

按照风险相对于组织边界的关系，可分为内部风险和外部风险。

按照技术因素，可分为技术风险和非技术风险。

第二节　不确定性分析与风险分析的作用、区别和联系

一、作用

风险分析的结果有助于在可行性研究的过程中，通过信息反馈改进或优化方案，直接起到降低风险的作用，避免在决策中忽视风险的存在而蒙受损失；利用风险分析结果建立风险管理系统，有助于为项目全过程风险管理打下基础，防范实施和经营过程中的风险。风险分析应贯穿于项目分析的各个环节和全过程。

不确定性分析主要是通过对影响项目的不确定性因素进行分析，来测算他们的增减变化对项目效益的影响。

二、区别

不确定性分析与风险分析的区别主要在于分析方法和内容的不同。不确定性分析是对投资项目受不确定性因素的影响进行分析，并粗略地了解项目的抗风险能力，其主要方法是敏感性分析和盈亏平衡分析；风险分析是对投资项目的风险因素、风险发生概率和风险程度进行识别和判断，主要方法有概率树分析和蒙特卡罗模拟等。

三、联系

由敏感性分析可以得知影响项目效益的敏感因素和敏感程度，但不知这种影响发生的可能性，如需得知可能性，就必须借助于概率分析。敏感性分析所找出的敏感因素又可以作为概率分析风险因素的确定依据。

链接

不确定性分析与风险分析的目的是相同的，都是通过对主要因素的判别、分析、评估，从而完成项目目标。

第三节　敏感性分析和盈亏平衡分析

不确定性分析的主要方法包括敏感性分析和盈亏平衡分析。

一、敏感性分析

（一）敏感性分析的概念

敏感性分析是一种常用的经济效益不确定性分析方法。敏感性分析是在确定性分析的基础上，通过进一步分析、预测项目主要不确定因素（如投资、主要原材料价格、产品产量、生产能力、产品价格、汇率等）的数值变化对项目评价指标（如内部收益率、净现值等）的影响，从中找出敏感因素，确定评价指标对该因素的敏感程度和项目对其变化的承受能力。

敏感性分析分单因素敏感性分析和多因素敏感性分析两种。单因素敏感性分析是对单一不确定因素变化的影响进行分析；多因素敏感性分析是对两个或两个以上互相独立的不确定因素同时变化的影响进行分析，估算多个因素同时发生时带来的影响。通常项目只要求进行单因素敏感性分析。

（二）敏感性分析的作用

进行敏感性分析，可以起到以下作用：

（1）确定影响项目经济效益的敏感因素。寻找出影响最大、最敏感的主要变量因素，进一步分析、预测或估算其影响程度，找出产生不确定性的根源，采取相应的有效措施。

（2）计算主要变量因素的变化引起项目经济效益评价指标变动的范围，使决策者全面了解建设项目投资方案可能出现的经济效益变动情况，以减少和避免不利因素的影响，改善和提高项目的投资效果。

（3）通过对比各种方案敏感度的大小，区别敏感度大或敏感度小的方案，选择敏感度小的，即不确定性小的项目作为投资方案。

（4）通过对可能出现的最有利与最不利的经济效益变动范围的分析，为投资决策者预测可能出现的风险程度，并对原方案采取某些控制措施或寻找可替代方案，为最后确定可行的投资方案提供可靠的决策依据。

（三）敏感性分析的内容

敏感性分析通常是改变一种或多种不确定因素的数值，计算其对项目效益指标的影响，通过计算敏感度系数和临界点，估计项目效益指标对它们的敏感程度，进而确定关键的敏感因素。通常将敏感性分析的结果汇总于敏感性分析表，也可通过绘制敏感性分析图显示各种因素的敏感程度。敏感性分析通常针对不确定因素的不利变化而进行，为绘制敏感性分析图的需要也可考虑不确定因素的有利变化。通常可将建设投资、产品价格、主要原材料价格、可变成本、经营成本、产品产量作为考察的不确定因素，根据项目的具体情况加以选择。

（四）敏感性分析方法的步骤

1. 确定分析的经济效益指标

分析指标的确定，一般是根据项目的特点、不同的研究阶段、实际需求情况和指标的重要程度来选择一个或多个指标进行。

链接

进行敏感性分析时，经济分析一般选取净现值、内部收益率作为分析指标；财务分析一般选取财务内部收益率作为分析指标。

2. 选定不确定性因素

在进行敏感性分析时，并不需要对所有的不确定因素都进行考虑和计算，而应视方案的具体情况选取不确定性因素，并确定其偏离程度。例如：产品售价变动、产量规模变动、投资额变化等；或是建设期缩短，达产期延长等，这些都会对方案的经济效益大小产生影响。

3. 设定不确定性因素变化范围

对所选定的不确定性因素，根据实际情况设定这些因素的变动幅度，其他因素固定不变。因素的变化可以按照一定的变化幅度（如 ±5%、±10%、±15%、±20%）改变其数值。

计算不确定性因素每次变动对经济评价指标的影响。对每一因素的每一变动，均重复以上计算，然后将因素变动及相应指标结果用表或图的形式表示出来，以便测定敏感因素。

4. 计算敏感度系数和临界点

各因素的变化都会引起经济指标一定的变化，但其影响程度却各不相同。有些因素可能仅发生较小幅度的变化就能引起经济评价指标发生大的变动，而另一些因素即使发生了较大幅度的变化，对经济评价指标的影响也不是很大。我们将前一类因素称为敏感性因素，后一类因素称为非敏感性因素。敏感性分析的目的在于寻找敏感因素。通过计算敏感度系数和临界点来判断。

敏感度系数是指项目评价指标变化率与不确定因素变化率之比。即假定要分析的因素均从确定性经济分析中所采用的数值开始变动，且各因素每次变动的幅度（增加或减少的百分数）相同。比较在同一变动幅度下各因素的变动对经济效果指标的影响，据此判断方案经济效果对各因素变动的敏感程度。

具体方法：计算敏感度系数并对敏感因素进行排序。敏感度系数的计算公式为：

$$\beta = \Delta A/\Delta F$$

式中　β——评价指标 A 对于不确定因素 F 的敏感度系数。

ΔA——不确定因素 F 发生变化率时，评价指标 A 的相应变化率（%）。

ΔF——不确定因素 F 的变化率（%）。

当 $\beta>0$ 时，表示评价指标与不确定因素同方向变化；当 $\beta<0$ 时，表示评价指标与不确定因素反方向变化；β 的绝对值越大，对应的不确定因素的敏感度越高。

β 的绝对值越大，对应的不确定因素的敏感度越高。

临界点是指项目允许不确定因素变化的极限值。超过极限，项目的效益指标将不可行。例如：当产品价格下降到某值时，财务内部收益率将刚好等于基准收益率，此点称为产品价格下降的临界点。临界点可用临界点百分比或者临界值分别表示，某一变量的变化达到一定的百分比或者一定数值时，项目的效益指标将从可行转变为不可行。临界点可用专用软件的财务函数计算，也可由敏感性分析图直接求得近似值。

设定有关经济效果指标为临界值，如令净现值等于零，令内部收益率等于基准折现率，然后求待分析因素的最大允许变动幅度，并与其可能出现的最大变动幅度相比较。若某因素可能出现的变动幅度超过最大变动幅度，则表明该因素是方案的敏感因素。一定基准收益率下，临界点越低，则说明项目对该因素越敏感。

5. 敏感性分析结果

敏感性分析结果的呈现方式为敏感性分析表和敏感性分析表图。其中，敏感性分析表图的纵轴为分析指标，横轴为不确定因素变化率。

6. 结果分析

通过上述内容,确定较为敏感的不确定因素,对不确定因素变化的可能性进行定性分析,最后总结关键因素,预测可能发生的风险。

链接

敏感性分析不能确定不确定因素对效益产生影响的概率。

典型例题

【单选题】某项目采用的基准折现率为12%,其基本方案的财务内部收益率为16.2%,现假设投资增加10%时,财务内部收益率为13.9%,则建设投资增加10%的敏感度系数是(　　)。

A. -1.42　　B. -0.16

C. 0.16　　D. 1.58

A。【解析】敏感度系数=评价指标的相应变化率/不确定因素的变化率,代入题干中数值可知,建设投资增加10%的敏感度系数=[(13.9%-16.2%)/16.2%×100%]/10%=-1.42。

【单选题】关于敏感性分析中临界点的说法,正确的是(　　)。

A. 临界点的高低与设定的基准收益率无关

B. 敏感性分析图中,不确定因素临界点距纵轴越远说明该因素的敏感度越大

C. 临界点可以通过敏感性分析图来求得近似值

D. 不确定因素属于效益科目时,临界点为其提高的百分率

C。【解析】临界点的高低与设定的基准收益率有关。故选项A错误。敏感性分析图中,不确定因素临界点距离纵轴越近、斜率越大,敏感度越大。故选项B错误。效益科目临界点是其降低的百分率。故选项D错误。

二、盈亏平衡分析

(一)盈亏平衡分析的概念

盈亏平衡分析亦称损益分析、成本效益分析、"量-本-利"分析。它是根据产品产量或销售量、成本和利润三者之间相互依存的关系进行的综合分析,其目的是找出方案盈利或亏损在产品产量、成本、价格等方面的临界点,以判断不确定性因素对方案经济效果的影响程度,从而说明方案实施的风险大小。盈亏平衡分析就是找出产量、成本、利润三者结合的最佳点,是预测利润、控制成本的一种有效手段。

盈亏平衡点(Break Even Point,简称BEP)又称零利润点、保本点、盈亏临界点、损益分歧点、收益转折点,通常是指年销售收入等于年总成本费用时的产品产量($TR=TC$);是盈利与亏损的分界点,它标志着不盈不亏的生产经营临界水平,反映了在达到一定的生产经营水平时,收益与成本的平衡关系。

盈亏平衡点通常用产品单价来表示,也可以用生产能力利用率、销售收入或产量来表

示。用产品单价表示的盈亏平衡点越低，说明项目盈利的可能性越大，亏损的可能性越小，项目有较大的抗经营风险能力。

（二）盈亏平衡分析的作用

盈亏平衡分析主要考察当影响方案的各种不确定性因素的变化达到某一临界值（即处于盈亏平衡点）时，对项目取舍的影响。盈亏平衡分析的目的，就是要找到盈亏平衡点，以判断项目对不确定性因素变化的适应能力和抗风险能力。盈亏平衡分析只适宜在财务分析中应用。

（三）盈亏平衡分析的基本条件

按照不确定性因素间的函数关系，盈亏平衡分析可分为线性盈亏平衡分析和非线性盈亏平衡分析。通常只要求线性盈亏平衡分析。

线性盈亏平衡分析指项目或者技术方案实施后的生产销售活动对市场供求状况没有明显的影响，即在市场条件不变，产品价格不随该项目或技术方案的销售量的变化而变化，销售收入与销售量呈线性关系的情况下的盈亏平衡分析。

进行线性盈亏平衡分析时，应满足一些基本的假设条件，主要包括：

（1）当年生产的产品当年销售出去，企业无库存剩余，即产销平衡。

（2）产量变化，单位可变成本不变，从而总成本费用是产量的线性函数。

（3）产量变化，产品销售单价不变，从而销售收入是销售量的线性函数。

（4）按单一产品计算，当生产多种产品，可以换算成单一产品，不同产品的生产负荷率的变化应一致。

（四）盈亏平衡分析的基本原理

对应生产期，总成本分为固定成本、变动成本、混合成本。其具体内容如下：

（1）固定成本 C_F，是不随产量变化而变化的成本。例如，企业固定资产折旧等。

（2）可变成本 C_V，是随产量增长而成正比例增长的成本。例如，材料消耗等。

（3）混合成本，是随产量增长而增长，但不成正比例变化的成本。混合成本介于固定成本和可变成本之间，可以根据具体情况将其分解成固定成本和可变成本。这样，全部成本都可以分为固定成本和可变成本两部分。

在一定期间把成本分解成固定成本和可变成本两部分之后，再把收入和利润加进来，成本、销售收入和利润的关系就可以统一成一个基本数学模型：

利润 = 销售收入 − 总成本（固定成本 + 可变成本）− 税金及附加

销售收入 = 产品单价 × 销量

总成本 = 单位可变成本 × 产量 + 固定成本

销售税金 =（单位产品销售税金及附加）× 销售量

（五）盈亏平衡点的确定及其计算公式

盈亏平衡点的计算公式见表 9-1。

表 9-1　盈亏平衡点计算公式

类型	盈亏平衡点计算公式
BEP（产品售价）	BEP =（年总固定成本 ÷ 设计生产能力）+ 单位产品可变成本 + 单位产品税金及附加

（续表）

类型	盈亏平衡点计算公式
BEP（生产能力利用率）	BEP＝年总固定成本/（年销售收入－年总可变成本－年税金及附加）×100%
BEP（产量）	BEP＝年总固定成本/（单位产品价格－单位产品可变成本－单位产品税金及附加）＝BEP（生产能力利用率）×设计生产能力

注：采用含税价格时，生产能力利用率和产量盈亏平衡点计算公式中，分母还应分别减去年增值税和单位产品增值税。产品售价盈亏平衡点计算公式中，还应加上单位产品增值税。

盈亏平衡分析图见图9-1。

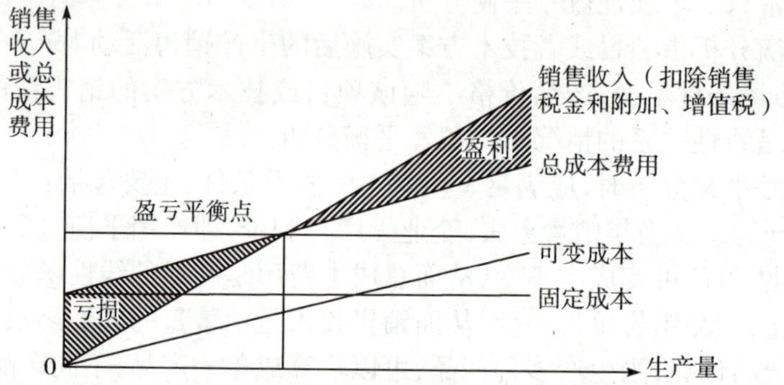

图9-1　盈亏平衡分析图

从图9-1可知，销售收入线与成本线的交点是盈亏平衡点，表明企业在此销售量下的总收入扣除销售税金及附加后与总成本相等，既没有利润，也不发生亏损。在此基础上，增加销售量，销售收入超过总成本，收入线与成本线之间的距离为利润值，形成盈利区；反之，形成亏损区。

典型例题

【单选题】某项目达产第一年销售收入（含增值税）为10 000万元，总固定成本与总可变成本（含增值税）均为3 000万元，增值税为1 453万元，销售税金与附加为174万元，则项目以生产能力利用率表示的盈亏平衡点为（　　）。

A. 42.68%　　B. 43.95%

C. 55.83%　　D. 56.05%

C。【解析】BEP（生产能力利用率）＝年总固定成本/（年销售收入－年总可变成本－年销售税金与附加）×100%，若采用的是含税的价格，应再减去增值税。故该项目的生产能力利用率＝3 000/（10 000－3 000－174－1 453）×100%＝55.83%。

（六）盈亏平衡分析注意事项

盈亏平衡分析注意如下要点：

（1）盈亏平衡点应按项目达产年份的数据计算，不能按计算期内的平均值计算。

（2）当计算期内各年数值不同时，最好按还款期间和还完借款以后的年份分别计算。一般而言，最好选择还款期间的第一个达产年和还完借款以后的年份分别计算，以便分别给出最高的盈亏平衡点和最低的盈亏平衡点。

典型例题

【多选题】某项目营运期各年营业收入、流转税金及可变成本费用均保持不变,项目营运期为15年,折旧及摊销年限为投产后10年,长期借款还款期为运营期前6年,关于其盈亏平衡分析的说法,正确的有(　　)。

A. 盈亏平衡点可按计算期内的平均值计算

B. 盈亏平衡点越低表明项目抗风险能力越强

C. 运营期第2年的盈亏平衡点会高于第7年

D. 运营期第7年的盈亏平衡点会高于第11年

E. 运营期第11年的盈亏平衡点会高于第12年

BCD。【解析】盈亏平衡点应按项目达产年份的销售收入和成本费用数据计算,不能按计算期内的平均值计算。故选项A错误。盈亏平衡点越低表明项目的抗风险能力越强。故选项B正确。由盈亏平衡分析图知,销售收入–销售税金及附加这条线不动,盈亏平衡点的高低要取决于总成本费用的上下浮动。运营期第2年要支付长期借款利息,项目的总成本较高,而到第7年,长期借款还完,项目的总成本降低。故选项C正确。运营期第7年和第11年的不同在于折旧费的提取,折旧费属于总成本费用的构成,故第7年的总成本费用高于第11年的总成本费用。故选项D正确。因为题目中没有约定折旧及摊销的具体提取方式,因此不能判定运营期第11年和第12年总成本费用的高低。故选项E错误。

第四节　投资项目风险分析方法

投资项目风险分析是要认识到项目存在的潜在风险,判断风险发生的因素和可能产生的影响,以便下一步研究采取防范措施的一系列活动,主要包括风险识别、风险估计、风险评价和提出风险对策四个阶段。

一、风险识别

风险识别是风险分析和管理的一项基础性工作,是利用以往的经验和历史资料,罗列出项目各阶段中对项目目标有影响的所有可能的风险因素,作为全面风险识别的对象,采用合理的识别方法,针对项目具体情况,对风险因素进行去伪存真,识别出真正对项目存在威胁的风险,并分析其产生原因的鉴定过程。风险识别通常要从多方位、多角度进行,由总体到细节、宏观到微观,采用结构化的分析方法,对项目风险形成多方位的透视。

风险识别是风险分析与评价和风险控制的必经过程,是项目风险管理过程的基础和首要步骤。风险识别是研究项目的不确定性因素,试图以确定性的方式将这些因素表达出来,以降低不确定性的程度,让人们能更好地防范和监控它的负面影响,能为项目管理者主动采取风险管理对策提供直观的项目风险状况。一旦风险因素识别错误，整个风险管理的后续工作就变得没有意义，也就意味着风险管理工作的无效。因此，必须对项目风险因素进行全面、系统、连续的识别。

（一）风险识别的目的

通过风险识别，了解项目所面临的各种风险和致损因素。风险识别有以下四个目的：

(1)识别风险的类型。

(2)确定风险产生的原因和条件。

(3)寻找出现风险的事件。

(4)分析风险出现的预兆。

（二）风险识别的方法

项目风险的识别是项目投资风险管理的基础，为了识别项目投资风险，必须掌握风险识别方法。风险识别方法应根据投资项目的特点、评估要求和项目风险类型选取。目前识别风险的方法很多，主要介绍以下几种方法。

1. 风险解析法

风险解析法是风险识别的主要方法之一，它是将一个复杂系统分解为若干子系统进行分析的常用方法，通过对子系统的分析进而把握整个系统的特征。

一般情况下，通过解析法，可将市场风险可以分为以下子风险：

(1)经济风险。如市场经济萧条带来需求的低增长或负增长，可能影响到项目产品或服务的消费需求。

(2)政策风险。如国家产业政策、技术政策、土地政策等调整，导致正在建设的项目相关资源受到限制，影响后续工作。

(3)管理风险。如项目团队缺乏经验、项目组织管理不善、主要管理者流失等问题，带来项目管理的风险。

(4)经营风险。如市场竞争格局发生重大变化，导致企业的市场份额下降等。

(5)技术风险。如新技术的创新导致原有技术迅速被替代，原有产品失去竞争力。

(6)消费风险。如随着社会的发展，人们的消费习惯，消费水平，消费方式，消费理念等变化，导致市场需求的降低。

2. 专家调查法

专家调查法或称专家评估法，是以专家作为索取信息的对象，依靠专家的知识和经验，由专家通过调查研究对问题做出判断、评估和预测的一种方法。专家调查法的种类有很多，常见的风险识别的方法有头脑风暴法、德尔菲法、风险对照检查表和风险识别调查表等。头脑风暴法是一种定性的风险识别方法，是指通过召开专家讨论会议，由专家们互相讨论、互相启发，进行思维上的互补。风险对照检查表法就是将可能的风险全部分门别类列在一张表上。风险识别调查表主要对风险来源、类型、特征、影响进行描述。可能的风险包括类似项目发生过的风险和可能会发生的风险，供风险识别人员针对具体项目进行核对、以此来检查项目中是否存在检查表中发生过或可能发生的风险。

专家调查法简便直观，无须建立烦琐的数学模型，能够比较精确地反映出专家们的主观判断能力，特别适合在缺少情报资料和历史数据的情况下的预测，以及用其他方法难以进行的分析和预测。

3. 风险结构分解法

风险结构分解法是在解析法的基础上发展的，适用于任何组织、类型、性质的项目。主要包括三个层次，层次一包括管理、外部、技术风险 3 类；层次二包括企业、客户或利益相关者（属于管理风险），文化、经济、自然环境（属于外部风险），应用、性能、需求（属于技术风险）8 类；层次三包括 31 类具体风险，此处不再详细列出。

（三）常见的主要风险

一般投资项目中常见的风险因素见图 9-2。

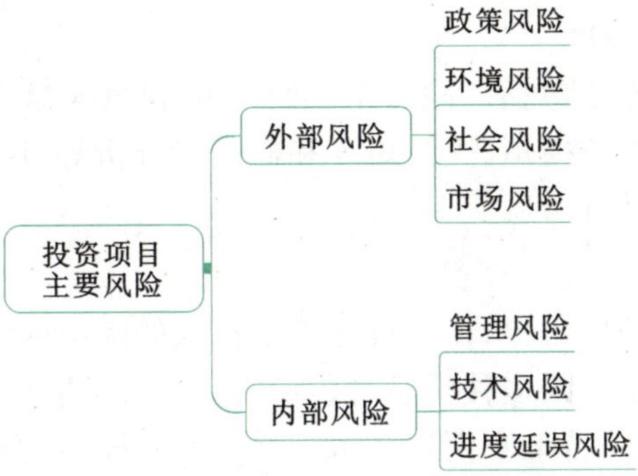

图 9-2　常见的主要风险

政策风险来源于跟生产相关的所有国家相关的技术政策、经济政策、土地政策、税收政策等发生改变或调整，发生此类变化可能影响项目的资金链，严重时可能导致项目破产。

环境风险来源于对项目周围的环境勘测和分析的不到位；项目后续环境保护的措施不够妥当，进而阻碍项目建设和运营，如周围群众阻拦施工，政府勒令停工整改。

社会风险来源于社会环境发生变化；对项目周围的社会环境分析评估不够彻底等。

市场风险来源于市场条件和竞争格局发生变化；市场预测分析的方法不准确；市场分析的基础资料和数据不准确；人们的消费习惯，消费水平，消费方式，消费理念等变化等。

技术风险来源于技术人员对技术的可靠性和适用性缺乏认识；没有深刻分析设备和技术的性能是否符合要求等。

组织管理风险来源于项目内部组织结构不妥当；管理人员能力不足；管理模式不合理等。

典型例题

【单选题】项目由于选址不当，导致当地居民反对，这种风险属于（　　）。

A. 市场风险　　B. 政策风险

C. 环境与社会风险　　D. 技术与工程风险

C。【解析】环境和社会风险主要体现在以下几个方面：(1)对项目的环境生态影响分析深度不足。(2)环境保护措施不当。(3)项目所处的社会环境发生变化。(4)对项目造成的社会影响估计不足。(5)项目选址不当，致使当地居民反对。(6)对利益受损者补偿不足等。项目由于选址不当，导致当地居民反对属于环境与社会风险。故选项 C 正确。

二、风险估计

(一)风险估计的概念

风险估计是在风险识别的基础上,根据项目风险的特点,对已确认的风险,通过定性和定量分析方法量测其发生的可能性和破坏程度的大小。重点对项目的单个风险因子进行估计或量化,针对项目所有不确定性和风险因素,全面系统地分析风险事件发生的类别、概率和对项目的影响程度。

(二)风险估计的主要方法

风险估计主要用到的方法包括风险影响估计方法和风险概率估计方法。其中,风险影响估计方法主要包括蒙特卡罗模拟、决策矩阵和概率树分析等,风险概率估计方法主要包括主观概率估计和客观概率估计。

1. 蒙特卡罗模拟

蒙特卡罗模拟的使用条件为:当在项目评价中输入的随机变量个数多于三个,每个输入变量可能出现三个以上以至无限多种状态时(如连续随机变量),就不能用理论计算法进行风险分析,这时就必须采用蒙特卡罗模拟技术。蒙特卡罗模拟的原理为:用随机抽样的方法抽取一组输入变量的数值,并根据这组输入变量的数值计算项目评价指标,抽样计算足够多的次数可获得评价指标的概率分布,并计算出累计概率分布、期望值、方差、标准差,计算项目由可行转变为不可行的概率,从而估计项目投资所承担的风险。

蒙特卡罗模拟进行风险分析的程序如下:

(1)选择用于风险分析的评价指标。

(2)确定对评价指标有重要影响的输入变量。

(3)通过调查的方式,确定变量的概率分布。

(4)为各变量独立抽取随机数,组成抽样样本,作为风险评价的基础数据。

(5)根据上述基础数据计算出评价指标值。

(6)重复前两步,直至预定模拟次数。

(7)整理模拟结果所得评价指标的统计学特征以及期望值的概率分布,绘制累计概率图。

(8)计算项目由可行转变为不可行的概率。

运用蒙特卡罗模拟法的基础是作为样本的变量之间是相互独立的。因此,在实际分析过程中,需假设变量之间是相互独立的。此外,在风险分析过程中,模拟结果的可靠性与变量的数量成正相关,即变量个数越多,模拟结果可靠性就越高。所以,在实际分析过程中,常采用变量分解的方法,变量分解程度越高,也就可以保证结果的可靠性越高,但随之也会在一定程度增加进行模拟的次数。但变量分解过细往往造成变量之间有相关性,不再相互独立,就可能导致结果存在偏差。因此在实际运用蒙特卡罗模拟时,应当注意以下事项:限制输入变量的分解程度;限制不确定变量个数,模拟中只选取对评价指标有重大影响的关键变量,其他变量保持在期望值上;进一步搜集有关信息,确定变量之间的相关性,建立函数关系。

典型例题

【单选题】关于蒙特卡罗模拟风险分析方法的说法,错误的是(　　)。

A. 模拟的次数越多,随机数分布的就越不均匀

B. 变量分解程度低,则模拟可靠度降低

C. 该方法可以用于对连续随机变量的分析

D. 变量分解过细往往造成变量之间有相关性

A。【解析】蒙特卡罗模拟法是以一个概率模型为基础,按照这个模型所描绘的过程,通过模拟试验的结果,作为问题的近似解。该过程中,模拟的次数越多,试验中的变量分布的就越广,随机数分布的就越均匀,结果就越可靠。

2. 概率树分析

概率树分析:概率树分析是假定风险变量之间是相互独立的,在构造概率树的基础上,将每个风险变量的各种状态取值组合计算,分别计算每种组合状态下的评价指标值及相应的概率,得到评价指标的概率分布,并统计出评价指标低于或高于基准值的累计概率,计算评价指标的期望值、方差、标准差和离散系数。可以绘制以评价指标为横轴,累计概率为纵轴的累计概率曲线。概率树计算项目净现值的期望值和净现值大于或等于零的累计概率的计算步骤为:

(1)通过敏感性分析,确定风险变量。

(2)判断风险变量可能发生的情况。

(3)确定每种情况可能发生的概率,每种情况发生的概率之和必须等于1。

(4)求出可能发生事件的净现值、加权净现值,然后求出净现值的期望值。

(5)可用插入法求出净现值大于或等于零的累计概率。

提示

对概率树的考查主要在实务科目中体现,需要对其计算过程进行简单了解。

3. 客观概率估计法

客观概率是实际发生的概率,可以根据历史统计数据或是大量的试验来推定。主要通过以下两种方法进行:

(1)将一个事件分解为若干子事件,通过计算子事件的概率来获得主要事件的概率。

(2)通过足够量的试验,统计出事件的概率。客观概率估计是指应用客观概率对项目风险进行的估计,它利用同一事件,或是类似事件的数据资料,计算出客观概率。

客观概率估计法最大的缺点是需要足够的信息,但通常是不可得的。客观概率只能用于完全可重复事件,因而并不适用于大部分现实事件。

4. 主观概率估计法

主观概率是基于个人经验、预感或直觉而估算出来的概率,是一种个人的主观判断。主观概率估计是基于经验、知识或类似事件比较的专家推断概率。当有效统计数据不足或是不可能进行试验时,主观概率是唯一选择。

主观概率专家估计法是以发函、开会或其他形式向专家咨询，对项目风险因素及其风险程度进行评定，将多位专家的经验集中起来形成分析结论。为减少主观性和偶然性，评估专家的人数一般不少于10位。具体操作上，可先请每位专家凭借经验独立对各类风险因素的风险程度做出判断，然后将每位专家的意见归集起来进行分析，将风险程度按重大风险、较大风险、一般风险、较小风险、微小风险进行分类，并编制项目风险因素和风险程度分析表。

主观概率专家估计的具体步骤：

(1)组建专家组。专家组成员由熟悉该风险因素的现状和发展趋势的专家和有经验的工作人员组成。

(2)每个专家对需要估计的变量的进行概率估计，并独立使用书面形式反映出来。

(3)整理专家组成员意见，计算专家意见的期望值和意见分歧情况，反馈给专家组。

(4)在专家组内部讨论并分析意见分歧的原因。重新独立填写变量可能出现的状态或状态范围和各种状态出现的概率或变量发生在状态范围内的概率，如此重复进行，直至专家意见分歧程度满足要求值为止。这个过程最多经历三个循环，否则不利于获得专家们的真实意见。

典型例题

【单选题】关于风险概率估计的说法，正确的是(　　)。

A. 主观概率估计只能用于完全可重复事件

B. 标准差是描述风险变量偏离期望值程度的相对指标

C. 离散系数是描述风险变量偏离期望值程度的绝对指标

D. 离散型概率分布适用于变量取值个数有限的输入变量

D。【解析】客观概率估计只能用于完全可重复事件。故选项A错误。标准差是对随机变量偏离期望值程度进行描述的绝对指标。故选项B错误。离散系数是对随机变量偏离期望值程度进行描述的相对指标。故选项C错误。

5. 风险概率估计及分析指标的计算

风险概率表示风险发生的可能性大小，常见的风险概率分布有离散型随机变量概率分布和连续型随机变量概率分布。

随着试验结果的变化而变化的变量叫作随机变量。如果随机变量所有可能取的值，可以按一定次序一一列出，这样的随机变量叫作离散型随机变量。如果随机变量可以取某一区间内的一切值，这样的随机变量叫作连续型随机变量。

要了解离散型随机变量 X 的统计规律，就必须知道它的一切可能值 X 及取每种可能值的概率 p_i。设离散型随机变量 X 可能取的不同值为 $x_1,x_2,\cdots,x_i,\cdots,x_n$，$X$ 取每个值 $x_i(i=1,2,\cdots,n)$ 的概率 $P(X=x_i)=p_i$，则称表9-2为随机变量 X 的分布列。X 的分布列也可简记为 $P(X=x_i)=p_i(i=1,2,\cdots,n)$。

表 9-2　随机变量 X 的分布列

X	x_1	x_2	…	x_i	…	x_n
P	p_1	p_2	…	p_i	…	p_n

离散型随机变量具有以下两个性质：

(1) $p_i \geqslant 0, i = 1, 2, \cdots, n$。

(2) $p_1 + p_2 + \cdots + p_i = 1$。

离散型随机变量在某一范围内取值的概率等于它取这个范围内各个值的概率之和。

离散型随机变量概率分布：三角形分布。在概率论与统计学中，三角形分布是低限为 a、众数为 c、上限为 b 的连续概率分布。其特点是密度函数是由最悲观值、最可能值和最乐观值构成的对称的或不对称的三角形，见图 9-3。

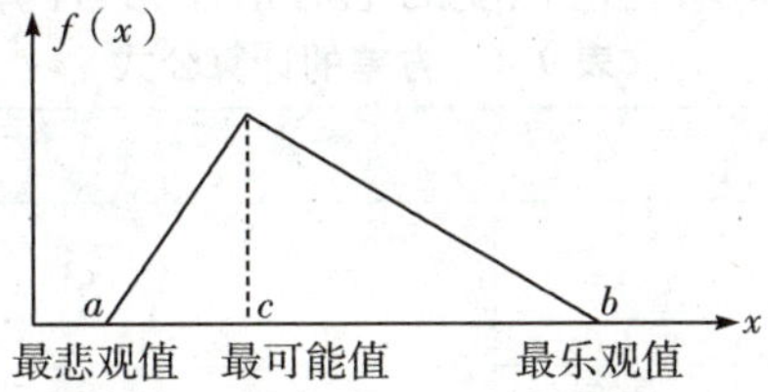

图 9-3　三角形分布概率密度图

连续型随机变量概率分布：连续概率分布是指一个随机变量在其区间内能够取任何数值时所具有的分布。常用的连续型概率分布有正态分布、三角形分布、β 分布和经验分布。

正态分布是最重要的一种概率分布，其特点是密度函数以均值为中心对称分布，见图 9-4。

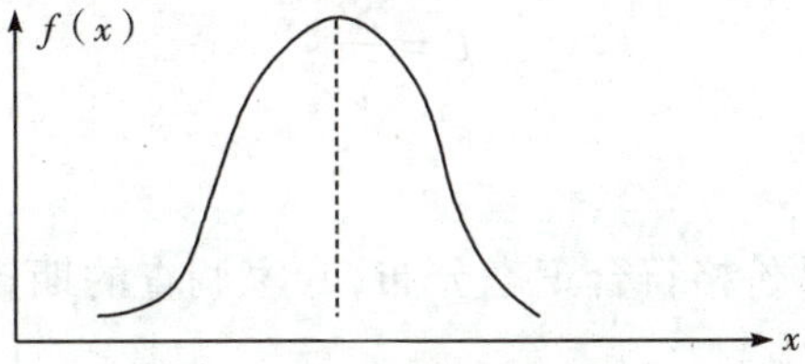

图 9-4　正态分布概率密度图

β 分布的特点是其密度函数在最大值两边呈不对称分布，见图 9-5。

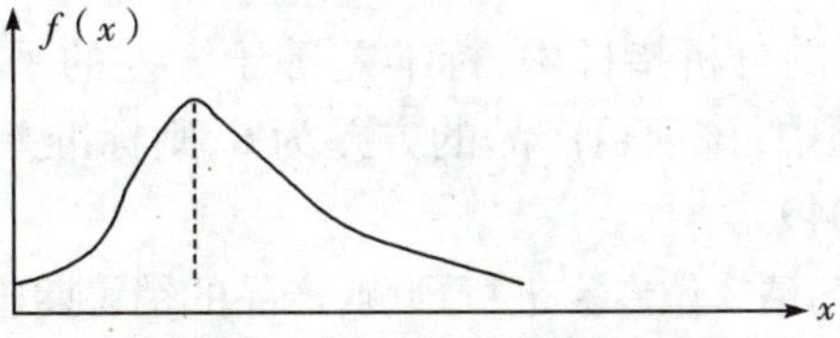

图 9-5　β 分布概率密度图

经验分布的密度函数并不适合于某些标准的概率函数，可根据统计资料及主观经验估计的非标准概率分布，它适合于项目评价中的所有的变量。

风险评价应根据风险识别和风险估计的结果，依据项目风险判别标准，找出影响项目成败的关键风险因素。项目风险大小的评价标准应根据风险因素发生的可能性及其造成的损失来确定，一般采用评价指标的概率分布或累计概率、期望值、标准差作为判别标准，也可采用综合风险等级作为判别标准。

风险概率的分析指标主要有期望值、方差、标准差、离散系数等。期望值的计算公式见表9-3。

表9-3　期望值的计算公式

类型	计算公式
离散型随机变量	$\bar{x} = \sum_{i=1}^{n} x_i p_i$
等概率离散型随机变量	$\bar{x} = \frac{1}{n}\sum_{i=1}^{n} x_i$

注：n 为随机变量状态数；x_i 为随机变量的第 i 种状态下变量的值；p_i 为随机变量的第 i 种状态出现的概率。

方差是描述风险变量偏离期望值程度的绝对指标，其计算公式见表9-4。

表9-4　方差的计算公式

类型	计算公式
离散型随机变量	$S^2 = \sum_{i=1}^{n} (x_i - \bar{x})^2 p_i$
等概率离散型随机变量	$S^2 = \frac{1}{n-1}\sum_{i=1}^{n} (x_i - \bar{x})^2$

标准差为方差的平方根，也具备方差的特性，记为 S。

离散系数的计算公式如下。

$$\beta = \frac{S}{\bar{x}}$$

典型例题

【单选题】某项目产品价格符合正态分布，专家调查的期望值为50，方差为6，则其标准差和离散系数分别为（　　）。

A. 2.45，0.049　　B. 2.45，0.12

C. 36，0.72　　D. 36，0.12

A。**【解析】**风险概率的分析指标中，标准差等于方差的平方根，离散系数等于标准差与期望值的比值。本题中，该项目产品的方差为6，则标准差为2.45；期望值为50，则离散系数＝2.45/50＝0.049。

【单选题】某产品销售，请3位专家进行预测，产品的销售期望值是（　　）。

价格/元	1 000	1 200	1 400
专家1	50%	20%	30%
专家2	40%	20%	40%
专家3	30%	40%	30%

A. 1 120　　B. 1 161

C. 1 187　　D. 1 440

典型例题

C。【解析】期望值是随机变量的加权平均值，对于离散型随机变量，其期望值的计算公式为：$\bar{x}=\sum_{i=1}^{n}x_ip_i$ 式中，n 为随机变量的状态数；x_i 为随机变量的第 i 种状态下变量的值；p_i 为随机变量的第 i 种状态出现的概率。根据题干，专家 1 的价格期望值 = 1 000 × 50% + 1 200 × 20% + 1 400 × 30% = 1 160（元）；专家 2 的价格期望值 = 1 000 × 40% + 1 200 × 20% + 1 400 × 40% = 1 200（元）；专家 3 的价格期望值 = 1 000 × 30% + 1 200 × 40% + 1 400 × 30% = 1 200（元）。则产品的销售期望值 = (1 160 + 1 200 + 1 200)/3 = 1 186.67（元）。故选项 C 正确。

三、风险评价

（一）风险评价的工作内容和目的

项目风险评价是在风险估计的基础上，通过系统分析和权衡项目风险的各种影响因素，综合评估项目风险的整体水平，识别关键风险因素，依据风险对项目目标的影响程度，进行分级排序的过程。

1. 项目风险评价的主要工作内容

项目风险评价的主要工作内容为根据项目目标、项目进展、资源、环境条件等方面的约束和要求，建立相应的风险评价标准；依据此标准判断该系统的风险是否可被接受，系统中的某项风险是否可以接受，是否需要采取进一步的安全措施。

2. 风险评价的目的

风险评价的目的主要包括：

（1）建立评价标准，对项目的各个风险进行比较分析和综合评价，确定它们的先后顺序。

（2）挖掘项目风险之间的相互联系。

（3）综合考虑各种风险之间相互转化的条件，研究如何才能化威胁为机会，明确项目风险的客观基础。

（4）进一步量化关键风险，减少其发生的概率和后果估计中的不确定性。

3. 风险评价的方法及步骤

风险评价包括单因素风险评价和整体风险评价。单因素风险评价的方法有专家评价法、风险概率矩阵等；多因素评价则要根据据影响风险的多个因素总体对风险进行确认。

风险评价的步骤主要包括：确定风险评价基准；确定项目的风险水平；确定项目的风险等级。风险评价的结论为制定风险对策和项目决策提供依据。

（二）风险等级的评定

1. 风险量

风险的大小可以用风险量表示。风险事件发生的概率越大，则风险量越大，风险也就越高；风险事件对项目目标的影响程度越深，则风险量越大，风险也就越高。

风险的大小不仅和风险事件发生的概率有关,而且还与风险损失的多少有关。风险量为风险发生的概率和潜在损失量构成的二元函数。

2. 风险概率等级和影响等级

风险概率等级和影响等级的划分见表 9-5。

表 9-5 风险概率等级和影响等级的划分

影响等级	概率等级	对项目目标的影响程度	发生的可能性
影响非常重大	很高	可能导致整个项目失败	>70
影响重大	较高	可能导致整个项目的目标值下降	51% ~70%
中等影响	中等	对一些关键目标造成影响,部分达到目标	31% ~50%
较小影响	较低	对应部分的目标受到影响,不影响整体目标	11% ~30%
很小影响	很低	对一些辅助目标有轻微影响,不影响整体目标	1 ~10%

3. 风险评价矩阵

风险评价矩阵也成风险概率—影响矩阵,可以评价风险的大小,见图 9-6。如果使用数值,横轴与纵轴数值相乘,乘积越大,则说明风险也就越高。

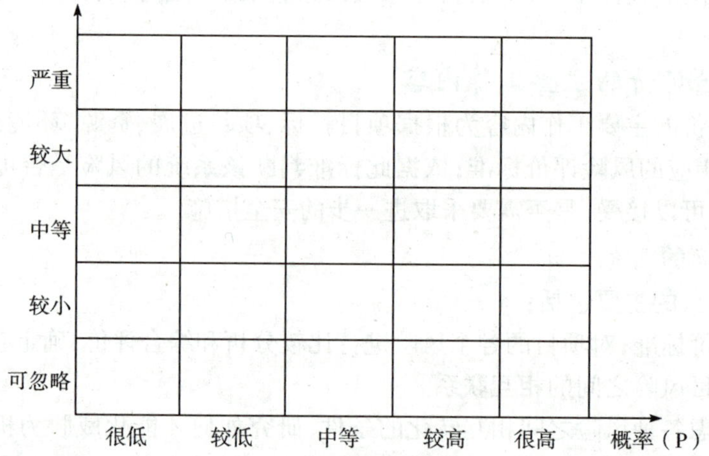

图 9-6 风险评价矩阵

链接

关于风险评价矩阵的表示,有很多种方法,但大致都遵循一个规律,即:处于同一对角线上的风险等级基本保持一致,处于右上角的风险等级最高。

典型例题

【单选题】关于风险分析的说法,正确的是( )。

A. 风险分析的流程为风险估计、风险识别、风险评价、风险应对

B. 较大影响的风险一旦发生,将导致整个项目的目标值严重下降

C. 概率—影响风险评价矩阵中位于右上角的因素发生概率大但影响小

D. 风险分析的基础是风险估计

典型例题

B。【解析】风险分析的流程为风险识别→风险估计→风险评价→风险应对。故选项 A 错误。概率—影响风险评价矩阵中位于右上角的因素发生概率大且影响严重。故选项 C 错误。风险分析的各流程中，风险识别是风险分析的基础。故选项 D 错误。

第五节　投资项目风险对策

根据对项目主要风险因素的分析和项目风险评级，提出针对性的风险应对策略。风险应对策略应具有针对性、可行性和经济性。

一、风险应对的原则

风险应对的原则包括：

(1)针对性。风险对策研究应有很强的针对性，应结合行业特点，针对行业中特定项目关键的风险因素提出必要的措施，使其造成的影响最小化。

(2)可行性。可行性研究阶段所进行的风险对策研究应在财务、技术、人力等方面都是切实可行的。

(3)经济性。在风险应对研究中应考虑规避风险的代价，尽量在使用较小的代价来实现最大的风险效益。

链接

风险应对应贯穿于项目可行性研究的全过程，需要项目各相关方共同参与。

二、风险应对的方法

项目的不同风险因素可采取的风险应对策略不同。项目的风险应对策略主要包括以下几类。

(一)风险回避

风险回避是投资主体有意识地放弃风险行为或可能带来风险的方案，完全避免项目方案的损失风险。简单的风险回避是一种最消极的风险处理办法，因为投资者在放弃风险行为的同时，往往也放弃了潜在的目标收益。所以一般只有在以下情况下才会采用这种方法：

(1)风险发生的概率很高且发生后的影响程度很大，可能造成巨大的损失。

(2)应用其他的防范风险措施不经济，代价大。

(二)风险减轻

风险减轻不同于放弃风险，而是制定计划和采取措施以降低损失的可能性或者是减少实际损失。控制的阶段包括事前、事中和事后三个阶段。事前控制的目的主要是为了降低损失的概率,事中和事后控制的目的主要是为了减少实际发生的损失。

比较常用的风险减轻措施:

(1)工程措施,是以工程技术为手段,减轻潜在的有形风险因素,比如提高建筑标准、引入先进的建筑工艺和材料,增加建筑物的防水、防火、保温、节能、降耗等作用。

(2)技术措施。对于风险概率高的技术方案,增加其安全防护措施和方案,尽可能降低风险发生带来的影响;对于技术方案,尽可能降低其复杂性,进而降低风险发生的概率。

(3)程序性措施,是指建立开发流程管理,对项目的投资环节、设计环节、施工环节、租售环节之间的衔接关系要有一个程序化的管理模式,另外在各个环节内,有些活动存在先后关系,有些活动存在并列关系,其中某一环节的某一个活动一旦出现差错有可能对整个开发项目造成影响,或使整个项目建设周期增加,或使建设费用增加,也可能错过最佳销售时节,影响了资金的回笼。

(三)风险转移

风险转移是指通过合同或非合同的方式将风险转嫁给另一个人或单位的一种风险应对方式。风险转移必须是分担给最有能力承担风险的人或单位,并且需让承担者获得承担风险的报酬。转移风险分转移风险源和转移部分(全部)风险损失两种情况。

转移部分(全部)风险损失包括保险转移方式(常用于项目实施阶段)和非保险转移方式。其中,非保险转移方式常用于项目前期,以发包、出售、免责合同的形式呈现。

风险转移的基础是承担方相比于自己,更具有应对、承受、处理风险的能力。

典型例题

【多选题】下列选项中,属于风险转移措施的有(　　)。

A. 业主为项目办理保险　　B. 发包

C. 免责合同　　D. 出售

E. 预备费

ABCD。【解析】风险转移可分为保险转移和非保险转移两种方式。选项 A 属于保险转移;选项 B,C,D 属于非保险转移。

(四)风险保留

风险保留,即风险接受。也就是说,项目业主直接承担项目可能带来的风险,而不作减轻、回避、转移等其他策略。风险接受包括被动地接受和主动地接受。在已知风险但无法采用其他方法或采用其他方法不经济的前提下,为获取高额利润而接受风险称为被动接受风险。在已知风险的情况下,主动建立应急储备以承担风险带来的损失的策略称为主动接受风险。

风险保留的一个特点的在风险发生后补救,用以减少损失,这也是与风险减轻的本质差别。

建立应急储备一般包括技术、费用、进度三方面进行应对措施。一般的情况下,采用费用、进度两方面措施即可。若当发生概率很小的事件需采取补救时,则可从技术方面应对。

典型例题

【多选题】关于项目决策分析与评价中项目风险对策的说法，正确的有(　　)。

A. 建立应急储备属于风险接受对策

B. 降低技术方案复杂性的措施属于风险回避对策

C. 可行性研究中彻底改变原设计方案的做法属于风险减轻对策

D. 风险转移把风险管理责任推给他人，是一种消除风险的措施

E. 在设备采购和施工合同中采用总价合同形式属于风险转移

AE。【解析】降低技术方案复杂性的措施属于风险减轻对策。故选项 B 错误。可行性研究中彻底改变原设计方案的做法属于风险回避对策。故选项 C 错误。风险转移是把风险管理的责任推给他人，并没有消除风险。故选项 D 错误。

第六节　风险决策准则及其应用

一、风险偏好

根据对风险的态度，可以将人群分为风险厌恶型、风险热爱型、风险中性型。

风险厌恶型是指对风险感到惧怕，并不愿冒险的人群；风险热爱型是勇于挑战风险以获取高利益的人群。风险中性型是指对风险比较淡然，不喜好也不惧怕的人群。

对于风险厌恶型的人群，一般采用最小损失决策准则；对于风险热爱型，一般采用最大盈利决策准则。对于风险中性型，一般采用期望值决策准则。

典型例题

【单选题】投资者拟从甲、乙、丙、丁四个项目中选择一个进行投资，投资额均相同，其财务净现值 *FNPV* 的期望值和累计概率分析结果如下，则风险厌恶型投资者应选择的项目是(　　)。

项目 *FNPV* 特征	甲	乙	丙	丁
FNPV 的期望值/元	2 400	2 600	2 650	2 800
FNPV≥0 的累计概率/%	70	65	60	55

A. 甲　　　　B. 乙

C. 丙　　　　D. 丁

A。【解析】对于风险厌恶型投资者，通常选择风险损失的概率低于某一限度，比如30%，或采用最小损失决策准则。本题中，甲项目风险损失的概率为30%，其在四个项目中最低，故甲项目为风险厌恶型投资者应选择的项目。

二、风险决策准则

风险决策准则即决策依据，其主要内容见表9-6。

表9-6 风险决策准则的概念及判断标准

风险决策准则	概念	风险偏好类型
期望值决策	不同项目中，选择期望值最大的项目，最大期望值大于目标值，项目可行	风险中性型
满意度决策	使决策人在想获取的收益和想避免的损失均能满意，适用于没有其他方案且最优方案代价过高的情形	风险热爱型、风险厌恶型
最大盈利决策	不同项目中，选择盈利最大的项目，最大盈利大于目标值，项目可行	风险热爱型
最小损失决策	不同项目中，选择损失最小的项目，最小损失小于目标值，项目可行	风险厌恶型
最小方差决策	选择方案指标值方差最小的项目	风险厌恶型

链接

对于项目涉及弱势群体、重大的投资项目、项目决策指标处于临界点的情况，一般采用累计概率水平准则。

典型例题

【多选题】风险厌恶型决策者采取的决策准则有（　　）。

A. 最小方差决策　　B. 最小损失决策

C. 最大盈利决策　　D. 满意度决策

E. 期望值决策

ABD。【解析】风险决策准则包括最大盈利决策准则、最小方差决策准则、最小损失决策准则、满意度决策准则、期望值决策准则等。其中，最小方差决策准则、最小损失决策准则和满意度决策准则属于风险厌恶型决策者常采用的决策准则。

第十章　项目后评价

第一节　项目后评价的基本特征、目的和作用

一、项目后评价的概念

项目后评价发源于19世纪的美国，直到20世纪70年代，才广泛地被世界银行等国际组织用于结果评价中。到目前为止，还没有一个统一的后评价定义，项目后评价一般是指在项目竣工验收并投入使用，或未进行竣工验收但主体工程已建成投产多年后，对照项目立项及建设的相关文件资料，将项目建成后所达到的实际效果与先期确定的目标进行对比分析，总结经验教训，提出对策建议。

项目后评价根据启动时点的不同，可分为狭义的项目后评价和广义的项目后评价。除了项目投资完成之后所进行的评价，广义的项目后评价还包括中间评价即从项目开工到竣工验收前这一阶段各部分工作完工后的评价，适用于施工期长、规模大、情况复杂的情况以及主客观条件变化的情况。本章主要针对广义上的项目后评价进行分析。

项目后评价是投资项目周期的一个重要阶段，是项目管理工作的自然延伸，是项目管理周期的重要阶段。项目后评价主要服务于投资决策，是投资人对投资活动进行监管的重要手段。项目后评价也可以为改善企业经营管理提供帮助。它通过对项目实施过程、结果及其影响进行调查研究和全面系统回顾，与项目决策时确定的目标以及技术、经济、环境、社会指标进行对比，找出差别和变化，分析原因，总结经验，汲取教训，得到启示，提出对策建议，通过信息反馈，改善投资管理和决策，达到提高投资效益的目的。项目后评价应坚持独立、科学、公正的原则。

项目后评价是一项系统性和综合性很高的工作，一般认为，其理论基础是系统理论、反馈控制理论、可持续发展理论等。

二、项目后评价的基本特征

（一）现实性

项目后评价分析研究的是项目的实际情况，所依据的数据资料是现实发生的真实数据或根据实际情况重新预测的数据，总结的是现实存在的经验教训，提出的是实际可行的对策

措施。工程项目后评价的现实性决定了其评价结论的客观可靠性。而项目可行性研究和项目前评价分析研究的是项目未来的状况，所用的数据都是预测数据。

（二）对比性

对比是指将实际实施完成的结果与项目决策时确定的目标以及技术、经济、环境、社会指标进行对比，并找出差别和变化，分析原因并总结经验。

（三）反馈性

项目可行性研究和前评价的目的在于为计划部门投资决策提供依据，而项目后评价的目的在于为有关部门反馈信息，为今后项目管理、投资计划的制定和投资决策积累经验，并用来检测项目投资决策的正确与否。因此，后评价的最主要特点是具有反馈性。

（四）全面性

项目后评价的内容具有全面性，在进行项目后评价时，不仅要分析项目的投资过程，还要分析其生产经营过程；不仅要分析项目的投资经济效益，还要分析其社会效益、环境效益等。另外，它还要分析项目经营管理水平和项目发展的后劲和潜力。

（五）动态性

项目后评价的评价对象主要是针对项目投产后1～2年的效果，因此，会涉及项目前期、实施、运营等阶段的全面工作，会随项目建设的进程而呈现动态性。另外，项目后评价的成果是不断根据最新采取数据而改变的。为了及时的减少风险、改正问题，需时刻关注项目的进展以及指标的变化，进而形成一个比较完善和完整的项目后评价结果。

三、项目后评价的目的

通过收集项目实施和运营的实际状况的数据，分析项目的预期目标是否实现或实现的程度，项目的主要效益指标是否实现，项目的目标和总方案的合理性，可行性研究的准确性，项目评价和决策的科学性，项目设计和计划的科学性、合理性和有效性，项目管理过程的经验和教训等，提出改善本项目运营效益的建议，以及对将来新的项目的管理提出持续改进的建议。

通过分析评价找出成功或失败的原因，总结经验教训，通过及时有效的信息反馈，为未来新项目的决策和提高完善投资决策管理水平提出建议，同时也为后评价项目实施运营中出现的问题提供改进意见，从而达到提高投资效益的目的。

链接

保证出资人资金合理利用和提高投资效益是项目后评价的核心目的。

四、项目后评价的作用

（一）提高项目管理水平

由于建设项目管理是一项极其复杂的活动，它涉及银行、计划、主管部门、企业、物资供应、施工等许多部门，因此项目能否顺利完成关键在于这些部门之间的配合与协调工作做得如何。通过项目后评价，对已经建成项目的实际情况进行分析研究，有利于指导未来项目的管理活动，从而提高项目管理的水平。

（二）提高项目前期工作质量

项目前评价是项目投资决策的依据，但前评价中所做的预测是否准确，需要后评价来检验。通过建立完善的项目后评价制度和科学的方法体系，一方面可以增强前评价人员的责任感，提高项目预测的准确性；另一方面可以通过项目后评价的反馈信息，及时纠正项目决策中存在的问题，从而提高项目决策的科学化水平，对提高项目前期工作质量起促进作用。

（三）有助于国家制定和调整有关经济政策

项目后评价能够发现宏观投资管理中的不足，从而国家可以及时地修正某些不适合经济发展的技术经济政策，修订某些已经过时的指标参数。同时还可根据反馈的信息，合理确定投资规模和投资流向，协调各产业、各部门之间及其内部的各种比例关系。此外，国家还可以充分地运用法律的、经济的、行政的手段，建立必要的法令、法规、各项制度和机构，促进投资管理的良性循环。

（四）为银行等金融机构防范风险提供依据

通过开展项目后评价，能及时发现项目建设资金使用中存在的问题，分析研究贷款项目成功或失败的原因，从而为银行等金融机构调整信贷政策和风险控制提供依据，并确保资金的按期回收。

（五）推动生产管理的优化

项目后评价内容包括生产运营管理情况，对其进行分析和评价，可以找出相关不足和偏差，提出建议，对企业优化生产管理起推动作用。

（六）为加强投资监管提供支撑

项目后评价包括对生产经营状态和资金使用情况以及可取或需改进的地方，其对出资人加强对投资活动的监管提供支撑性作用，进而完善投资监管体系。

典型例题

【单选题】关于项目后评价目的和作用的说法，正确的是（　　）。

A. 项目后评价是竣工验收的依据

B. 项目后评价是银行贷款的主要依据

C. 项目后评价的目的是考察项目的盈利性

D. 项目后评价可为改善企业的经营管理提供帮助

D。【解析】竣工验收的依据不包括项目后评价。故选项 A 错误。银行贷款是依据项目评估，而不是项目后评价。故选项 B 错误。项目后评价的目的是保证资金合理使用以及提高投资效益，可为改善企业的经济管理提供帮助。故选项 C 错误。

第二节　项目后评价的类型与依据

一、项目后评价的类型

项目后评价类型根据分类依据的不同,划分也不尽相同。

项目后评价的分类见图 10-1。

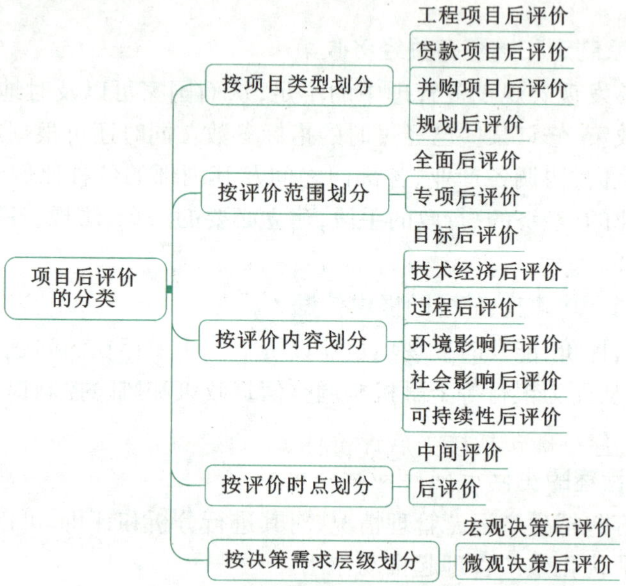

图 10-1　项目后评价的分类

需要注意的是,广义上的项目后评价包含项目在某个节点完成后的中间评价。中间评价即在项目实施中间进行评价,可以是全面后评价,也可以是专项后评价,又可分为开工评价、阶段评价、跟踪评价、完工评价,是由独立咨询机构完成。后评价即进入运行阶段后。两者的区别在于实施的时间不同、评价的深度不同、作用和功能不同,但是,目标和效益评价是相同的。

项目后评价类型可根据下题了解。

典型例题

【单选题】关于项目后评价类型的说法,正确的是(　　)。

A. 项目中间评价是指项目投资完成一半时的评价

B. 项目中间评价与项目后评价时间不同但是内容相同

C. 按照评价范围分为全面后评价和专项后评价

D. 专项后评价是专门针对规划项目开展的后评价

C。【解析】项目中间评价是指从项目开工到竣工验收前(可以是任何一个时点)的阶段性评价。故选项 A 错误。项目中间评价与项目后评价实施的时间、相应的指标和评价的深度均不相同,除此之外,两者的功能及服务的作用也是不同的。故选项 B 错误。专项后评价是选取单一专题进行的专项评价。故选项 D 错误。

二、项目后评价的依据

项目后评价的主要依据包括：

(1)前期的主要文件。包括可行性研究报告、环境影响评价报告、水资源论证报告或者核准文件、备案文件等。

(2)实施阶段的主要文件。包括招标文件及合同、设计文件、开工报告、变更资料、监理资料、竣工验收报告等。

(3)运营阶段的主要文件。包括经营数据、财务报表、主要规章制度、安全生产许可证及经营许可证等。

除上述文件性的依据之外,项目后评价还需相关的评价理论体系知识,如现代系统工程与反馈控制的管理理论,相关后评价制度性、规定性的文件等。依据科学合理的后评价方法,以及严谨、规范的后评价制度,有利于保证项目后评价结论的正确可靠。

第三节　项目后评价报告的主要内容

项目后评价的程序一般包括接受后评价任务、确定后评价范围、成立后评价小组、执行后评价过程、编写后评价报告及反馈后评价结果等。项目后评价的内容包括项目全过程的回顾、项目效果和影响评价、项目目标评价和持续能力评价。

一、项目概况

项目后评价报告应简要描述项目的基本情况。主要包括：

(1)项目基本情况。对项目建设地点、项目业主、项目性质、特点(或功能定位)、项目开工和竣工、投入运营(行)时间进行概要描述。

(2)项目决策理由与目标。概述项目决策的依据、背景、理由和预期目标(宏观目标和实施目标)。

(3)项目建设内容及规模。项目经批准的建设内容、建设规模(或生产能力),实际建成的建设规模(或生产能力);项目主要实施过程,并简要说明变化内容及原因;项目经批准的建设周期和实际建设周期。

(4)项目投资情况。项目经批准的投资估算、初步设计概算及调整概算、竣工决算。

(5)项目资金到位情况。项目经批准的资金来源,资金到位情况,竣工决算资金来源及不同来源资金所占比重。

(6)项目运营(行)及效益现状。项目运营(行)现状,生产能力(或系统功能)实现现状,项目财务及经济效益现状,社会效益现状。

(7)项目自我总结评价报告情况及主要结论。

(8)项目后评价依据、主要内容和基础资料。

二、项目全过程总结与评价

（一）项目前期决策阶段总结与评价

项目前期决策阶段主要的总结与评价内容包括：

（1）项目建议书主要内容及批复意见。

（2）可行性研究报告主要内容及批复意见。主要包括决策是否正确，项目建设是否必要、可行；分析项目目标实现的程度以及失败的原因等。

（3）项目初步设计（含概算）主要内容及批复意见（大型项目应在初步设计前增加总体设计阶段）。

（4）项目前期决策评价。主要包括项目审批依据是否充分，是否依法履行了审批程序，是否依法附具了土地、环评、规划等相关手续。

（二）项目建设准备阶段总结与评价

项目建设实施准备阶段主要的总结与评价内容包括：

（1）项目实施准备组织管理及其评价。

（2）项目施工图设计情况。

（3）各阶段与可行性研究报告相比主要变化及原因分析。

（4）项目勘察设计工作评价。

（5）征地拆迁工作情况及评价。

（6）项目招投标工作情况及评价。

（7）项目资金落实情况及其评价。

（8）项目开工程序执行情况。

链接

项目建设准备阶段可侧重于勘察设计的可靠性、合同签订的合规性、采购招标的合理性、融资方案的完备性、开工准备情况进行总结与评价。

（三）项目实施阶段总结与评价

项目实施阶段主要的总结与评价内容包括：

（1）项目实施组织与管理。包括：项目管理组织机构（项目法人、指挥部）；项目的管理模式（法人直管、总承包、代建、BOT 等）；参与单位的名称及组织机构（设计、施工、监理、其他）；管理制度的制定及运行情况（管理制度的细目、重要的管理活动、管理活动的绩效）；对项目组织与管理的评价（针对项目的特点分别对管理主体及组织机构的适宜性、管理有效性、管理模式合理性、管理制度的完备性以及管理效率进行评价）。

（2）合同执行与管理。包括：项目合同清单（包括正式合同及其附件并进行合同的分类、分级）；主要合同的执行情况；合同重大变更、违约情况及原因；合同管理的评价。

（3）信息管理。包括：信息管理的机制；信息管理的制度；信息管理系统的运行情况；信息管理的评价。

(4)控制管理。包括:进度控制管理;质量控制管理;投资控制管理;安全、卫生、环保管理。

(5)重大变更设计情况。

(6)资金使用管理。

(7)工程监理情况。

(8)新技术、新工艺、新材料、新设备的运用情况。

(四)项目运营(行)阶段总结与评价

项目运营(行)阶段主要的总结与评价内容包括:

(1)项目运营(行)概况。包括:运营(行)期限;运营(行)效果;运营(行)水平;技术及管理水平;产品营销及占有市场情况;运营(行)中存在的问题。

(2)项目运营(行)状况评价。包括:项目能力评价;运营(行)现状评价;达到预期目标可能性分析。评价项目是否具备预期功能,达到预定的产量、质量(服务规模、服务水平)。项目投产(或运营)后,产品的产量、种类和质量(或服务的规模和服务水平)与预期存在的差异,产生上述差异的原因分析。项目投产(或运营)后,产品的产量、种类和质量(或服务的规模和服务水平)增长规律总结,项目可达到预期目标的可能性分析。

(3)项目的竣工验收。评价项目验收过程中程序的合理性,验收遗留问题的后续处理情况的合理性。

(4)项目运营前生产准备工作。

(5)项目生产运营过程中的组织与管理。

(6)项目运营的前景预测。

(7)项目产品的开发。

(8)项目档案管理。

典型例题

【多选题】关于后评价,项目建设实施阶段的主要工作包括(　　)。

A. 合同管理　　B. 设计变更

C. 生产准备　　D. 竣工验收

E. 生产运营的组织与管理

AB。【解析】选项A,B属于项目建设实施阶段后评价主要工作。选项C,D,E属于项目运营阶段后评价的主要工作。

三、项目效果和影响评价

(一)项目效果评价

项目效果评价包括经济和财务效益、技术效果、管理效果等。

项目经济效益评价,主要内容包括经济效率评价、经济合理性评价。

项目财务效益评价,主要内容包括财务生存能力评价、盈利能力分析评价、清偿能力分析评价以及风险分析评价。

项目技术效果评价，主要内容包括工艺流程评价，技术和装备的先进性、适用性、经济性、安全性以及国产化程度评价。

项目管理效果评价，主要内容包括人员结构和工作能力评价、组织结构和协调能力评价、规章制度和工作程序的评价、激励机制和工作效率评价、项目管理体制评价、监督机制评价、项目管理者水平和创新意识评价等。

（二）项目影响评价

项目的影响评价可分为项目环境影响评价和项目社会影响评价。

环境影响评价，主要内容包括对项目污染控制、地区环境生态影响和平衡、环境治理与保护、自然资源利用的评价。

社会影响评价，主要内容包括对增加就业机会、征地拆迁补偿和移民安置、带动区域经济社会发展、推动产业技术进步等、税收及收入分配、妇女、民族、宗教信仰、居民生活条件和质量等方面影响的评价。

实际应用中，各评价指标不会像上文所列的那样准确，如下题，需要理解具内涵并做有效延伸。

典型例题

【多选题】下列项目后评价指标中，属于社会影响评价指标的有（　　）。

A. 财务净现值　　B. 移民和拆迁

C. 生态环境指标　　D. 项目区贫困人口

E. 资源利用合理性

BD。【解析】其中，财务净现值属于财务和经济评价指标。生态环境指标、资源利用合理性属于生态与环境评价指标。

四、项目目标评价和持续能力评价

（一）项目目标评价

项目目标评价包括实现程度评价和合理性评价。

项目目标实现程度判断及评价主要包括：

（1）项目工程（实物）建成，项目的建筑工程完工、设备安装调试完成、装置和设施经过试运行，具备竣工验收条件。项目技术和能力，装置、设施和设备的运行达到设计能力和技术指标，产品质量达到国家或企业标准。

（2）项目经济效益产生，项目财务和经济的预期目标，包括运营（销售）收入、成本、利税、收益率、利息备付率、偿债备付率等基本实现。

（3）项目技术能力产生，设备和装置的各项指标以及质量达到设计技术指标和要求。

（4）项目影响产生，项目的经济、环境、社会效益目标基本实现，项目对产业布局、技术进步、国民经济、环境生态、社会发展的影响已经产生。

项目目标合理性的评价应从以下角度出发，采用逻辑框架法：

(1)宏观目标,即项目对社会、经济、环境带来的影响。

(2)项目目的,即项目的直接效果。

(3)项目产出,即对应投入而获得的收益。从上述角度,比对原定和实际的差别,找出原因。

(4)项目投入,即项目投入的人力、物力、财力、时间等。

链接

目标评价常用层次分析法和目标树法进行分析。

(二)项目持续能力评价

项目持续能力的评价主要包括:

(1)持续能力的内部因素,包括项目规模的经济性、企业财务状况、技术的成熟性和竞争力、污染防治措施满足环保要求的程度、企业管理体制与激励机制、产品竞争力及对市场的应变能力等。

(2)持续能力的外部条件,包括资源、环境、生态、物流条件、政策环境、市场变化及其趋势等。

典型例题

【单选题】项目可持续能力分析是后评价的一项重要内容,下列影响项目可持续能力的要素中,属于内部要素的是(　　)。

A. 资源供给　　B. 市场变化

C. 技术竞争力　　D. 生态环境要求

C。【解析】在影响项目可持续能力的要素中,项目规模的经济性、企业财务状况、技术的成熟性和竞争力、污染防治措施满足环保要求程度、企业管理体制与激励机制等是影响持续能力项目的内部因素,产品竞争力及对市场的应变能力等是其核心。

五、经验教训和对策建议

在对项目的效益、影响、目标和合理性进行评价过后,往往需要对从整体对项目的成功度进行一个综合评价。

成功度评价是以逻辑框架法分析的项目目标的实现程度和经济效益的评价结论为基础,以项目的目标和效益为核心所进行的全面系统的评价。它依靠评价专家或专家组的经验,综合后评价各项指标的评价结果,对项目的成功程度做出定性的结论,也就是通常所称的打分的方法。

进行项目综合评价时,评价人员首先要根据具体项目的类型和特点,确定综合评价指标及其与项目相关的程度,把它们分为“重要”“次重要”和“不重要”三类。对“不重要”的指标就不用测定,只需测定重要和次重要的项目内容,一般的项目实际需测定的指标在 10 项左右。

在测定各项指标时，采用权重制和打分制相结合的方法，先给每项指标确定权重，再根据实际执行情况逐项打分，通过指标重要性权重分析和单项成功度结论的综合，可得到整个项目的成功度指标，用A，B，C，D表示，填在表的最后一行（总成功度）的成功度栏内。

在具体操作时，项目评价组成员每人填好一张表后，对各项指标的取舍和等级进行内部讨论，或经必要的数据处理，形成评价组的成功度表，再把结论写入评价报告。

项目后评价应根据调查的真实情况认真总结经验教训，并在此基础上进行分析，得出启示和对策建议，对策建议应具有借鉴和指导意义，并具有可操作性。项目后评价的经验教训和对策建议应从项目、企业、行业、宏观4个层面分别说明。

上述内容是项目后评价的总体框架。大型和复杂项目的后评价应该包括以上主要内容，进行完整、系统的评价。一般项目应根据后评价委托的要求和评价时点，突出项目特点等，选做一部分内容。项目中间评价应根据需要有所区别、侧重和简化。

第四节　项目后评价的方法与评价指标

一、项目后评价的方法

项目后评价方法的基础理论是现代系统工程与反馈控制的管理理论。项目后评价亦应遵循工程咨询的方法与原则。项目后评价应采用定性和定量相结合的方法，主要包括逻辑框架法、调查法、对比法、专家打分法、综合指标体系评价法、项目成功度评价法。具体项目的后评价方法应根据项目特点和后评价的要求，选择一种或多种方法对项目进行综合评价（综合评价是指对项目过程评价、经济评价、影响评价、目标和可持续性评价的结果进行综合分析后得出结论，总结出被评价项目的主要经验和存在的问题，提出建议和改进措施）。下面简单介绍几种常用的方法。详细内容可参考《现代咨询方法与实务》科目进行学习。

（一）逻辑框架法

逻辑框架法（简称LFA）是美国国际开发署（USAID）在1970年开发并使用的一种项目设计、计划和评价工具，见表10-1。目前已有三分之二的国际组织把LFA作为援助项目的计划管理和后评价的主要方法。

LFA是一种概念化描述和分析项目的方法，将一个复杂项目的多个具有因果关系的动态因素组合起来，用一张简单的框图分析其内涵和关系，以确定项目范围和任务，分清项目目标和达到目标所需手段的逻辑关系，以评价项目活动及其成果的方法。在项目后评价中，通过应用逻辑框架法，可分析项目原定的预期目标、各种目标的层次、目标实现的程度和项目成败的原因，用以评价项目的效果、作用和影响。

LFA的模型是一个4×4的矩阵，横行代表项目目标的层次（垂直逻辑），竖行代表如何验证这些目标是否达到（水平逻辑）。垂直逻辑用于分析项目计划做什么，弄清项目手段与结果之间的关系，确定项目本身和项目所在地的社会、物质、政治环境中的不确定因素。水平逻辑的目的是要衡量项目的资源和结果，确立客观的验证指标及其指标的验证方法来进行分析。水平逻辑要求对垂直逻辑 4 个层次上的结果做出详细说明。

LFA 核心概念是事物层次间的因果逻辑关系，即“如果”提供了某种条件，“那么”就会产生某种结果。这些条件包括事物的内部因素和事物所需要的外部因素。

表 10-1 项目后评价逻辑框架表

项目描述	实施效果（可客观验证的指标）			原因分析		项目可持续能力
	原定指标	实现指标	变化情况	内部因素	外部因素	
项目宏观目标						
项目直接目标						
产出/建设内容						
投入/活动						

（二）对比法

对比是项目后评价方法论的一般原则，可将项目前期的可行性研究和评估的预测结论，以及初步设计时的技术经济指标，与项目的实际运行结果及在评价时所做的新的预测相比较，用以发现变化和分析原因。对比法包括“前后对比”和“有无对比”，项目后评价更强调有无对比。

1. 前后对比法

“前后对比法”以建设项目的可研、评估预测结论和决策目标以及工程设计确定的技术经济指标，与项目建成的实际运行结果及在后评价时点所做的预测相比较。采用前后对比法要注意前后数据的可比性。

2. 有无对比法

“有无对比法”是指将项目实际发生的情况与若无项目可能发生的情况进行对比，以度量项目的真实效益、影响和作用。对比的重点是要分清项目的作用和影响与项目以外因素的作用和影响。

通过项目的实施所付出的资源代价，与项目实施后所产生的效果进行对比，得出项目评价结论。有无对比的关键是要求投入的代价与产出的效果口径一致。也就是说，所度量的效果要真正归因于项目。

采用有无对比法时，要注意的重点：

（1）分清项目的作用和影响与项目以外的其他因素的作用和影响。

（2）注意参照对比。

（三）因素分析法

项目投资效果的各指标，往往都是由多种因素决定的，只有把综合性指标分解成原始因素，才能确定指标完成好坏的具体原因和症结所在。这种把综合指标分解成各个因素的方法，称为因素分析法。

因素分析的一般步骤是首先确定某项指标是由哪些因素组成的；其次确定各个因素与

指标的关系;再次确定各个因素所占份额。如建设成本超支,就要核算清楚由于工程量突破预计工程量而造成的超支占多少份额,结算价格上升造成的超支占多少份额等。项目后评价人员应将各影响因素加以分析,寻找出主要影响因素,并具体分析各影响因素对主要技术经济指标的影响程度。

二、项目后评价的评价指标

项目后评价的评价指标见表10-2。

表10-2 项目后评价的评价指标

指标类型	内容
经济评价指标	净现值、内部收益率等
投资指标	总投资、建设投资、资本金比例、财务费用等
运营期指标	内部收益率、资产负债率、借款偿还期等
技术评价指标	设备性能以及技术的可靠性、合理性、适用性、先进性等
管理效益评价指标	组织机构、施工管理、规章制度等
项目环境评价指标	环境治理、控制、投资、容量等
项目社会效益评价指标	拆迁、移民、就业、贫困人口等
项目目标评价指标	宏观目标、项目目的、投入物、产出物等
持续能力评价指标	管理、财务、环境保护、技术、资源可持续性指标等

第五节 项目后评价的组织与管理

项目单位应在项目竣工验收并投入使用或运营一年后两年内,将自我总结评价报告报送国家发展改革委。其中,中央本级项目通过项目行业主管部门报送同时抄送项目所在地省级发展改革部门,其他项目通过省级发展改革部门报送同时抄送项目行业主管部门。

项目单位可委托具有相应资质的工程咨询机构编写自我总结评价报告。项目单位对自我总结评价报告及相关附件的真实性负责。项目自我总结评价报告应主要包括以下内容:

(1)项目概况:项目目标、建设内容、投资估算、前期审批情况、资金来源及到位情况、实施进度、批准概算及执行情况等。

(2)项目实施过程总结:前期准备、建设实施、项目运行等。

(3)项目效果评价:技术水平、财务及经济效益、社会效益、资源利用效率、环境影响、可持续能力等。

(4)项目目标评价(项目目标评价是指项目后评价时点达到的实际效果与立项时确定的目标进行比较,对目标的实现程度及其偏离原因和目标的合理性做出评价):目标实现程度、差距及原因等。

(5)项目总结:评价结论、主要经验教训和相关建议。

项目自我总结评价报告可参照项目后评价报告编制大纲进行编制。

项目单位在提交自我总结评价报告时,应同时提供开展项目后评价所需要的以下文件及相关资料清单:

(1)项目审批文件。主要包括项目建议书、可行性研究报告、初步设计和概算、特殊情况下的开工报告、规划选址和土地预审报告、环境影响评价报告、安全预评价报告、节能评估报告、重大项目社会稳定风险评估报告、洪水影响评价报告、水资源论证报告、水土保持报告、金融机构出具的融资承诺文件等相关的资料,以及相关批复文件。

(2)项目实施文件。主要包括项目招投标文件、主要合同文本、年度投资计划、概算调整报告、施工图设计会审及变更资料、监理报告、竣工验收报告等相关资料,以及相关的批复文件。

(3)其他资料。主要包括项目结算和竣工财务决算报告及资料,项目运行和生产经营情况,财务报表以及其他相关资料,与项目有关的审计报告、稽查报告和统计资料等。

项目自我总结评价报告内容不完整或深度达不到相应要求的,项目行业主管部门或者省级发展改革部门应当要求项目单位限期补充完善。

国家发展改革委根据《中央政府投资项目后评价管理办法》第十二条规定,结合项目单位自我总结评价情况,确定需要开展后评价工作的项目,制定项目后评价年度计划,印送给有关项目行业主管部门、省级发展改革部门和项目单位。

列入后评价年度计划的项目主要从以下项目中选择:

(1)对行业和地区发展、产业结构调整有重大指导和示范意义的项目。

(2)对节约资源、保护生态环境、促进社会发展、维护国家安全有重大影响的项目。

(3)对优化资源配置、调整投资方向、优化重大布局有重要借鉴作用的项目。

(4)采用新技术、新工艺、新设备、新材料、新型投融资和运营模式,以及其他具有特殊示范意义的项目。

(5)跨地区、跨流域、工期长、投资大、建设条件复杂,以及项目建设过程中发生重大方案调整的项目。

(6)征地拆迁、移民安置规模较大,可能对贫困地区、贫困人口及其他弱势群体影响较大的项目,特别是在项目实施过程中发生过社会稳定事件的。

(7)使用中央预算内投资数额较大且比例较高的项目。

(8)重大社会民生项目。

(9)社会舆论普遍关注的项目。

国家发展改革委根据项目后评价年度计划,委托具备相应资质的工程咨询机构承担项目后评价任务。国家发展改革委不得委托参加过同一项目前期、建设实施工作或编写自我总结评价报告的工程咨询机构承担该项目的后评价任务。

承担项目后评价任务的工程咨询机构,在接受委托后,应组建满足专业评价要求的工作组，在现场调查、资料收集和社会访谈的基础上，结合项目自我总结评价报告，对照项目的可行性研究报告、初步设计（概算）文件及其审批文件的相关内容，对项目进行全面系统地分析评价。

承担项目后评价任务的工程咨询机构，应当按照国家发展改革委的委托要求和投资管理相关规定，根据业内应遵循的评价方法、工作流程、质量保证要求和执业行为规范，独立开展项目后评价工作，在规定时限内完成项目后评价任务，提出合格的项目后评价报告。

国家发展改革委制定项目后评价编制大纲，指导和规范项目后评价报告的编制工作。

项目后评价应按照适用性、可操作性、定性和定量相结合原则，制定规范、科学、系统的评价指标。承担项目后评价任务的工程咨询机构，应根据项目特点和后评价的要求，在充分调查研究的基础上，确定具体项目后评价指标及方案。

工程咨询机构在开展项目后评价的过程中，应当采取适当方式听取社会公众和行业专家的意见，并在后评价报告中设立独立篇章予以客观反映。

第六节　项目后评价成果的反馈与应用

一、项目后评价成果的反馈

项目后评价成果反馈是指将评价结果的经验教训和对策建议反馈到相关部门，有利于及时调整和完善规划内容，使项目更具可持续发展能力。项目后评价成果反馈主要以书面文件、内部培训、信息管理系统以及反馈讨论会等形式呈现。

只有吸取了教训和工作中的不足，才能使项目后期的实施和目标完成得更好，也提升了未来的项目完成的质量和效率。

二、项目后评价成果应用

国家发展改革委通过项目后评价工作，认真总结同类项目的经验教训，后评价成果应作为规划制定、项目审批、资金安排、项目管理的重要参考依据。

国家发展改革委应及时将后评价成果提供给相关部门、省级发展改革部门和有关机构参考，加强信息沟通。

对于通过项目后评价发现的问题，有关部门、地方和项目单位应认真分析原因，提出改进意见，并报送国家发展改革委。

国家发展改革委会同有关部门，定期以适当方式汇编后评价成果，大力推广通过项目后评价总结出来的成功经验和做法，不断提高投资决策水平和政府投资效益。